임신영 목사 은퇴 설교집

하나님께
감사하라

하나님께 감사하라
추천서

　오래전 서울 영락교회와 갈보리교회를 시무하고 춘천동부교회 담임목사로 여러 해 동안 사역을 잘한 후에 조기 은퇴와 함께 원로 목사로, 노회 공로 목사로 추대를 받으신 다음에 여러 교회와 신학대학교에서 강의와 설교를 하신 말씀을 책으로, 설교집을 출판하시게 됨을 진심으로 축하하며 우리 하나님께 영광을 돌립니다.

　임 목사님은 항상 열정적으로 적극적으로 가르치며 말씀을 전하셨습니다. 언제나 성경적인 구원의 복음만을 전하셨기에 주님께서 가장 기뻐하신 목회자로 이번에 출판하는 설교집을 읽으시는 모든 분들에게 큰 유익이 될 줄 믿습니다.

임 목사님은 건강한 교회, 특히 교회 컨설팅에 상당한 관심과 전문성이 있는 목회자로, 말씀을 가르치고 전한 대로 실천하며 생활을 하셨기 때문에 신뢰받는 목사님이십니다. 그러므로 임 목사님께서 출간하는 이 설교집을 읽으시는 모든 분들이 많은 은혜를 받으시며 하나님께서 기쁨의 복으로 채워 주시기를 바라며, 기쁜 마음으로 추천을 합니다.

2023년 12월 15일

갈보리교회 원로목사 **박 조 준**

머리말

"하나님 아버지께 감사하라" 외 설교 몇 편과 간추린 회고록을 내면서 부족한 이 종에게 주님의 몸 되신 교회를 섬기게 하여 주신 하나님 아버지께 감사, 감사를 드립니다. 또한 사역을 할 때에 늘 도와주신 교우 여러분 한 분 한 분에게 감사를 드립니다.

교우 여러분의 기도와 격려와 사랑이 있었기에 떨리는 입술로 말씀을 전하면서, 머슴처럼 일을 하였는데 시간이 지나 지금은 멀리서 눈을 감고 기도하는 시간만을 보내며 살게 되었습니다.

몇 달 전 어느 날 하나님 아버지께 감사를 드리려고 머리를 숙였는데 "이제부터는 나에게 감사하지 말고 너를 위하여 지금까지 섬겨준 분들을 위하여, 격려와 사랑으로 지금까지 너를 도와준 분들을 위하여, 격려와 사랑으로 애써 주신 분들을 위하여 마음과 물질과 온 힘을 다하여 감사하며 살라"라는 음성을 들었습니다.

저는 부끄럽지만, 구체적으로 깨닫게 하시고, 바른 길로 걷게 하여 주신 하나님 아버지께 예하며 눈을 떴습니다. 15년 전에 교회 시무를 은퇴하고 국내, 해외 교회와 신학교에서 강의를 하였으나 이제는 다 내려놓았습니다. 앞으로는 비록 작은 것으로나마 도우며 섬기는 일을 찾아서 감사하며 살아야 하리라고 다짐하여 봅니다. 오늘까지 부족한 이 종을 위하여 기도와 사랑으로 후원하여 주신 춘천동부교회 김한호 목사님과 장로님들, 교우 여러분에게 감사를 드립니다. 그리고 항상 사랑과 격려와 간절한 기도로 힘이 되어준 사랑하는 아내에게 감사를 드립니다.

2023년 10월 10일

임 신 영

추천사
서문

1. 기도, 응답, 감사-새성전 첫 예배/ 춘천동부교회 ······················ 08
2. 변화 산상의 교회 / 춘천성광교회 헌당 임직예배 ······················ 17
3. 빌라델비아 교회처럼 / 춘천동부교회 ································· 25
4. 에벤에셀-하나님 감사합니다 / 춘천동부교회 은퇴 ··················· 35
5. 하나님! 감사합니다 / 추수감사절 ···································· 43
6. 나이가 많아질수록 / 춘천동부교회 ···································· 53
7. 잘하였도다 착한 종이여! / 길 가는 교회 장로 은퇴 ··················· 64
8. 오직 사명을 다하는 자 / 강원노회 목사 안수식 ······················· 72
9. 예수 그리스도의 사역처럼 / 강원 장로교 대회 ························ 78
10. 가나안 여인의 믿음 / 여전도회 주일 ································· 87
11. 하나님을 기쁘시게 하라 / 춘천동부교회 ····························· 96

12. 진정성이 있는 감사 / 춘천동부교회 ················· 107
13. 하나님의 영광을 위하여 하라 / 원주제일교회 교사 헌신예배 ········ 118
14. 사명을 따라 삽시다 / 춘천 기독교 연합 신년 하례회 ············ 126
15. 칭찬받는 훌륭한 교회 / 청주 강서교회 창립 90주년 주일 ········ 132
16. 교회의 기둥 / 춘천동부교회 은퇴 임직 예식 ············· 138
17. 건강한 교회를 위하여 모두 힘을 다합시다 / 김한호 목사 부임 ······ 146
18. 주 예수께로부터 받은 사명 / 춘천동부교회 은퇴, 임직, 선교사 파송 예식 156
19. 너희는 소금이니-과연 소금인가? / 춘천동부교회 ············ 166
20. 그리스도인의 신앙성장 / 춘천동부교회 ················· 178
21. 주님께서 내 마음에 두신 기쁨 / 춘천동부교회 ············ 188
22. 총체적 위기, 종말론적인 신앙 / 춘천동부교회 ············ 197
23. 너희 기쁨을 충만하게 하려 함이니라 / 춘천동부교회 ········ 207
24. 감동을 주는 그리스도인 / 성남교회 ················· 217
25. 염려를 주님께 맡겨라 / 춘천영광교회 ················· 227
26. 섬기기를 잘하는 그리스도인 / 대월교회 ············· 236
27. 가장 고귀한 삶, 가장 고귀한 일 / 하남수동교회 창립1주년 주일예배 ·· 244
28. 오직 감사하는 신앙 / 홍천은평교회 ················· 252
29. 오직 하나님 신앙 / 토론토 영락교회 ················· 259
30. 그리스도인의 자랑 / 뉴질랜드 한우리교회 주일예배 ········ 266
31. 섬겨 주신 예수님 / 시드니 온누리교회 ················· 277
32. 장로(목사)들에게 권면하노니 / 강원노회 개회 예배 ········ 284
33. 이제는 우리가 섬겨야 합니다 / 세계지도력 개발원 ········ 291
34. 건강한 교회 / 복음주의 신학교 신대원 ············· 297
35. 하나님 아버지께 감사하라 / 춘천동부교회 ············· 304

임신영 목사 간추린 회고록

1. 기도, 응답, 감사
(역대하 7장:11-18절, 8장12-16절)

1999. 01. 21
새 성전 첫 예배

역대하 7:11-18

11. 솔로몬이 여호와의 전과 왕궁 건축을 마치고 솔로몬의 심중에 여호와의 전과 자기의 궁궐에 그가 이루고자 한 것을 다 형통하게 이루니라
12. 밤에 여호와께서 솔로몬에게 나타나사 그에게 이르시되 내가 이미 네 기도를 듣고 이 곳을 택하여 내게 제사하는 성전을 삼았으니
13. 혹 내가 하늘을 닫고 비를 내리지 아니하거나 혹 메뚜기들에게 토산을 먹게 하거나 혹 전염병이 내 백성 가운데에 유행하게 할 때에
14. 내 이름으로 일컫는 내 백성이 그들의 악한 길에서 떠나 스스로 낮추고 기도하여 내 얼굴을 찾으면 내가 하늘에서 듣고 그들의 죄를 사하고 그들의 땅을 고칠지라
15. 이제 이 곳에서 하는 기도에 내가 눈을 들고 귀를 기울이리니
16. 이는 내가 이미 이 성전을 택하고 거룩하게 하여 내 이름을 여기에 영원히 있게 하였음이라 내 눈과 내 마음이 항상 여기에 있으리라
17. 네가 만일 내 앞에서 행하기를 네 아버지 다윗이 행한 것과 같이 하여 내가 네게 명령한 모든 것을 행하여 내 율례와 법규를 지키면
18. 내가 네 나라 왕위를 견고하게 하되 전에 내가 네 아버지 다윗과 언약하기를 이스라엘을 다스릴 자가 네게서 끊어지지 아니하리라 한 대로 하리라

역대하 8:12-16

12. 솔로몬이 낭실 앞에 쌓은 여호와의 제단 위에 여호와께 번제를 드리되
13. 모세의 명령을 따라 매일의 일과대로 안식일과 초하루와 정한 절기 곧 일년의 세 절기 무교절과 칠칠절과 초막절에 드렸더라
14. 솔로몬이 또 그의 아버지 다윗의 규례를 따라 제사장들의 반열을 정하여 섬기게 하고 레위 사람들에게도 그 직분을 맡겨 매일의 일과대로 찬송하며 제사장들 앞에서 수종들게 하며 또 문지기들에게 그 반열을 따라 각 문을 지키게 하였으니 이는 하나님의 사람 다윗이 전에 이렇게 명령하였음이라
15. 제사장들과 레위 사람들이 국고 일에든지 무슨 일에든지 왕이 명령한 바를 전혀 어기지 아니하였더라
16. 솔로몬이 여호와의 전의 기초를 쌓던 날부터 준공하기까지 모든 것을 완비하였으므로 여호와의 전 공사가 결점 없이 끝나니라

감사주일 아침에 새 예배당에서 감사와 감격의 마음으로 하나님께 예배를 드리시는 교우 여러분에게 우리 하나님의 크신 은혜와 축복이 가득 임하시기를 기원합니다.

지금으로부터 4년 전인 1996년 1월에, 새 성전 기공예배를 드린 후, 오늘에 이르기까지, 하루도 빠짐없이 눈물의 기도와 더불어 온 정성의 헌신과 봉사를 다하여 새 성전 건축공사를 하였는데 우리 하나님께서 여러 모양으로 도와주셔서 새 성전에서 첫 예배를 오늘 이 시간 드리게 됨을 하나님께 감사와 찬송과 영광을 돌립니다.

환난과 고난 속에서도 오히려 감사할 수 있는 것은 언제나 하나님의 숨은 섭리가 있음을 믿기 때문입니다. 국가 경제의 위기와 함께 감당하기 어려운 일이 한 두 번이 아니었으나 우리를 훈련시키시고, 연단하심인 줄 믿고 더욱더 기도하게 하셨습니다. 한마음이 되게 하시고, 온전한 헌신을 하게 하시므로 오늘의 감격을 주신 하나님께 만입이 있어도 다 감사할 수 없습니다. 당회원 모두의 지혜와 헌신과 봉사 그리고 집사님 권사님과 온 교우들의 뜨거운 기도와 헌신의 열매를 하나님께서 이렇게 맺게 하신 줄로 믿습니다.

오늘은 어느 해보다 뜻 깊은 감사주일이 아닐 수 없습니다. 이 거룩한 주일에 우리 하나님의 은혜와 사랑, 능력과 존귀함에 감사드리면서, 성경말씀에 기록된 솔로몬의 성전건축 기사에 관한 말씀을 생각하므로 은혜를 나누고자 합니다.

오늘 본문 말씀은 솔로몬의 기도와 하나님의 응답에 대한 말씀입니다. 솔로몬은 아버지 다윗의 뒤를 이어서 어린 나이에 왕이 되었습니다. 솔로몬이 왕이 되자 자신의 능력으로는 왕의 일을 감당하기 어려우므로 하나님께 일천번제를 드리며 하나님의 도우심을 받아 백성들을 다스리길 원했습니다.

하나님께서 솔로몬에게 '내가 무엇을 네게 주기를 원하느냐?'라고 하셨을 때에 솔로몬은 그 많은 것 중에서 지혜를 구하였는데 하나님께서는 지혜와 함께 다른 모든 것을 주셨습니다. 솔로몬은 하나님께서 주신 지혜와 지식, 부와 존귀를 가지고 아버지 다윗의 유언을 이루어 하나님께 영광을 돌리려고 하나님께 기도하고 성전을 건축하기로 했습니다. 솔로몬은 아버지 다윗과 친하게 지낸 두로의 히람 왕에게 각종 재료와 기능을 가진 사람들을 보내어 주도록 요청했고 두로 왕 히람은 이스라엘의 여호와 하나님을 찬양하면서 최상의 건축 기술자와 물자를 지원하여 주었습니다.

솔로몬이 성전을 세우기 위하여 정한 장소는 옛날 아브라함이 이삭을 제물로 바치려다가 수양을 드린 모리아 산이었는데 또한 이곳은 다윗이 인구조사를 한 죄 때문에 하나님께로부터 죄 사함을 받기 위하여 오르난으로부터 금 600세겔의 값을 주고 산 타작마당이기도 했습니다.

다윗은 이때에 번제와 화목제를 드림으로써, 3일간의 온역이 그치게 되었고, 죄 사함을 받은 은혜를 받게 되었습니다. 그러므로 솔로몬 성전 장소는 하나님의 속죄의 은총이 있는 곳에 참 성전이 지어진다는 사실을 알게 합니다. 오늘도 우리는 예수 그리스도의 십자가 헌신과 사랑의 은총을 믿는 믿음의 장소, 믿음의 마음에 신령한 성전이 지어진다는 사실을 잊어서는 안 될 것입니다.

솔로몬은 성전건축이 완성됨과 함께 성물들을 하나 하나 정성껏 준비하여 들여 놓았습니다. 성물들은 기본으로 10가지였고 그 수효는 2배수 20개, 3배수 30개 등으로·되어 있었습니다. 어떤 것은 놋으로, 어떤 것은 금으로 만들어졌습니다. 놋은 쉽게 부패하지 않으며 색감이 부드럽게 빛나는데 한 가지 특기할 만한 것은 자주 닦아야 된다는 사실입니다. 금은 가장 귀한 것으로 찬란한 빛과 순수함이 돋보입니다. 이는 하나님의 영광, 성도들의 성품이 어우러져 있는 것을 보입니다. 예배는 금과 같이 빛나는 믿음으로 드려져야 하고, 예배를 기뻐 받으신 하나님께서 은혜와 복을 주심을 교훈하고 있음을 깨달아야합니다.

역대하 5장에 보면, 성전을 완공한 솔로몬 왕이 하나님께 성전을 바치는 봉헌 예식을 진행함에 있어서 제일 먼저 행한 것이 있는데 이는 언약궤를 성전 지성소에 옮기는 것입니다. 이 언약궤는 다윗 왕 때에 오벧 에돔의 집에 보관하였던 것을 시온 산의 성막에 옮겨 두었습니다. 이 행사에는 이스라엘의 장로들과 12지파의 족장들이 다 모이고 많은 백성들이 참석했습니다.

이 언약궤는 이스라엘에 있어서 역사의 중심이며 이스라엘 백성의 구심점이며, 최고의 가치인 것입니다. 이 언약궤에는 돌비 외에 만나 항아리, 아론의 싹난 지팡이도 있었으나 없어졌습니다. 무엇을 말합니까? 세상의 모든 것이 다 없어진다 하여도 하나님의 말씀은 없어져서는 안된다는 것을 교훈하고 있습니다.

솔로몬 성전 봉헌 예식에 있어서 중요한 일 중에 하나는 레위인과 제사장들의 찬송이었습니다. 찬양의 주제는 선하고 자비로우신 하나님입니다. 하나님은 기쁨과 감사, 헌신과 다짐의 찬양으로 영광을 받으십니다.

솔로몬은 성전봉헌과 함께 기도하였습니다. 오늘 본문 이전 장인 역대하 6장에 보면 솔로몬의 기도가 있습니다. 솔로몬은 약속하신 것을 이루어주신 사실에 대하여 찬양하였고, 이 성전이 하나님께 바쳐졌음을 깊이 인식하고 하나님이 의도하시는 신앙의 정도에서 벗어나지 않기를 간구했습니다.

솔로몬의 기도 내용이 무엇입니까?

악행한 자에 의하여 피해를 입은 자를 신원하여 주시기를 위하여 간구하였습니다.
적의 세력에 의하여 패배한 자를 위하여 기도하였습니다.
목마른 자를 위하여
압제 받는 자를 위하여
이방인을 위하여
전쟁과 군사들을 위하여
포로된 자를 위하여 하나님께 간절히 기도하였습니다.

솔로몬은 '내 집은 기도하는 집이다'라는 사실을 증거하듯 성전에 와서 하나님을 향하여 기도하였습니다.

하나님께서는 우리의 기도를 들으실뿐 아니라, 눈으로 보고 계십니다. 눈으로 보심은 외모를 보심이 아니라 마음을 보시는 것입니다. 솔로몬은 내가 음성으로 부르짖을 때에 귀를 기울여 달라고 했으며 능력의 언약궤와 함께 평안한 처소에 항상 존귀하게 계시기를 소원 하였으며. 주의 제사장들은 하나님의 구원을 입게 해달라고, 주의 백성된 성도들에게는 하나님 얼굴을 돌리지 마시고 항상 주님께서 은혜와 사랑을 주셔서 기쁨으로 살게 하여 달라고 기도하였습니다.

하나님은 기도를 들어 주시는 아버지 하나님이십니다. 하나님께서는 솔로몬의 기도를 들어 주셨습니다. 하늘에서 불을 내려 제단의 제물을 태워주셨습니다. 이때에 온 백성들은 전심으로 감사하였습니다. 온 백성들은 모두 하나같이 엎드려 경배하며 찬송하며 감사를 드렸습니다.

오늘 본문 역대하 7장은 하나님의 영광이 성전에 임하는 모습을 보고 감격하여 레위인과 제사장들에 의하여 모세의 율례대로 새 성전 첫 제사를 드린 내용입니다.

이 때에 드려진 제물의 수효는 대단하였습니다. 소 2만 2천 마리, 양 12만 마리가 제물로 드려졌습니다. 하나님께 드려진 제물의 정성은 상상을 초월한 것이었고, 특히 온 백성들의 정성된 헌신은 몸과 마음, 악기와 입술의 찬양은 예배의 모범이라 할 수 있는 것이었습니다.

"너희 몸을 하나님이 기뻐하시는 거룩한 산 제사로 드리라 이는 너희가 드릴 영적 예배니라"(롬 12:2)

예배는 마음과 몸과 삶 전체를 하나님께 드리는 일입니다. 솔로몬 성전 첫 제사가 드려진 때는 장막절 기간이었습니다.

오늘 본문 역대하 7장 11절 이하 말씀은 하나님께서의 솔로몬 성전을 기쁘시게 받으시고 꿈 속에 나타나셔서 솔로몬과 언약을 맺으신 말씀입니다. 만약 솔로몬이 올바른 신앙 토대 위에 서기만 하면 너의 왕위를 영영히 서도록 하여 주리라고 약속하셨습니다. 그리고 하늘을 닫고 비를 내리지 아니하거나 메뚜기로 토산을 먹게 하거나 하지 아니할 것이고, 염병으로 백성들이 괴롭게 되는 일이 일어나고, 죽게 될 때에 내 이름을 부르며 악한 길에서 떠나 스스로 겸비하여 기도하여 내 얼굴을 구하면, 내가 하늘에서 듣고, 죄를 사하고 그 땅을 고쳐주리라고 약속하셨습니다. 이곳에서 비는 기도에 하나님께서 눈을 들고 귀를 기울이라고 약속하셨습니다.

오늘 본문 역대하 8장은 솔로몬의 성전건축 시작과 끝을 간결하게 적어 놓은 내용입니다. 솔로몬의 성전건축이 결점없이 필역하였다는 말씀입니다. 알파와 오메가가 되신 하나님께서 솔로몬의 예루살렘 성전건축 사역에 친히 역사하여 주신 것입니다.

오늘 본문 이후에 기록된 역대하 9장에 보면 솔로몬의 지혜와 하나님의 사랑과 능력에 대한 소문이 두루 퍼져 나아가게 됩니다. 예루살렘 솔로몬 성전은 기도와 헌신에 대한 응답이었습니다. 솔로몬은 간절히 하나님께 기도하였고, 온 백성들은 하나같이 헌신하였고, 하나님은 기쁨으로 도우시고 축복하여 주셨습니다. 솔로몬과 제사장, 레위인 그리고 온 백성들은 하나같이 하나님께 감사 감격하여 찬송하였으며 영광을 돌렸습니다.

우리 교회 새 성전도 하나님의 전적인 은혜로 이루어졌습니다. 하나님의 사랑과 능력과 섭리에 응답하여 헌신 봉사한 교우 여러분의 눈물과 희생이 여기에 이렇게 나타났습니다. 하나님께 감사드립니다. 하나님께 영광을 돌립니다. 교우 여러분들께도 감사드리지 않을 수 없습니다. 이제는 10배 100배 이상 하나님께서 축복하여 주실 줄 믿습니다. 기독교 2000년 역사에서, 교회를 개척하고, 성전을 짓고, 하나님의 일을 하므로 엄청난 축복을 받은 사람은 수없이 많아도 망한 자는 한 사람도 없습니다.

사랑하는 교우 여러분! 하나님의 은혜와 사랑과 능력과 축복을 풍성히 받아 믿음을 승거하는 한 분 한 분이 되실 줄 믿습니다. 오늘 새 성전 첫 예배를 드리는 감격으로 이 전을 사랑하며 신앙생활을 더 잘 감당하시기를 바랍니다.

우리가 하나님의 은혜로 지은 이 성전은

기도하는 전이요.

찬송하는 전이요

말씀을 듣고 은혜를 받는 전이요

신령과 진정으로 예배하는 전이요

하나님의 축복을 받는 전이요

하나님의 영광이 가득한 전이 될 줄 믿습니다.

솔로몬의 아름다운 성전과 지혜 그리고 이스라엘 백성들의 좋은 소문이 두루 퍼진 것처럼 우리 교회도 좋은 소문나며 우리 교우들의 신앙생활도 좋은 소문으로 퍼져나가 하나님을 기쁘시게 하며 주의 복음을 증거하게 되고 주님의 교회가 더욱더 차고 넘치는 구원의 역사가 풍성하게 되기를 바랍니다. 주 하나님의 놀라우신 축복이 여러분 모두에게 가득 가득 임하시기를 기원합니다.

2. 변화 산상의 교회
(마가복음 9장2-8절)

2008. 05.25
성광교회 헌당 임직예배

마가복음 9:2-8

2. 엿새 후에 예수께서 베드로와 야고보와 요한을 데리시고 따로 높은 산에 올라가셨더니 그들 앞에서 변형되사
3. 그 옷이 광채가 나며 세상에서 빨래하는 자가 그렇게 희게 할 수 없을 만큼 매우 희어졌더라
4. 이에 엘리야가 모세와 함께 그들에게 나타나 예수와 더불어 말하거늘
5. 베드로가 예수께 고하되 랍비여 우리가 여기 있는 것이 좋사오니 우리가 초막 셋을 짓되 하나는 주를 위하여, 하나는 모세를 위하여, 하나는 엘리야를 위하여 하사이다 하니
6. 이는 그들이 몹시 무서워하므로 그가 무슨 말을 할지 알지 못함이더라
7. 마침 구름이 와서 그들을 덮으며 구름 속에서 소리가 나되 이는 내 사랑하는 아들이니 너희는 그의 말을 들으라 하는지라
8. 문득 둘러보니 아무도 보이지 아니하고 오직 예수와 자기들뿐이었더라
9. 그들이 산에서 내려올 때에 예수께서 경고하시되 인자가 죽은 자 가운데서 살아날 때까지는 본 것을 아무에게도 이르지 말라 하시니

감사주일 아침에 새 예배당에서 감사와 감격의 마음으로 하나님께 예배를 드리시는 교우 여러분에게 우리 하나님의 크신 은혜와 축복이 가득 임하시기를 기원합니다.

할렐루야! 우리 하나님께 찬양과 감사와 영광을 돌립니다. 아름다운 예배당을 믿음으로 헌신하여 짓고, 헌당하시는 춘천성광교회 교우 여러분에게 하나님의 은혜와 평강의 축복이 가득하길 기원합니다.

오늘 은퇴, 임직 하시는 여러분에게 또한 주님의 은혜와 복이 가득하게 되시길 기원합니다. 제가 석사동 극동 아파트에 살 때에 창가로 보이는 그림이 있었습니다. 그 그림은 조금씩 달리 그려가는 그림이었습니다. 춘천성광교회가 지어져 가는 그림이었습니다. 가끔 안마산을 오르내렸는데, 나도 모르게 이곳으로 이끌려 건축 현장을 보고 가기도 하였습니다.

저의 아버님은 이 그림을 매일 보는 것이 낙이었고 성광교회 건축과 교우들을 위하여 얼마나 기도했는지 모릅니다. 저와 우리 식구들은 예배드릴 때마다 한 번도 이 기도를 빠트린 적이 없었습니다.

춘천의 관문이 된 아름다운 동산에 세워진 이 성전은 춘천을 한 가슴으로 품고 있는 아름답고 빛나는 한 폭의 그림입니다.

성경에 보면, 산을 교회의 모형으로 묘사하고 있습니다. 아브라함이 모리아 산에서 이삭을 바치려다가 양을 제물 삼아 드려 믿음의 조상이 되었는데, 이후 이곳에 예루살렘 성전이 지어졌습니다. 모세는 호렙 산의 불붙는 가시덤불 앞에서 소명을 받았고, 시내 산에서는 율법을 받았습니다. 엘리야는 갈멜 산 제단에서 바알 우상 무리들을 섬멸하였고, 이스라엘 백성들은 그리심 산과 시온 산 성전에서 제사 드렸고, 예수님께서는 팔복 동산에서 설교하시었고, 또한 변화 산에서는 변모하셨고. 겟세마네 동산에서는 피땀의 기도를 하셨으며, 감람원에서 승천하셨습니다.

오늘 본문의 변화 산 사건은 일회적인 이벤트가 아니라 신령과 진정으로 하나님께 올려드린 예배라고 할 수 있습니다. 오늘 본문 말씀을 통해 변화 산 사건이 우리의 교회 생활과 어떤 연관이 있는 것인가를 생각하며 은혜 되시길 바랍니다.

① 변화 산 교회, 말 그대로 사람을 변화시키는 곳입니다. 본문 말씀 2절에 보면, 산에 올라가신 예수님의 모습이 변형되었다고 했습니다. 이 변형은 본질적인 형상의 변화로 주님의 원형, 즉 본래의 모습을 보여 주신 것입니다. 갓난아기들을 보면, 한결같이 예쁘게 보입니다. 그러나 커가면서 어떤 아이는 예쁘게 보이고, 어떤 이이는 좀 밉게 보이기도 합니다만 우리는 모두 갓 태어났을 때의 아름다운 모습을 되찾아야 합니다. 어린 아이 같은 믿음을 소유한 자만이 천국에 갈 수 있습니다. 변화 산의 예수님을 주인으로 믿음을 고백하고, 오직 예수님을 닮아, 거룩한 빛을 발하는 모습이 참교회입니다.

② 변화 산 교회는 기도하는 곳입니다. 본문 말씀 4절에 보면, "엘리야

가모세와 함께 그들에게 나타나 예수와 더불어 말하거늘"이라고 했습니다. 더불어 말했다는 것은 기도를 말합니다. 기도는 주님과의 대화요, 호흡입니다. 나의 형편과 처지를, 우리의 연약함과 어려움을 누구에게 말해야 합니까?

성광교회 교우 여러분! 성전을 지으시면서 얼마나 많은 눈물과 기도와 헌신을 하셨는지, 저는 잘 알고 있습니다. 저도 예배당을 몇 번 지어본 경험이 있습니다. 그런데 기도는 기적을 낳는 것입니다. 여러분도 기도로 짓고, 눈물의 간구로 짓고, 한 분, 한 분의 헌신 된 믿음으로 성전을 지어가는 경험을 하신 줄 압니다. 그러므로 기도로 지어진 교회에서 기도하는 곳으로 만들어 기도의 자리가 늘 비우지 않게 되시길 바랍니다.

예수님께서 분명히 말씀하셨습니다. 성전을 더럽히는 무리들을 다 내어 쫓으신 후에 '내 집은 만민이 기도하는 집'이라고… 이 아름답고 거룩한 집에서 만백성이 기도하는 집으로 되도록, 늘 모이고 기도하시길 바랍니다. 은혜와 능력의 응답과 함께 기적을 낳는 역사가 나타나고, 영적 분위기를 은혜롭게 조성하므로 복된 교회가 되시기를 기원합니다.

③ 변화 산 교회는 봉사하는 곳입니다. 본문 말씀 5절에 "베드로가 예수께 고하되 랍비여 우리가 여기 있는 것이 좋사오니 우리가 초막 셋을 짓되 하나는 주를 위하여, 하나는 모세를 위하여, 하나는 엘리야를 위하여 하사이다"라고 했습니다.

많은 설교자들이 '여기 있는 것이 좋사오니'라는 말을 가지고 비난하면서, 잘못했다는 것으로 지적합니다. 그런데 예수님께서는, 이때에 지적이나 책망을 하시지 않았습니다. 여러분 같으면 어떠했을까요? 하나님께 기도를 드리는데 영안이 열리더니 예수님이 계시고 모세가 나타나고, 엘리야가 나타나 세 분이 대화하시더니 구름이 가려지고, 또 귀가 열려 하늘의 음성을 듣게 되는 이 황홀하고 찬란한 모습을 보게 되었을 때에 여러분은 뭐라고 말하겠습니까? 너무나도 황홀하며 신비스러워서, 호흡마저 멎고 심장이 뛸 정도가 될 것입니다. 저분들과 오래오래 여기서 살았으면 좋겠다, 초막 셋을 짓겠다는 생각을 할 것 아니겠습니까?

여기서 우리는 초막 같은 예배당을 생각해야 합니다. 예수님은 예배의 핵심이요, 모세는 율법(말씀)의 대표요, 엘리야는 선지자 중의 한 분입니다. 예수님을 위한 초막 같은 새 성전을 지었습니다. 모세를 위한 율법, 말씀의 전을 지어야 합니다. 엘리야를 위한 선교관도 지어야 합니다. 주의 복음을 위한 선교 봉사관도 지어야 하는 것입니다.

변화 신 교회처럼, 예배와 함께 말씀이 능력있게 신포되고 가르치는 교회, 그리고 선교 봉사로 헌신하는 교회가 성광의 교회, 성광의 교우들이 되시기를 기원합니다.

④ 변화 산 교회는 주님의 말씀만을 듣는 곳입니다. 본문 말씀 7절에 "마침 구름이 와서 그들을 덮으며 구름 속에서 소리가 나되 이는 내 사랑하는 아들이니 너희는 그의 말을 들으라"라고 하였습니다. 변화 산에서 모세도

보였고, 엘리야도 보였지만, 오직 주 예수님의 말씀만 들어야 했던 것처럼 이 전에서도 오직 주님의 말씀만 선포되고 또한 선포되는, 주님의 말씀만 듣고 아멘 하시길 바랍니다.

영국의 유명한 설교가 스펄전은 눈 내리는 추운 겨울 어느 날 시골의 작은 예배당에서 은혜를 받고 결단하고 목사가 되는 길을 가게 되었다고 합니다. 폭설로 교통이 두절 되어 순회 목사님이 오시지 못하여 집사님 한 분이 더듬거리며 성경 한 곳을 읽고서 "내 말로 듣지 말고 주님의 말씀으로 들으시오"라는 말을 반복, 반복하였는데, 이 말씀으로 은혜 받고 목사가 되는 길로 가게 되었다는 것입니다.

여러분! 변화 산 교회처럼, 세상 사람들의 말이 아니라. 주님의 말씀만 듣고, 말씀에 순종하며 살게 되는 은혜스러운 복된 교회가 되시기를 바랍니다.

⑤ 변화 산 교회는 오직 주님만 따르는 곳입니다. 본문 8절에 보면 "제자들이 눈을 들고 보매 오직 예수 외에는 아무도 보이지 아니하더라"라고 했습니다. 예수님의 공생애 3년 중에 제자들과 동거동락을 같이 하셨는데 그 중에서 획기적인 만남은 단 세 차례입니다.

첫째는, 제자들을 선택하실 때에 가르치는 자와 배우는 자로 만났습니다.

둘째는, 오늘 본문에 나오는 변화 산에서 조물주와 피조물로 만난 것입니다. 여기서 예수님은 인자로 호칭되었습니다.

셋째는, 골고다 십자가 위에서 대속의 제물로 만나신 것입니다. 그런데 변화산에서 예수님은 십자가를 지시기 달포(한 달 조금 넘는 기간) 남짓 앞두고 진지하게 보여 주신 만남이었습니다. 그러므로 육체적으로, 정신적으로, 영적으로 얼마나 고통스러운 심정이셨을까 하는 생각이 절로 듭니다.

제자들은 변화 산의 광경과 주님 얼굴에 나타난 빛나는 모습만 보고 여기가 좋사오니 하며 황홀해 하였으나 예수님은 마귀 권세를 이겨야 하는 중대한 기로에 서 계셨습니다. 모세도 좋고 엘리야도 좋지만, 이제는 주님만 바라보고, 주님만 따라가야 한다는 것을 강조하기 위하여 예수님만 보인 줄로 압니다.

사랑하는 성광교회 성도 여러분! 이 아름다운 성전, 훌륭한 성전에서 주님만 바라보시기 바랍니다. 말씀만을 가슴에 담고, 오직 주님만 따라가시기 바랍니다.

이 전에서 가르치는 말씀, 이 전에서 선포되는 말씀만을 듣고, 오직 주님만 순종하고 따라사는 자 되시길 바랍니다. 믿음으로, 기도로 봉사로 헌신하여 아름다운 전을 지어 헌당하시고 훌륭한 일꾼이 은퇴하고 또 세우시는 성광교회 교우 여러분! 그리고 이 예식에 참석하여 함께 예배드리며 복된 삶을 살기 원하시는 여러분! 모두 변화 산상의 교회 성도들이 되시기를 바랍니다.

주님의 말씀과 성령 충만한 은혜로 변화의 교회, 변화한 그리스도인의 삶이 되시길 바랍니다.

기도하는 교회, 기도하는 여러분이 되시길 바랍니다.

봉사하는 교회, 봉사하는 여러분이 되시길 바랍니다.

주님의 말씀만 듣는 교회, 주님만을 따라가는 교회, 주님 말씀만 듣고 주님만을 따라가는 성도들이 되시기를 바랍니다.

3. 빌라델비아 교회처럼
(요한계시록 3장7-13절)

2010, 11,28
춘천동부교회

요한계시록 3:7-13

7. 빌라델비아 교회의 사자에게 편지하라 거룩하고 진실하사 다윗의 열쇠를 가지신 이 곧 열면 닫을 사람이 없고 닫으면 열 사람이 없는 그가 이르시되

8. 볼지어다 내가 네 앞에 열린 문을 두었으되 능히 닫을 사람이 없으리라 내가 네 행위를 아노니 네가 작은 능력을 가지고서도 내 말을 지키며 내 이름을 배반하지 아니하였도다

9. 보라 사탄의 회당 곧 자칭 유대인이라 하나 그렇지 아니하고 거짓말 하는 자들 중에서 몇을 네게 주어 그들로 와서 네 발 앞에 절하게 하고 내가 너를 사랑하는 줄을 알게 하리라

10. 네가 나의 인내의 말씀을 지켰은즉 내가 또한 너를 지켜 시험의 때를 면하게 하리니 이는 장차 온 세상에 임하여 땅에 거하는 자들을 시험할 때라

11. 내가 속히 오리니 네가 가진 것을 굳게 잡아 아무도 네 면류관을 빼앗지 못하게 하라

12. 이기는 자는 내 하나님 성전에 기둥이 되게 하리니 그가 결코 다시 나가지 아니하리라 내가 하나님의 이름과 하나님의 성 곧 하늘에서 내 하나님께로부터 내려오는 새 예루살렘의 이름과 나의 새 이름을 그이 위에 기록하리라

13. 귀 있는 자는 성령이 교회들에게 하시는 말씀을 들을지어다

감사주일 아침에 새 예배당에서 감사와 감격의 마음으로 하나님께 예배를 드리시는 교우 여러분에게 우리 하나님의 크신 은혜와 축복이 가득 임하시기를 기원합니다.

초대교회 빌라델비아 교회는 칭찬만 받은 교회로 소문난 교회였습니다. '빌라델비아'라는 말은 "형제끼리 서로 사랑한다"라는 뜻입니다. '형제 사랑'의 빌라델비아 교회는 소아시아 7 교회 중에서 형제 우애가 가장 두터웠던 교회였으며 아시아의 7 교회 중에서도 서머나 교회와 더불어 주님께로부터 칭찬만을 받은 훌륭한 교회였습니다.

우리 춘천동부교회도 빌라델비아 교회처럼 형제 사랑이 뜨겁고, 많은 시험과 시련 중에서도 믿음과 사랑이 가득한 참 좋은 교회가 되므로 하나님께로부터 칭찬받고 모든 이들로부터 존귀하게 여겨지는 흠모할 만한 교회가 되기를 바랍니다.

그럼 빌라델비아 교회는 과연 어떤 교회였기에 칭찬받은 교회였으며, 존귀하게 여김을 받는 교회였을까요?

첫 번째는 주님의 모습이 나타났기에 귀한 교회였습니다. "거룩하고 진실하사 다윗의 열쇠를 가지신 이"라는 본문 7절 말씀에서, 예수님의 세 가지 모습을 보게 됩니다.

첫째는, 거룩하신 예수님의 모습입니다. 거룩이란 성결함이라는 말입니다. 하나님의 아들 예수님은 죄가 없으신 분이십니다. 그가 죽으신 것은 그분의 죄 때문이 아닙니다. 독생자 예수님은 우리의 죄를 속량하시기 위하여 십자가 위에서 희생 제물이 되셨습니다. 그 어떠한 신도 제물을 받지 스스로 제물이 되지 않을 것입니다. 그러나 그분은 우리의 죄를 속량하시기 위하여 스스로 화목제물이 되어 주셨습니다. 비록 우리의 죄를 위하여 제물이 되어 주셨으나 그분은 거룩한 분이십니다. 지옥불에 떨어질 수밖에 없는 우리 죄인들을 사랑하셔서 하나님의 친백성으로 삼으시기 위해 거룩한 모습으로 나타내 보이신 분이십니다.

둘째는, 진실하신 예수님의 모습입니다. "천지는 없어지겠으나 내 말은 없어지지 아니하리라"라는 누가복음 21장33절 말씀 그대로, 주님께서는 구원의 약속과 더불어 우리에게 많은 축복을 약속하셨는데 말씀대로 이루신 분이십니다. "하나님은 사람이 아니시니 거짓말을 하지 않으시고 인생이 아니시니 후회가 없으시도다 어찌 그 말씀하신 바를 행하지 않으시며 하신 말씀을 실행하지 않으시랴"(민 23:19) 우리 주님 또한 진실하신 분이십니다. 기도하면 응답하여 주리라고 약속하셨습니다. 믿는 자에게는 성령을 부어 주실 것도 약속하셨습니다. 오순절 다락방에 모여 간절히 부르짖어 기도하던 120명 문도에게 불같이 뜨거운 성령의 체험을 주셨습니다. 우리 주님의 모든 약속의 말씀이, 우리 교회 교우 여러분과 우리 교회에도 이루어지게 되기를 축원합니다.

셋째는, 다윗의 열쇠를 가지신 예수님의 모습입니다. 본문 말씀 그대로 다윗의 열쇠를 가지신 예수님은 생명을 버릴 권세도 있고, 생명을 다시 얻게 할 권세도 있다고 말씀하십니다. 마태복음 28장18절에 보면, 우리 주님은 "하늘과 땅의 모든 권세를 가지신 분"으로 기록되어 있습니다. 권세란 빈부귀천과 생사화복을 주시기도 하고 거두어 가시기도 하는 힘을 말합니다. 하늘과 땅의 모든 권세를 가지시고 역사하시는 주님께서 여러분과 우리 교회에 하늘과 땅의 모든 축복을 주시기를 바랍니다. 그리고 우리도 주님의 권능의 손에 붙들려 함께 역사하는자들이 되시길 바랍니다.

두 번째는 빌라델비아 교회는 칭찬만 받았기에 귀한 교회였습니다. 물론 아시아의 다른 교회들에게도 칭찬이 있었습니다. 그러나 그들은 책망을 같이 받아야 했습니다. 기억해야 할 것은 서머나 교회와 더불어 빌라델비아 교회에게는 칭찬만이 있었습니다. 책망이 없었습니다. 본문 말씀 8절에 보면, "내가 네 행위를 아노니 네가 작은 능력을 가지고서도 내 말을 지키며 내 이름을 배반하지 아니하였도다"라고 했습니다. 어떤 모습이었기에 칭찬이 있었는가를 알 수 있습니다.

첫째, 믿음을 따라 최선을 다하였으므로 칭찬하셨습니다. 빌라델비아 교회는 작은 능력을 가지고서도 자기에게 주어진 환경 속에서 최선을 다하는 교회였습니다.

미국의 역대 대통령 중에서 퇴임 이후에 더 존경받는 대통령이 있으신데 그중에 한 분이 카터 대통령이십니다. 청년 시절 그가 해군사관학교를 졸업하고 초급장교로 임관한 후에 어느 부대로 배속받아 가게 되었습니다. 부대장에게 신고하는 경례를 하자 부대장 해군 제독이 물었습니다. "귀관은 해

군사관학교를 몇 등으로 졸업하였는가?" "예, 830명 중에서 58등을 하였습니다." 카터는 씩씩하게 대답을 하였습니다. 그러나 이 말을 들은 제독은, "귀관은 어찌하여 최선을 다하지 않았는가?"하고 지적을 하였습니다. 카터는 제독의 지적을 받고, 큰 충격으로 자신의 삶을 다시 조명하고 군대 생활뿐만 아니라 모든 삶에 최선을 다하는 삶을 살게 되었습니다. 이후, 땅콩 농장 주인으로 살면서도 최선을 다하는 일을 하였고, 주일마다 주일학교 교사로서도 끝까지 최선의 봉사를 하였고 대통령 후보로 선거운동을 하면서도, 주일 예배와 교회 봉사를 쉬지 않았습니다. 대통령 당선 후에 기자들이 소감을 묻는 자리에서도 카터는

"첫 번째는 하나님의 축복이요, 두 번째는 부모님의 은혜요, 세 번째는 '왜 최선을 다하지 않았는가?'라고 지적하여 주셨던 해군 제독님의 책망 때문에 오늘의 대통령이 되었습니다"

라고 답변하였습니다. 최선은 정성을 말합니다. 하나님은 재주를 보시지 않고 최선을 보십니다. 능력을 먼저 원하시지 않고 정성을 먼저 원하십니다.

둘째, 주님의 말씀을 잘 지킨 것을 칭찬하셨습니다. 빌라델비아 교회 성도들은 사도행전 18장 5절에, "실라와 디모데가 마게도냐로부터 내려오매 바울이 하나님의 말씀에 붙잡혀 유대인들에게 예수는 그리스도라 밝히 증언하니"라는 말씀의 사도 바울처럼 하나님의 말씀에 붙잡혀 살았고, 사도행전 17장 11절에, "베뢰아에 있는 사람들은 데살로니가에 있는 사람들보

다 더 너그러워서 간절한 마음으로 말씀을 받고 이것이 그러한가 하여 날마다 성경을 상고하므로"라는 말씀의 베뢰아 사람들처럼 하나님의 말씀을 잘 배우며 살았고, 사도행전 24장5절 이하에 나타나는 바울의 모습, 곧 "우리가 보니 이 사람은 전염병 같은 자라 천하에 흩어진 유대인을 다 소요하게 한 자요 나사렛 이단의 우두머리라"라고 나오는 내용처럼 하나님의 말씀을 믿음으로 열정적으로 증거하는 삶을 살았습니다.

셋째, 주님의 이름을 배반하지 않은 것을 칭찬하셨습니다. 빌라델비아 교회 교우들은 생활이 곤궁한 중에도 변함없는 믿음을 가졌습니다. 고린도후서 5장14절에 "그리스도의 사랑이 우리를 강권하시는도다"라고 한 말씀처럼 이 은혜를 힘입어서, 어려움 중에서도, 곤고한 가운데서도 철저히 순종하였습니다. 큰 시험을 당했어도, 환난과 핍박의 와중에서도 흔들리지 않는 믿음을 가진 교회였습니다.

춘천동부교회 온 교우 여러분! 우리도 빌라델비아 교회처럼 칭찬 받는 교회, 칭찬받는 성도들이 되셔야겠습니다. 환란과 핍박이 몰아쳐도, 생명의 위협이 와도, 주님의 이름을 존귀하게 여기며, 믿음을 더욱더 증거하는 기도와 찬송과 헌신과 증거로 하나님께 영광을 돌린다면, 놀라운 은총으로 함께 하여 주실 줄 믿습니다.

세 번째는 많은 복을 받았기에 귀한 교회였습니다. 본문 말씀 8-10절에서, 다음 몇 가지를 잘 생각해야겠습니다.

첫째, 빌라델비아 교회는 하나님께서 하늘 문을 열어 주신 복을 받았습니다. "내가 네 앞에 열린 문을 두었으되"(8절) 하늘 문이 열리므로, 열린 그 문을 통하여 하나님의 복이 빌라델비아 교회에 쏟아내려졌습니다. 우리에게도 기도의 문이 열리고, 전도의 문이 열리고 각종 은사의 문이 열려 하늘로부터 충만하게 부어 내리는 복이 임하시길 바랍니다.

"주여! 나에게도 하늘 문을 열어주옵소서"

둘째, 빌라델비아 교회는 승리하는 복을 받았습니다. "그들로 와서 네 발 앞에 절하게 하고 내가 너를 사랑하는 줄을 알게 하리라"(9절) 빌라델비아 교회는 원수들이 제발로 걸어와서 엎드려 굴복하고 변화 받는 승리하는 교회였습니다.

모세가 손을 들고 기도하므로 아말렉을 이기고, 야곱이 생명을 걸고 기도하므로 하나님의 사자를 이긴 것처럼, 우리도 세상적인 방법이 아니라, 믿음으로, 기도하므로, 성령의 역사하심을 입고, 원수 마귀, 질병과 가난, 죄악과 어두움의 세력을 이기는 복이 되는 역사가 되시기를 바랍니다.

셋째, 빌라델비아 교회는 시험의 때를 면하게 되는 복을 받았습니다. "내가 또한 너를 지켜 시험의 때를 면하게 하리니"(10절) 요한복음 10장 28-29절 말씀을 깊이 생각하시기 바랍니다. "내가 그들에게 영생을 주노니 영원히 멸망하지 아니할 것이요 또 그들을 내 손에서 빼앗을 자가 없느니라 그들을 주신 내 아버지는 만물보다 크시매 아무도 아버지 손에서 빼앗을 수 없느니라"

교우 여러분! 믿음으로 사는 하나님의 자녀들은 어떤 시험이 와도 하나님께서 함께하십니다. 하나님께서 함께하시므로, 하나님께서 도와주시므로, 시험의 때를 면하게 되는 복을 받습니다. 시험의 때를 면하게 되는 복이 임하시기를 축원합니다.

네 번째는 주님의 권면이 계속되었기에 귀한 교회입니다. "내가 속히 오리니 네가 가진 것을 굳게 잡아 아무도 네 면류관을 빼앗지 못하게 하라"(11절)

주님께서 빌라델비아 교회를 사랑하시므로 이렇게 권면하십니다. "이기는 자가 되라"고 권면하셨습니다. "네가 가진 것을 굳게 붙잡으라"고 권면하셨습니다. "면류관을 빼앗기지 말라"고 권면하셨습니다.

우리도 이기는 자가 되어야 합니다. 세상적인 욕심을 이기는 자가 되어야 합니다. 물질의 욕심을 이기는 자가 되어야 합니다. 세상 권력이나 사단의 방해로부터 이기는 자가 되어야 합니다. 죄악을 이기는 자가 되어야 합니다. 오직 주님의 손에 붙들려서 주님과 함께하면서 앞으로 전진해야만 합니다.

길가에서 주님을 만났던 바디매오처럼 겉옷을 버리고 주님만 따라가는 자가 되어야겠습니다. 수가성 우물가에서 주님을 만났던 여인처럼 물동이를 버리고 주님만 따라가는 자가 되어야 하겠습니다. 온갖 것들을 뒤로하고, 앞으로 달려가는 운동선수처럼 주님만을 따라 달려가는 자가 되어야겠습니다.

그런데 중요한 것 하나를 갖추어야 합니다. 하나님의 전신갑주를 입고 달려가야 합니다. 하나님의 말씀의 전신갑주, 믿음의 전신갑주, 성령충만의 전신갑주를 입고, 기도하며 달려가야 합니다. 그리하면 약속의 말씀처럼 이기는 자가 됩니다. 이기는 자에게는 면류관의 영광이 있게 됩니다. 그래서 영광스러운 면류관을 빼앗기지 말라고 하십니다.

성경에 보면 면류관을 빼앗기는 사람들이 나옵니다. 에서에게 약속된 면류관이 있었지만, 야곱에게 빼앗깁니다. 이스라엘이 받을 면류관을 이방 사람들이 빼앗었습니다. 이스라엘이 법궤를 블레셋에게 빼앗깁니다. 삼손의 영광이 순간 사라집니다. 아나니아와 삽비라 부부가 얻은 축복의 영광을 모두 빼앗기고 사라져 버립니다.

구소련이 예진에는 얼마나 잘살았는지 모릅니다. 북힌도 6.25 진끼지민 해도 남한보다 훨씬 잘살았었습니다. 그러나 주님의 촛대가 옮겨진 것입니다. 면류관이 빼앗기는 비극인 것입니다. 그러므로, 본문 말씀에서 우리 주님께서 빌라델비아 교회를 향하여 '네가 귀한 면류관을 이미 가졌으니, 앞으로 면류관을 빼앗기지 말라'라고 권면하신 것입니다.

춘천동부교회 교우 여러분! 이곳에 우리 교회가 세워졌습니다. 초기에 교회를 개척하면서 고생하고 눈물로 헌신하신 분들과 자녀, 자손들에게 면류관의 축복이 영광스럽게 간직되시기를 축원합니다. 그리고 우리 교회가 해를 거듭할수록 숱한 변화의 역사가 있었으나 눈물로 기도 하며, 헌신하면서 모든 것을 바친 분들을 축복합니다. 하나님의 복이 대대로 넘치시기를 축원합니다.

하나님께서 이 시대를 사랑하셔서 얼마나 많은 복을 이 땅에 허락하셨는지 모릅니다. 많은 교회를 세워 주셨고, 많은 주의 종들을 세워 주셨습니다. 감사한 일이 아닐 수 없습니다.

그러나 라오디게아 교회 같은 교회, 버가모 교회와 같은 교회, 사데 교회 같은 교회가 있었는가 하면, 서머나 교회와 같이, 빌라델비아 교회 같이 칭찬과 존귀함이 있는 하나님께서 사랑하시는 교회도 있었습니다. 오늘 주신 말씀과 같이 우리 교회는 빌라델비아 교회처럼 하나님께로부터 인정을 받고, 칭찬받고, 모든 이들에게 기쁨을 주는 좋은 교회, 건강한 교회, 은혜와 축복이 넘치는 교회가 되기를 축원합니다.

4. 에벤에셀-하나님 감사합니다
(사무엘상 7장1-12절)

2008. 06.22
춘천동부교회 은퇴

사무엘상 7:1-12

1. 기럇여아림 사람들이 와서 여호와의 궤를 옮겨 산에 사는 아비나답의 집에 들여놓고 그의 아들 엘리아살을 거룩하게 구별하여 여호와의 궤를 지키게 하였더니
2. 궤가 기럇여아림에 들어간 날부터 이십 년 동안 오래 있은지라 이스라엘 온 족속이 여호와를 사모하니라
3. 사무엘이 이스라엘 온 족속에게 말하여 이르되 만일 너희가 전심으로 여호와께 돌아오려거든 이방 신들과 아스다롯을 너희 중에서 제거하고 너희 마음을 여호와께로 향하여 그만을 섬기라 그리하면 너희를 블레셋 사람의 손에서 건져내시리라
4. 이에 이스라엘 자손이 바알들과 아스다롯을 제거하고 여호와만 섬기니라
5. 사무엘이 이르되 온 이스라엘은 미스바로 모이라 내가 너희를 위하여 여호와께 기도하리라 하매
6. 그들이 미스바에 모여 물을 길어 여호와 앞에 붓고 그 날 종일 금식하고 거기에서 이르되 우리가 여호와께 범죄하였나이다 하니라 사무엘이 미스바에서 이스라엘 자손을 다스리니라
7. 이스라엘 자손이 미스바에 모였다 함을 블레셋 사람들이 듣고 그들의 방백들이 이스라엘을 치러 올라온지라 이스라엘 자손들이 듣고 블레셋 사람들을 두려워하여
8. 이스라엘 자손이 사무엘에게 이르되 당신은 우리를 위하여 우리 하나님 여호와께 쉬지 말고 부르짖어 우리를 블레셋 사람들의 손에서 구원하시게 하소서 하니
9. 사무엘이 젖 먹는 어린 양 하나를 가져다가 온전한 번제를 여호와께 드리고 이스라엘을 위하여 여호와께 부르짖으매 여호와께서 응답하셨더라
10. 사무엘이 번제를 드릴 때에 블레셋 사람이 이스라엘과 싸우려고 가까이 오매 그 날에 여호와께서 블레셋 사람에게 큰 우레를 발하여 그들을 어지럽게 하시니 그들이 이스라엘 앞에 패한지라
11. 이스라엘 사람들이 미스바에서 나가서 블레셋 사람들을 추격하여 벧갈 아래에 이르기까지 쳤더라
12. 사무엘이 돌을 취하여 미스바와 센 사이에 세워 이르되 여호와께서 여기까지 우리를 도우셨다 하고 그 이름을 에벤에셀이라 하니라

기럇여아림 사람들은 하나님의 법궤를 옮겨 아비나답의 집에 가져다 놓고 그 집 아들 엘리아살을 구별하여 20년 동안 잘 지키게 합니다. 그러므로 이스라엘 사람들 모두가 항상 하나님을 사모하였는데 사무엘은 이스라엘 백성들에게 말하기를

"너희가 전심으로 하나님께 돌아오려거든 이방신들과 아스다롯 우상을 버리고 하나님만 섬기라. 그리하면 블레셋 사람의 손에서 건지시리라"(삼상 7:3)

라고 하였습니다. 이때 온백성들이 이 말씀을 듣고 돌이켜 바알과 아스다롯 우상을 버리고 하나님만 섬기게 되었습니다. 사무엘이 다시 온백성들을 미스바에 모이게 하였는데 백성들 모두가 금식하고 회개하며 하나님께 기도하였습니다.

이때 이스라엘 백성들이 미스바에 모였다는 소식을 듣고 블레셋 방백들이 이스라엘을 치러 올라옵니다. 이스라엘 백성들이 두려워하니 사무엘이 하나님께 어린 양을 잡아 온전한 번제를 드리고 부르짖어 기도하였습니다.

하나님께서는 이 번제와 기도를 받으시고 응답하셨습니다. 블레셋 사람들에게 큰 우뢰를 발하여 어지럽게 하시니 이스라엘이 블레셋을 치고 이기었습니다. 이때 사무엘은 돌을 취하여 미스바와 센 사이에 세우고 하나님께서 여기까지 우리를 도우셨다 하여 그 이름을 에벤에셀이라 했습니다.

이 말씀, 이 사건에서 우리는 무엇을 생각해야 하겠습니까! 우리 모두는 항상 하나님의 궤, 법궤, 하나님의 말씀을 생각해야 합니다. 항상 하나님의 말씀, 하나님의 능력, 하나님의 구원을 마음에 두고 살아야만 합니다. 항상 하나님의 말씀만을 사모하며, 믿고 순종하며 살아야만 합니다. 헛된 우상을 버리고 하나님만을 의지하며, 하나님만을 섬기며 살아야만 합니다.

그리고 이스라엘 백성들이 미스바에 모여 금식하며 회개하고 기도한 것처럼 우리도 어려울 때마다 미스바의 기도를 해야만 합니다. 블레셋이 쳐들어와도 염려 없습니다. 부르짖어 기도할 때에 하나님께서 막아주시고 쫓아주십니다. 하나님은 창조주이시며, 전능자이시고, 구원자이십니다. 백성들의 기도, 자녀들의 기도, 부르짖음을 아버지 하나님께서 들으시고 응답하시고 승리케 하십니다.

이스라엘 백성들에게는 사무엘이 있었습니다. 사무엘은 백성들에게 하나님의 약속의 말씀을 전하는 자였고 백성들의 할 일과 갈 길을 제시하고 인도하여 주었습니다. 사무엘은 이 백성들이 온전히 하나님만 의지하여 하나님의 말씀, 법궤 중심의 삶을 살게 하며 기도하도록 하여 승리할 수 있도록 온 힘을 기울였습니다.

사무엘은 온 백성들과 함께 미스바와 센 사이에 한 돌을 세우고 하나님께서 우리를 여기까지 도우셨다고 하고 에벤에셀이라 했습니다. 우리의 마음과 입술에서도 에벤에셀이 나와야 합니다.

에벤에셀 신앙은 가장 값진 신앙, 감사하는 신앙입니다. 비바람과 눈보라, 뜨거운 햇빛과 가뭄, 엄청난 재난과 재해, 질병과 사고, 실패와 역경, 온갖 변화의 소용돌이 역사에서도 저와 여러분들을 여기까지 도우셨습니다. 하나님께서 도우셨습니다. 에벤에셀, 감사합니다. 이 신앙이 승리의 신앙이며, 하나님을 영화롭게 하는 신앙이며 하나님을 기쁘시게 하는 신앙이며 축복의 신앙이고 간증의 신앙입니다.

우리 하나님께서 여러분 한 분 한 분을 여기까지 도우셨습니다. 하나님께서 여러분 가정 가정을 여기까지 도우셨습니다. 어려운 시험과 시련에서도 믿음을 키워주셨고 기도하게 하시고, 감사하게 하여 주셨습니다. 우리 하나님께서 이 민족, 이 백성을 여기까지 도우셨습니다. 우리 하나님께서 우리 교회를 여기까지 도우셨습니다. 69년 동안 고비고비마다 하나님께서 도우셨습니다. 소양로 여관집 다락방에서 하나님께서 도우셨습니다. 천막교회, 5번의 예배당을 짓는 동안 하나님께서 도우셨습니다. 12명의 교인이 100배, 1000배의 축복으로 번성케 하여 주셨습니다.

교회를 개척하게 하여 힘써 후원하고 기도하게 하고, 선교사를 파송하게 하시고, 어려운 아이들과 노약자들을 힘써 돕고 기도하게 하고, 춘천 복음화, 성시화 운동에 앞장서게 하고 강원도 복음화의 중추적인 역할을 하게 하였습니다. 또한 북한과 아시아 선교회원교회가 되어 기도하고 후원하게 하였습니다.

에벤에셀 하나님 감사합니다.

저는 너무나 부족한 사람인 것을 잘 알고 있습니다. 외모도 그렇고, 말주변도 없고, 무뚝뚝하고 어떤 때는 과격한 성품이 드러나기도 합니다.

그러나 한 가지 분명한 것은 이 하나님의 교회가 복음적인 교회, 좋은 교회, 부흥하는 교회가 꼭 되어야만 한다는 생각뿐이었고, 우리 교인들이 축복받고 감사가 넘치는 은혜 충만하기만을 생각하고 바라는 것뿐이었습니다. 부족한 것뿐이었지만 최선을 다한다는 마음으로 여기까지 왔습니다. 하나님께서 아시고, 여러분이 어느 정도 아실 것입니다.

22년 동안 우리 교회가 성장하여야 한다는 일념으로 봄이 오면 해마다 전도의 달, 총동원 전도를 한 해도 쉬지 않고 힘썼습니다. 여러분 중에는 스트레스도 받았겠지만 하나님께서는 좋은 쪽으로 도와주셔서 해마다 구역을 확장시켜 주셨고, 교구를 하나씩 만들어 주셨습니다. 목회 중반에 들어서면서 하나님께서는 성전 건축을 하게 하셨습니다. 300평 성전이 3000평 성전이 되도록 축복하여 주셨습니다. IMF를 맞아 우여곡절이 많았으며 중단해야 하는가 고민도 했습니다만, 온 교우들의 헌신과 기도로 놀라운 역사를 이루게 되었습니다. 성전 건축이 시작되면서 하나님께서는 저에게 큰 질병을 주셨습니다. 6개월 동안 교회 일을 할 수 없었으나 여러분의 눈물의 기도와 격려로 치료의 하나님의 기적을 체험하게 하셨습니다. 저는 다시 10년 동안 새 생명을 얻어 일하게 되었습니다. 에벤에셀 하나님께 감사할 뿐입니다.

저는 우리 교회가 춘천 중심에 있는 교회이기에 춘천과 강원도에 관심이 많았습니다. 그래서 춘천 기독교 연합 사업과 춘천 복음화 성시화에 깊이 관여하면서 춘천 CBS(방송국) 설립 추진위원장을 하면서 여야 대통령후보에게 공약사업으로 하도록 종용하여 결국 누가 대통령이 되든지 방송국 설립은 기정 사실화했습니다.

그리고 춘천 경제정의실천 운동 연합을 창립하여야겠다는 생각을 갖고 몇몇 인사들을 찾아 설득하여 창립하고 10년 동안 공동대표로 일하였습니다. 지금은 가장 힘 있는 시민단체가 되었습니다. 춘천의 가장 큰 어려운 문제인 쓰레기 매립장 건립을 위하여 반대하는 주민과 난관에 고심하는 춘천시 사이에서 춘천 시장관사를 쓰레기 매립장 옆에 옮겨 짓도록 하여 주민과의 싸움을 종식시켜서 매립장을 잘 만들게 했습니다. 그리고 강원도 기독교연합회장을 하면서 18개 시군의 교회가 연합하여 횃불 기도회를 유례없는 능력의 기도 운동으로 발전시켜 해마다 강원도청(도지사님)으로 부터 7000만원을 지원받도록 하였습니다. 전국에서 도비를 지원받는 기독교연합회는 강원도 기독교연합회 하나뿐입니다.

우리 교회는 도청 소재지 중심의 교회로서의 복음화 운동에 앞장서야 합니다. 그리고 우리 교회는 북한과 아시아 선교회 회원교회입니다.

또한 우리 교회는 해외선교에 최선을 다하는 교회입니다. 콜럼비아에 이영하 선교사 내외를 파송하고 기도로, 재정으로 후원하는 일에 온 힘을 쏟고 있습니다. 이영하 선교사 내외분은 참으로 훌륭한 사역자입니다. 좋은 선교사님을 만나는 일은 축복입니다. 이영하 선교사님은 콜럼비아에 가셔서 교회를 개척하고 신학교를 운영하고 있는데, 신대원까지 만들고, 80여 명의 목회자를 배출하였습니다. 지난번에는 신학교 헌당식과 제10회 졸업식을 하여 하나님께 영광을 돌렸습니다. 앞으로 계속 기도와 후원을 아끼지 아니하여야 합니다.

우리 교회는 가장 건강한 교회, 가장 우수한 교회로, 한국 교회성장연구소로부터 선정되기도 했습니다. 이러한 모든 사역과 축복은 한 두 사람의 일로 되는 것이 아닙니다. 우리 모두가 함께 일하고 헌신한 결과요, 하나님의 축복인 것입니다.

교회는 사회의 일반집단이 아닙니다. 교회는 영성이 회복되어 항상 하나님 말씀으로 든든히 서야 합니다. 기도로, 은혜로, 하나님의 응답으로 충만한 기쁨이 있어야 합니다. 교회는 오직 믿음으로, 복음을 열정적으로 증거해야 하고 뭇 영혼들의 피난처가 되어야 하고, 구원의 방주가 되도록 해야 합니다. 그러므로 계속 사업인, 소년소녀 가장을 후원하는 일, 미자립 교회를 돌보는 일, 어려운 기관을 위하여 후원하는 일을 잘해야 합니다.

교회는 목회자를 중심으로 예수 그리스도 안에서 하나 되어 은혜와 평강이 넘치는 공동체가 되어야 합니다.

이제 앞으로 새 담임목사님을 잘 모시고 그리고 부교역자들을 잘 도우면서 믿음과 사랑으로 하나님을 기쁘시게 하는 축복받는 교회, 좋은 소문나는 교회, 축복받는 교우들이 되시기를 기원합니다.

저는 은퇴 후에 이런 일을 하려고 합니다. 신학교에 일주일에 하루 강의를 하게 되었습니다. 그러므로 더욱더 연구해야겠습니다. 저를 부르는 교회에 가서 말씀을 전하고 강의하는 일을 하게 될 것입니다.

금년 여름에는 OO교회에 신앙수련회를 인도하게 됩니다. 그러므로 더욱더 공부해야 합니다. 그리고 춘천동부교회에서 설교한 것을 책으로 내기 위하여 원고를 다시 정리하는 일을 하게 됩니다. 앞으로 개인 목회를 하지 않기 때문에 하나님께서 인도하시고 허락하시는 대로 결혼도 하려고 합니다. 중요한 한 가지는 춘천동부교회의 부흥과 축복받는 교인들이 되도록 기도하는 일입니다. 에벤에셀 하나님께 감사하며 살려고 합니다.

사랑하는 교우 여러분! 진심으로 감사드립니다. 고마운 마음을 어떻게 표현해야 할지 잘 모르겠습니다. 하나님의 은혜와 평강이 여러분 한 분 한 분 그리고 각 가정에 우리 교회에 충만충만 하시기를 기원합니다.

5. 하나님! 감사합니다
(시편 89편 1-5절, 골로새서 3장 12-17절)

2010. 11.21
추수감사절

시편 89:1-5

1. 내가 여호와의 인자하심을 영원히 노래하며 주의 성실하심을 내 입으로 대대에 알게 하리이다
2. 내가 말하기를 인자하심을 영원히 세우시며 주의 성실하심을 하늘에서 견고히 하시리라 하였나이다
3. 주께서 이르시되 나는 내가 택한 자와 언약을 맺으며 내 종 다윗에게 맹세하기를
4. 내가 네 자손을 영원히 견고히 하며 네 왕위를 대대에 세우리라 하셨나이다(셀라)
5. 여호와여 주의 기이한 일을 하늘이 찬양할 것이요 주의 성실도 거룩한 자들의 모임 가운데에서 찬양하리이다

골로새서 3:12-17

12. 그러므로 너희는 하나님이 택하사 거룩하고 사랑 받는 자처럼 긍휼과 자비와 겸손과 온유와 오래 참음을 옷 입고
13. 누가 누구에게 불만이 있거든 서로 용납하여 피차 용서하되 주께서 너희를 용서하신 것 같이 너희도 그리하고
14. 이 모든 것 위에 사랑을 더하라 이는 온전하게 매는 띠니라
15. 그리스도의 평강이 너희 마음을 주장하게 하라 너희는 평강을 위하여 한 몸으로 부르심을 받았나니 너희는 또한 감사하는 자가 되라
16. 그리스도의 말씀이 너희 속에 풍성히 거하여 모든 지혜로 피차 가르치며 권면하고 시와 찬송과 신령한 노래를 부르며 감사하는 마음으로 하나님을 찬양하고
17. 또 무엇을 하든지 말에나 일에나 다 주 예수의 이름으로 하고 그를 힘입어 하나님 아버지께 감사하라

주일 아침 오늘 이 시간 하나님께 감사하며 예배를 드리시는 교우 여러분 한 분 한 분에게 주님의 은혜와 축복이 가득하기를 기원합니다. 조금 전에 읽으신 시편 89편과 골로새서 3장 말씀으로 "하나님, 감사합니다"라는 제목으로 말씀을 전하며 은혜를 받으려고 합니다.

시편 89편 말씀은 에스라인 에단의 마스길, 교훈시입니다. 이 시는 하나님의 은총에 대한 감사로 3부분으로 되어 있는 시입니다.

첫째, 절대적인 선택에 대한 감사
둘째, 영원한 언약에 대한 감사
셋째, 강권적인 사랑에 대한 감사

이렇게 하나님의 선택과 언약과 사랑에 대하여 감사하는 내용으로 되어 있습니다. 선택은 히브리 말로 '바하르'인데, '선택하다, 결심하다'라는 뜻입니다. 그리고 '리카흐'라는 말로 '붙잡다, 취하다'라는 뜻이 있습니다. 헬라어로는 '에클레고마이'라고 하는데, '불러내다'라는 뜻으로 '교회'라는 말인 '에클레시아'라는 명사로부터 형성되어 사용되었습니다.

절대적인 선택이란, 하나님의 전적인, 주권적인 예정과 의지에 따라서 선민으로 뽑아 주심과 자녀로 인치심을 말합니다. 선택받음은 우리 자신의 능력이나 그 어떤 자격에 의하여 된 것이 아닌 것입니다.

농부가 봄에 고추모를 옮겨 심습니다. 좋은 밭에 고추모를 잘 옮겨 심습니다. 밭에 심다보니 고추모가 남았습니다. 옆에 있는 쓰레기 더미에다가 버렸습니다. 얼마 후에 보니, 밭에 있는 고추모는 잘 자랍니다. 그런데 쓰레기 더미에 던져진 모종은 좀 자랐는데 말라죽은 것입니다. 얼마 후에는 쓰레기를 불태울 때에 다 타버리게 됩니다.

우리의 경우와 비슷합니다. 하나님께서 여러분 한 분 한 분을 좋은 포도원에 옮겨 심으셨습니다. 하나님의 나라 백성으로 선택하시고, 구원의 자리에 옮겨 심으시고, 각양 은혜와 복을 주시며, 기쁨으로, 감사함으로, 살게 하셨습니다.

다윗은 그 형들에 비하면 보잘것없는 말째 아들이었으나, 특별한 은총을 입었습니다. 하나님의 손에 붙잡혀서 하나님의 쓰심의 그릇으로 선택받게 되었습니다.

예수님의 제자들의 경우, 당시 세상 사람들에 비하면 매우 보잘것없는 사람들이었는데 주님의 선택, 주님의 부르심을 입고 제자가 되었습니다. 우리들의 경우도 같습니다. 누추하고 보잘것없는 우리를 주님께서 선택하여, 거룩하신 하나님의 친백성, 하나님의 자녀로 삼아주셨습니다. 그러므로 "주 하나님 감사합니다"라는 말밖에는 할 말이 없는 것입니다. 하나님의 절대적인 선택에 의하여 구원받고 살게 된 것도 감사한데, 영원한 언약까지 주셨습니다.

언약이란 히브리어로 '베리드', 헬라어로는 '디아테게'인데, '유언, 법령,

칙령, 조약, 계약' 이란 뜻입니다. 하나님께서는 우리 한 사람 한 사람을 선택하여 주시고, 영원한 언약, 축복을 약속하시고, 이루어 주셨고, 이루어 주십니다.

성경에 보면, 언약하시고 그 언약을 이루어 주신 말씀으로 꽉 차 있습니다.

에덴에서 아담에게 언약하셨습니다.
노아에게 번영을 언약하셨습니다.
아브람에게 자녀를 언약하셨습니다.
모세에게 영도력을 언약하셨습니다.
이스라엘에게 선민을 언약하셨습니다.
다윗에게 왕권을 언약하셨습니다.
신약성경에 보면, 주님의 보혈로 새 언약을 하셨습니다.

그런데 이 수많은 하나님의 언약은 그대로 성취되었고, 또한 성취된다는 사실입니다. 하나님은 말씀하시고 그 말씀대로 이루시는 하나님이십니다. 약속하시고 그 약속대로 이루시는 하나님이십니다.

하나님께서는 구하라 찾으라 문을 두드리라 하시고 말씀대로 이루어 주셨습니다. 믿음으로 구하라, 낫게 하리라 하시고 말씀대로 낫게 하여 주셨습니다. 포도원 품꾼들에게 약속하시고 약속대로 이행하셨습니다. 믿음으로 나아가 싸우라, 이기게 하리라 하시고 말씀대로 승리케 하셨습니다. 새 하늘과 새 땅을 언약하신 하나님께서는 그림으로 보여주신 그대로 이루어 주십니다.

우리를 향하신 하나님의 사랑은 강권적인 사랑이셨습니다. 본문 말씀에 '인자'라는 말이 나오는데, 인자라는 말은 '헤세드'라는 말로, 물불을 가리지 않고 뜨겁게 사랑하는 상태를 말합니다.

하나님의 사랑은 '헤세드'입니다. 강권적인 사랑, 절대적인 사랑, 무조건적인 사랑인 것입니다. 내가 먼저 사랑하고, 내가 먼저 선택한 것이 아니고, 내게 능력이 있어서 된 것도 아니고 내게 사랑받을 만한 무슨 조건이 있어서도 아니었습니다. 그러므로 선택받은 우리, 구원받은 우리, 사랑받은 우리, 은혜와 축복을 받은 우리는 '주 하나님 감사합니다' 감사와 찬송과 헌신의 응답 밖에는 또 무엇이 있겠습니까?

1955년 미국 '오래곤 주 유게네'라는 동네 마을회관에서 영화상영이 있었는데, 영화 내용은 한국전쟁 영화였습니다. 한국 전쟁으로, 전쟁 고아들의 비참한 모습이 소개되었습니다. 이 영화를 보고 돌아온 힌 농부가 한국전쟁고아들의 비참한 모습이 계속 떠올라 잠을 못 이루었습니다. 두 내외가 서로 이야기하다가 불쌍한 고아 8명을 입양하기로 하고, 절차를 밟고 입양하여 돌보기 시작하였습니다. 아버지 농부는 열심히 농사짓고, 어머니는 8명의 아이들을 위하여 기도하며, 찬송하며 잘 키우는 일에 전념합니다.

이 소문이 점점 퍼지면서 돕는 손길들이 많이 생기게 되었습니다. 돕는 손길, 후원자들이 많아지게 되자, 계속해서 한국 전쟁 고아들을 입양하고, 또 입양하게 되었고, 그 후 홀트양자회를 만들어서 전문 입양기관을 운영하게 되었습니다. 이 일을 처음 시작한 농부의 이름은 '헨리 홀트'입니다.

본문 골로새서 3장 말씀은 우리가 구원받기 전의 모습인 옛사람과 구원받은 이후의 새 사람의 삶에 대한 말씀입니다. 구원받기 전에는 이 세상 풍조를 좇아 살았고, 욕심을 따라 살았으나, 구원받은 후에는 하나님의 사랑을 받은 하나님의 아들 딸로, 하나님의 무조건적인 사랑으로 살게 되었다는 말씀입니다.

그러므로 구원받은 자의 삶이란, 하나님의 택하신 거룩하고 사랑하신 자처럼. 긍휼과 자비와 겸손과 온유와 오래 참음을 옷 입고 살아야 함을 말씀하시고, 그리스도의 평강이 너희 마음을 주장하게 하고 감사하는 자가 되라고 하십니다. 그리고 시와 찬미와 신령한 노래를 부르며, 마음에 감사함으로 살라고 하십니다.

또한 무엇을 하든지 말에나 일에나 다 예수의 이름으로 하고, 그를 힘입어 하나님 아버지께 감사하라고 하십니다. 교우 여러분! 우리는 과연 어떻게 감사하며 살아야 하겠습니까?

첫째, 기쁨의 찬송을 부르며 감사해야 합니다.

둘째, 믿음으로 순종하며 감사하는 삶을 살아야 합니다.

셋째, 우리가 사랑받고 구원받았으니 우리도 심령을 사랑하여 구원하는 삶으로 감사의 열매를 드려야 합니다.

넷째, 하나님의 축복을 받고 살았으니 감사의 예물을 드려 감사해야 합니다.

다섯째, 매일매일 일상생활에서 항상 감사하는 말을 하며 살아야 합니다. 감사하는 말을 늘 하며 살면 항상 복된 삶이 이어짐을 아시기를 바랍니다. 주 하나님 감사합니다. 그리고 모든에게 '감사합니다'라고 하며 살아야 복이 됩니다. 이왕이면 자주 '감사합니다', '항상 감사합니다' 하며 사시기를 바랍니다.

여섯째, 매일 사용하는 말을 할 때에, 목소리를 좀 낮추어서 말하시기 바랍니다. 저의 경우나 우리나라 사람의 대부분은 목소리가 너무 큰 것이 흠입니다.

일곱째, 다른 사람의 말에 경청하는 습관을 지니면 좋겠다고 생각하는데 잘 되지 않습니다. 또한 말을 할 때에 말끝을 조금 내리면 좋겠습니다. 우리들이 말할 때에 대부분 말이 빠르거나 말끝이 높고 셉니다. 이왕이면 웃으면서 말하면 얼마나 좋겠습니까? 그리고 비음을 많이 사용하시기 바랍니다. ㅁ, ㅇ 발음을 많이 사용하면 좋다는 것입니다. 프랑스 말은 비음이 많습니다.

또한 신체언어 사용입니다. 여러 가지 'body Language'가 있습니다. 어깨를 으쓱하고, 눈을 둥그랗게 뜨고, 두 손을 올리면서, 율동을 하듯 손가락을 사용하고 웃는 얼굴로 눈, 코, 입, 손짓, 몸짓의 말을 사용합니다.

중요한 것이 하나 있는데, 남의 말을 할 때에는 좋은 말을 골라하면 좋습니다, 당사자가 없는 경우에는, 특히 좋은 말을 하면 이상하게 금방, 말한 사람에게 더 좋은 소식이 전해 온다는 것입니다. 감사하는 말을 자주 사용하는 자에게는, 그 이상의 복이 오게 됨을 꼭 기억해야겠습니다.

어느 엄마와 아이가 신발가게에 갔습니다. 신발을 골라주면서 엄마가 "너는 유난히 신을 막신어서 신발이 자주 해져"라고 하고 신발가게 주인에게 우리 아이는 신발이 자주 해어져서 든든한 신발을 골라야겠다고 불만조로 말합니다. 이때에 신발 가게 주인은 오히려 이 아이가 부럽다는 표정으로 바라보더니 오히려 이 아이가 부럽다고 말합니다.

"우리 집 아이는 두 발로 걸어 다닐 수 없는 아이예요"

여러분! 우리는 남보다 못한 것 불평하지 말고, 남이 받지 못한 구속의 은총에 대하여 감사해야만 합니다. 오히려 받은 은혜와 축복을 헤아리며 감사해야 합니다.

저는 여러 해 동안 목회를 하면서, 기억에 남는, 감사에 대한 이야기가 많이 있는데 한 두 가지만 말씀드립니다.

예수 믿고 교회생활을 할 때에 어려운 일이 많았음에도 감사할 조건이 너무 많아서 집사님, 권사님 내외분이 해외 선교사님을 전담 후원하는 헌신을 하고 있는 것입니다.

우리 교회 성전 건축을 하는 중반에 5000만원을 3일 후에, 중간 공사비를 지출하지 못하면, 공사를 중단해야 하고, 중단하면 다시 재개하는 공사가 어려운데 교회 재정도 바닥이 났습니다. 하나님께 기도하는 일밖에는 별 도리가 없었습니다. 그런데 하루 전 전화가 왔습니다. 목사님 교회 통장으로 5000만원 보낼 테니까요 통장번호를 알려 달라는 것입니다. 어떤 연고냐고 물었더니

"어머니 권사님이 저지난달 교통사고로 하늘나라에 가셨는데, 자녀들이 모두 모여 보상금 5,000만원을 어머니께서 가장 바라시던 대로 사용하기로 의견을 모았다는 것입니다. 어머니 권사님께서 가장 원하시던 대로, 춘천동부교회 성전건축을 위하여 헌금하겠다는 것이었습니다.

"하나님 감사합니다!"

지금, 그 아드님 내외와 가족이 춘천에 다시 이사를 하여 우리 교회에서 신앙생활을 훌륭하게 잘감당하고 있습니다.

사랑하는 교우 여러분! 이렇게 감사하며 살아가는 교우들이 이외에도 얼마나 많은지 다 말할 수 없습니다. "주 하나님, 감사합니다"

은혜와 사랑, 축복하여 주신 하나님의 이끄심을 감사하는 교우 여러분, 한 분 한 분과 각 가정에 더 많은 감사의 사건이 일어나기를 축원합니다.

　"주 하나님, 감사합니다"라고 매일매일 말하며, 기도하며, 찬송하며, 감사의 정성된 헌신을 하시는 삶으로 복된 삶을 사시고, 하나님께 영광을 돌리시기를 기원합니다.

6. 나이가 많아질수록
(빌레몬서 1장8-22절)

2010. 05.30
춘천동부교회

빌레몬서 1:8-22

8. 이러므로 내가 그리스도 안에서 아주 담대하게 네게 마땅한 일로 명할 수도 있으나
9. 도리어 사랑으로써 간구하노라 나이가 많은 나 바울은 지금 또 예수 그리스도를 위하여 갇힌 자 되어
10. 갇힌 중에서 낳은 아들 오네시모를 위하여 네게 간구하노라
11. 그가 전에는 네게 무익하였으나 이제는 나와 네게 유익하므로
12. 네게 그를 돌려 보내노니 그는 내 심복이라
13. 그를 내게 머물러 있게 하여 내 복음을 위하여 갇힌 중에서 네 대신 나를 섬기게 하고자 하나
14. 다만 네 승낙이 없이는 내가 아무 것도 하기를 원하지 아니하노니 이는 너의 선한 일이 억지 같이 되지 아니하고 자의로 되게 하려 함이라
15. 아마 그가 잠시 떠나게 된 것은 너로 하여금 그를 영원히 두게 함이리니
16. 이 후로는 종과 같이 대하지 아니하고 종 이상으로 곧 사랑 받는 형제로 둘 자라 내게 특별히 그러하거든 하물며 육신과 주 안에서 상관된 네게랴
17. 그러므로 네가 나를 동역자로 알진대 그를 영접하기를 내게 하듯 하고
18. 그가 만일 네게 불의를 하였거나 네게 빚진 것이 있으면 그것을 내 앞으로 계산하라
19. 나 바울이 친필로 쓰노니 내가 갚으려니와 네가 이 외에 네 자신이 내게 빚진 것은 내가 말하지 아니하노라
20. 오 형제여 나로 주 안에서 너로 말미암아 기쁨을 얻게 하고 내 마음이 그리스도 안에서 평안하게 하라
21. 나는 네가 순종할 것을 확신하므로 네게 썼노니 네가 내가 말한 것보다 더 행할 줄을 아노라
22. 오직 너는 나를 위하여 숙소를 마련하라 너희 기도로 내가 너희에게 나아갈 수 있기를 바라노라

춘천동부교회 교우 여러분과 함께 지난 2월 첫 주일 예배를 드렸는데, 오늘 이렇게 다시 여러분과 함께 예배를 드리게 되었습니다. 교우 여러분과 각 가정에 우리 주님의 은혜와 평강이 가득하시기를 기원합니다.

그동안 건강하셨습니까? 교회는 물론, 여러분과 각 가정이 평안하셨습니까? 저는 여러분의 기도와 격려로 조금 바쁘게 일하면서도 잘 지냈음을 감사드립니다.

오늘 여러분과 함께 예배드린 후, 오후 4시에는 가평 평안교회 성전 건축 기공예배 순서를 맡아 가야 하고, 다음 주일에는 우리 교회가 17년 전에 개척한 홍천은평교회 주일 예배, 창립 17주년 감사 예배 설교를 하고, 그다음 주간과 주일에는 안산제일교회 성전건축 철야 특별 기도회를 인도하고, 춘천새길교회 주일 예배 설교를 하게 됩니다.

나이가 점점 많아지고 있지만, 종종 쓰임 받아 일하게 됨은 여러분의 기도와 후원인 줄 알고 항상 감사하며 지내고 있습니다.

5월은 가정의 달이고, 어린이 주일, 어버이 주일을 잘 지킨 줄로 압니다. 오늘은 "나이가 많아질수록, 어떻게 지내야 할까?"를 생각하면서 말씀을 읽고 전하며 부족한 저 자신이 은혜를 받으려고 합니다. 여기서 나이가 많아진다는 것은 60, 70, 80의 나이만을 말하는 것이 아니고, 10살 난 아이에게는 20살 먹는 것이 나이가 많아지는 것이고, 20살 청년에게는 30, 40세가 되는 것이 나이가 많아지는 것이고, 40세 된 분들에게는 50, 60이 되는 것이 나이가 많아지는 것이고, 60세 되는 분들 경우에는 70, 80세가 되는 것을 말합니다.

종종 어른들이 아이들을 타이를 때, "너는 언제쯤 철이 들겠느냐?", "아직도 철딱서니가 없이 살면 어떻게 하겠느냐?"라고 합니다. 이 말은 아이들만이 들어야 되는 말이 아닙니다. 우리 교회에도 해당되는 말입니다. 우리 교회는 나이가 70입니다. 더 성숙한 교회가 되어 더 기도하고, 더 봉사하는 교회가 되어야 합니다. 우리 성도들은 예수의 철이 들어야 합니다. 예수의 철이란 신앙의 성숙을 말합니다.

본문 말씀에서 요절이 되는 9-10절 말씀을 다시 읽겠습니다.

"도리어 사랑으로써 간구하노라 나이가 많은 나 바울은 지금 또 예수 그리스도를 위하여 갇힌 자 되어 갇힌 중에서 낳은 아들 오네시모를 위하여 네게 간구하노라"

바울이 스스로 나이가 많다고 한 것을 보면 정확한 나이는 모르시만, 꽤 많은 인생의 연륜이 쌓인 것 같습니다. '철들자 노망 한다'는 말이 있는데, 바울은 아직 그 정도는 아닌 것을 알 수 있습니다. 바울은 어려운 가운데서 전도한 젊은 오네시모를 위하여 기도할 뿐만 아니라, 빌레몬을 위하여 간구하기를 오네시모를 잘 받아주고, 오네시모를 믿음의 형제로 삼고 살라고 부탁한 것입니다. 나이가 많아질수록 어떻게 살아야 할까요?

1. 나이가 많아질수록 믿음으로 살아야 합니다. 이 믿음은 어떠한 믿음일까요? 참된 믿음은 우리 자신을 겸손케 합니다. 바울은 자신이 나이가 많다고 해서 빌레몬에게 고집을 부리며 명령하지 않고, 빌레몬의 의사를 존중하면서 오네시모를 잘 영접하고, 잘 대하기를 바라고 있습니다. 우리는 나이가 들수록 일방적인 고집과 권위로 그냥 밀어붙이기가 일쑤입니다. 저의 경우를 보면, 요즘은 직함이 별로 없어져서인지, 고집도 많이 없어지고, 쓸데없는 권위도 없어졌음을 보게 됩니다. 지난날의 부족과 허물들, 고집과 권위를 반성하고, 하나님 앞에서 가족과 이웃들 앞에서 더욱더 부드러워지고 겸손하여져야 한다는 생각을 하게 됩니다. 믿음으로 산다는 말은 하나님 앞에서 겸손인 것입니다. 나이가 많아질수록 겸손해야 하는 것입니다.

나이가 많아질수록 어떻게 살아야 할까요?

2. 나이가 많아질수록 복음을 전하는 삶을 살아야 합니다. 나이가 많아질수록 주님의 말씀으로 위로하고, 격려하며, 기도하며, 사랑으로 복음을 전하여야 합니다. 바울은 잘못하고 들어온 오네시모에게 복음을 전하고, 새로운 인생으로 살게 하였습니다. 오네시모는 예수 믿는 사람으로 달라졌습니다. 바울은 이 사실을 빌레몬에게 편지로써 보냅니다. 이 편지가 빌레몬서입니다. 우리가 믿음 안에 있다 보면 세상 사람들과의 관계는 정리가 되고 믿음의 사람들이 대부분인 경우가 많습니다. 그리할 때에 우리는 복음 전도의 사명을 점차 잊을 수 있습니다. 그러나 복음 전파는 우리 주님의 유언 사명입니다. 오히려 나이가 많아질수록 우리는 복음을 전하는 삶을 살아야 합니다.

나이가 많아질수록 어떻게 살아야 할까요?

3. 나이가 들수록 사랑으로 살아야 합니다. 빌레몬서는 이렇게 시작하고 있습니다.

"그리스도 예수를 위하여 갇힌 자 된 바울과 및 형제 디모데는 우리의 사랑을 받는 자요 동역자인 빌레몬과 자매 압비아와 우리와 함께 병사 된 아킵보와 네 집에 있는 교회에게 편지하노니"(몬 1:1-2)

고통을 함께 나누었던 바울은 또다시 빌레몬에게 오네시모를 용납하고, 사랑하고, 잘 대하라고 합니다. 하나님의 사랑을 느끼고 알게 된 사람, 주 예수님의 십자가의 사랑을 알고 믿는 사람만이 복음을 전할 수 있고, 봉사할 수 있는 것입니다. 우리 주님께서는 머나먼 하나님 나라를 떠나 낮고 천한 곳까지 오셔서 저와 여러분을 구원하여 주셨습니다. 그렇다면 중국, 인도 선교나 더욱이 콜롬비아 선교는 먼 곳이 아닙니다. '부름 받아 나선 이 몸 어디든지 가오리다' 찬송을 부르신다면, 춘천동부교회의 봉사와 선교는 한국 교회의 귀감이 되는 역사적 사실이고, 하나님께 온전히 영광을 돌리는 찬사가 될 줄 믿습니다. 우리에게 가까이 있는 오네시모, 우리에게서 저 멀리 있는 오네시모에게 개인적으로 복음을 전하고, 교회적으로 복음을 전하는 복음의 열정이 있는 삶이 충만하시기를 기원합니다.

나이가 많아질수록 어떻게 살아야 할까요?

4. 나이가 많아질수록 기도하며 살아야 합니다. 나이가 들수록 믿음으로 살아야 하는데 믿음으로 산다는 것은 오직 기도하는 삶인 것입니다. 바울은 복음으로 낳은 아들 오네시모를 위하여 기도한다고 말합니다. 여러분! 우리 교회의 시급한 일이 있다면 무엇이라고 생각하십니까? 열심히 성경공부 합니다. 열심히 봉사합니다. 열심히 전도합니다. 더 잘하여야 합니다. 그런데 그 무엇보다 중요한 일이 있습니다. 열심히 기도해야 한다는 것입니다. 예를 들어, 새벽 기도, 철야 기도, 특별한 시간을 내어서 기도하지 않고 성경공부나 봉사 전도는 상당한 문제를 갖게 된다는 것을 알아야 합니다. 늦잠 자고, 밤잠 자고, 성경공부 한 시간, 봉사 한두 시간은 외형적으로 머리만 커지고 몸집만 부풀려질 뿐입니다.

요즘 도우미라는 말이 있습니다. 교회는 기도 도우미들이 많이 있어야 합니다. 가정에도, 기도 도우미가 있어야 합니다. 친구와의 관계에서도 기도 도우미로 엮여야 합니다. 지금 이 시간에, 여러분을 위하여 기도 도우미들이 열심히 기도해주고 있다면, 순간순간 정신이 들고, 순간순간 힘이 절로 생길 것입니다. 더욱더 놀라운 일은 순간순간 하나님께서 놀라운 역사를 섭리하시고 이끄신다는 사실입니다.

우리 교회에서 젊은이들이 기도 많이 합니까? 나이 드신 분들이 기도 많이 하십니까? 나이 드신 분들이 기도를 더 많이 하십니다. 삭신이 쑤시고, 계단 오르기도 벅찬데, 더우나 추우나 새벽이나 밤이나 교회에 나와서 기도하시는 분들이 있으셨기에 자녀들이 잘되고 교회가 든든하여지고, 나라와 민족이 위기 중에도 건재한 것임을 꼭 기억하시기 바랍니다. 믿음의 기도는 역사하는 힘이 많습니다. 기도하는 믿음이 곧 위대한 믿음이며, 놀라운 믿음의 역사를 만드는 열쇠입니다.

사무엘 차드위크는 "사탄의 한 가지 관심은 사람들이 기도하지 못하도록 하는 것이다. 사탄은 기도 없는 성경공부, 기도 없는 충성 봉사, 기도 없는 감사 헌금, 기도 없는 전도에 대해 일단 안심한다. 사단은 우리의 수고를 비웃고, 우리의 재간을 조소하지만 우리가 힘써 기도할 때에는, 아무것도 못하고 벌벌 떨기만 한다"라고 말했습니다.

죠지 워싱톤은 아침과 저녁, 두 번씩 기도 골방에 들어가서, 성경 위에 손을 얹고는 간절히 기도하였다고 그의 비서 루이스가 말하였습니다.

작년에 한 달 간격으로 첫째와 둘째가 큰 시험을 보게 된다는 전화를 받고 제가 할 일은 멀리서지만 기도하는 일뿐이었습니다. 그래서 한 끼 두 끼 금식하며 기도하기를 시작했습니다. 마지막 날은 철야하며 기도할 수밖에 없었습니다. 합격, 불합격은 어디서부터 입니까? 실력이 있느냐, 없느냐? 공부를 잘했느냐? 공부를 많이 못했느냐? 그러나 더 중요한 것은 건강하게 되었느냐? 두근두근한 가슴인가? 앞이 캄캄한 두려움이 없는가? 이왕이면 잘 아는 문제가 나왔느냐?

여러분! 기도는 하나님과의 계속적인 교통이요, 하나님을 의지하는 신뢰, 능력, 기적, 복이 되는 것입니다. 안나 할머니는 늙어 백발이 되도록 성전을 떠나지 아니하고 금식하며 기도하는 중에 메시야 되신 주님을 친히 보았습니다. 한나 어머니는 성전에 들어가 미친 듯이 기도하고 응답의 축복인 사무엘을 얻었습니다.

교우 여러분! 시간이 흘러 나이가 들수록 쉬지 않고 간절히 기도하여 하나님께로부터 오는 은혜와 평안의 축복을 받으시기를 바랍니다.

나이가 많아질수록 어떻게 살아야 할까요?

5. 나이가 들수록 더더욱 십자가를 지고 가야 합니다. 바울은 자신을 말할 때에 '예수 그리스도를 위하여 갇힌 자'라고 했습니다. 바울은 항상 건강이 좋지 않았습니다. 복음 전도자 바울 옆에는 의사 누가가 있어서 주치의가 되어 주었기에 복음을 열심히 전했습니다. 본문에 보면 나이가 많았음에도 불구하고 주의 일을 하다가 감옥에 들어가게 되었는데 마지막까지 십자가 고난의 길을 걷는 예수님의 참제자였음을 알게 됩니다.

십자가의 고난 없이는 부활의 영광이 없고 죽음과 사탄의 권세를 깨뜨리는 승리가 있을 수가 없습니다. 바울은 이런 고난 중에도 믿음의 아들 디모데와 오네시모를 얻는 위대한 주님의 제자입니다.

제가 존경하는 목사님의 시를 소개합니다. '옥중에서 낳은 아들'이란 시에 이런 내용이 있습니다.

"해산하여 낳은 자식만이 내 자식이 아니라 사위와 며느리는 해산 없이 얻은 은총이라, 양자를 얻은 자식이야 양육의 해산 있어 눈물이며, 기쁨이어라. 더욱 복음으로 낳은 믿음의 자식은 하늘의 백성이거늘 핍박의 해산이 두렵지 않고 멸시의 고통도 두렵지 않도다. 이 땅의 모든 빌레몬이여! 옥중에서, 거리에서 낳은 오네시모를 아들로 얻기 원하노라"

나이가 많아질수록 어떻게 살아야 할까요?

6. 나이가 많아질수록 노련하게 살아야 합니다. 바울은 오네시모를 소개하면서 "전에는-이제는"이라고 표현하였습니다. "전에는 종이요, 죄인인 오네시모가 이제는 나의 아들이요 심복이요 영원한 형제요 동역자라" 그러므로 빌레몬이여! 오네시모를 잘 영접해 주기를 바란다고 하였습니다.

여기서 유심히 살펴보아야 할 점은 바울의 노련한 지혜입니다. 바울은 빌레몬에게 '너의 승낙 없이는 내가 아무것도 하기를 원치 않으며, 이는 너의 선한 일이 억지가 되지 아니하고 자원하는 마음으로 되게 하려 함이라'고 하였습니다. 바울은 계속해서 말하기를 '오네시모가 불의한 것이 있거나 빚진 것이 있거든 자신에게 계산하라'고 합니다. 그리고 '나 바울은 친필로 쓰노니-네 자신으로 내게 빚진 것을 내가 말하지 아니하노라'라고 하였습니다. 무슨 말입니까? 바울에 의하여 복음의 빚을 진 빌레몬임을 상기시키면서 바울은 빌레몬에게 나는 그것을 달라고 하지 않겠다고 한 뜻입니다.

우리는 모두 주 예수님께로부터 빚을 진 자입니다. 또한 우리는 부모님으로부터 빚을 진 자입니다. 우리는 모두 선생님으로부터 빚을 진 자입니다. 그런데 예수님이, 부모님이 우리를 향하여 빚을 갚으라고 하시지 않으십니다. 바울은 빌레몬을 향하여 말하기를 "네가 나의 말보다 더 행할 줄을 아노라"라고 하였습니다. 바울의 노련한 지혜는 믿음의 확신과 경험에서 우러나오는 신앙적인 자세입니다. 기도하는 사람만이 말하고 행할 수 있는 본받을 만한 모습인 줄 압니다. 나이가 많아질수록 노욕을 버려야 합니다. 부픈 깃털을 다듬어서 무거웠던 체중을 줄여야 합니다.

요즘 믿지 않는 노인들 중에는 동경대학, 이화대학 분교에 입학하는 분들이 많습니다. 동경 대학, 동네 경로대학-장기를 하루 종일 합니다. 이화대학, 이웃집 화투대학에 가서 하루 종일 100원 내기를 합니다. 치매 방지는 될지 모르겠으나 더 무서운 병으로 금방 쇠약해져서 쓰러집니다. 나이 들수록 중요한 일이 있습니다. 자녀들이 더 잘되는 모습을 보는 것입니다. 나라와 민족이 위기에서 벗어나 든든하게 되는 것을 보는 것입니다. 교회가 더 좋은 교회, 더 부흥하고 발전해 나가는 모습을 보는 것입니다. 이는 우리 먼저 된 사람, 나이 많이 먹은 사람의 몫입니다. 우리 먼저 믿은 신앙인의 책임입니다.

나이 많아질수록 더욱더 믿음으로 살아야 합니다.
나이 많아질수록 주님의 말씀을 전하는 삶을 살아야 합니다.
나이 많아질수록 사랑으로 기도하며 살아야 합니다.
나이 많아질수록 더욱더 십자가를 지고 살아야 합니다.
나이 많아질수록 노련하게 지혜롭게 살아야 합니다.

하나님의 사랑하심이, 주님의 은혜와 평강이 말씀을 마음에 받아 순종하며 살아가기 원하는 여러분과 여러분의 가정에, 그리고 우리 춘천동부교회에 충만하시기를 기원합니다.

7. 잘하였도다 착한 종이여!
(누가복음 13장6-9절, 19장11-17절)

2010. 01. 17
길 가는 교회 장로 은퇴

누가복음 13:6-9

6. 이에 비유로 말씀하시되 한 사람이 포도원에 무화과나무를 심은 것이 있더니 와서 그 열매를 구하였으나 얻지 못한지라
7. 포도원지기에게 이르되 내가 삼 년을 와서 이 무화과나무에서 열매를 구하되 얻지 못하니 찍어버리라 어찌 땅만 버리게 하겠느냐
8. 대답하여 이르되 주인이여 금년에도 그대로 두소서 내가 두루 파고 거름을 주리니
9. 이 후에 만일 열매가 열면 좋거니와 그렇지 않으면 찍어버리소서 하였다 하시니라

누가복음 19:11-17

11. 그들이 이 말씀을 듣고 있을 때에 비유를 더하여 말씀하시니 이는 자기가 예루살렘에 가까이 오셨고 그들은 하나님의 나라가 당장에 나타날 줄로 생각함이더라
12. 이르시되 어떤 귀인이 왕위를 받아가지고 오려고 먼 나라로 갈 때에
13. 그 종 열을 불러 은화 열 므나를 주며 이르되 내가 돌아올 때까지 장사하라 하니라
14. 그런데 그 백성이 그를 미워하여 사자를 뒤로 보내어 이르되 우리는 이 사람이 우리의 왕 됨을 원하지 아니하나이다 하였더라
15. 귀인이 왕위를 받아가지고 돌아와서 은화를 준 종들이 각각 어떻게 장사하였는지를 알고자 하여 그들을 부르니
16. 그 첫째가 나아와 이르되 주인이여 당신의 한 므나로 열 므나를 남겼나이다
17. 주인이 이르되 잘하였다 착한 종이여 네가 지극히 작은 것에 충성하였으니 열 고을 권세를 차지하라 하고

길 가는 교회 교우 여러분 한 분 한 분 그리고 오늘 명예롭게 장로 시무를 은퇴하시는 김기식 장로님과 가족 여러분에게 하나님의 은혜와 축복이 가득하시기를 축원합니다.

오늘 읽은 본문 말씀은 예수님께서 비유로 친히 하신 말씀입니다. 누가복음 13장6-9절 말씀은 열매 없는 무화과나무를 보시며 들려주신 말씀이고, 누가복음 19장11-17절 말씀은 모든 그리스도인들에게 믿음의 열매를 맺어야 함을 열 므나 비유로 들려주신 말씀입니다.

한 포도원 주인이 포도원에 무화과나무를 심었습니다. 열매를 기대하고 심은 것입니다. 그런데 3년 후, 열매를 얻을 때인데 열매가 없었습니다. 주인은 실망하여 나무를 찍어버리라고 포도원지기에게 말합니다. 포도원지기는 주인에게 일 년만 더 기다려 보자고 하였습니다. 땅을 파고 거름을 준 후에 열매가 열리지 아니하면 무화과나무를 찍어버리겠다고 합니다. 무화과나무는 열매가 곧 생명입니다.

이 비유에서 무화과나무는 왜 이런 모습이 되었습니까?

첫째, 이름값을 하지 못했기 때문입니다. 성경을 보면, 이스라엘 백성들을 포도나무로, 혹 무화과나무로 말씀하고 있습니다. 중요한 것은 '열매가 있느냐? 없느냐?'였습니다. 무화과나무 열매는 생으로 먹기도 하고, 말려서 먹기도 하고, 즙으로 먹기도 합니다. 무화과나무 열매는 구충제로 사용하기도 하고, 신경통 약으로 쓰이기도 합니다. 사철 열매로, 일 년에 두 번 추수

할 수 있고, 요즘은 상품 가치가 높은 열매가 되었습니다. 그런데 아무리 귀하면 뭐 합니까? 열매가 없으면 무화과나무는 아무 소용이 없습니다. 이름값을 해야만 합니다. 우리는 모두 이름이 있습니다. 귀한 사람일수록 그 이름값을 해야 합니다.

우리는 그리스도인입니다. 그리스도인은 또한 책임이 있는 이름을 얻었습니다. 그리스도인으로서- 목사, 장로, 권사, 집사, 교사, 찬양대원- 문제는 이름값을 잘하는가? 잘하지 못하는가?입니다. 이름값을 하여야 한다는 것은 자신의 역할을 다하는 것을 의미하며 또한 자신의 본분을 다하는 것을 의미합니다.

무화과나무는 왜 이런 모습이 되었을까요?

둘째, 자리값을 못했습니다. 무화과나무를 포도원에 옮겨 심었습니다. 중요한 자리에다 심었습니다. 주인은 큰 기대를 하고 심은 것입니다. 그런데 3년 후, 실망하게 됐습니다. 기대가 큰 만큼 실망도 컸음을 알 수 있습니다. 그래서 찍어버리라고 합니다. 땅만 허비한다고 합니다. 이는 자리값을 못했다는 말입니다.

사람도 똑같습니다. 좋은 자리에 있으면 뭐 합니까? 능력도 없으면서 자리만 차지하고 있다면 모든 불행은 자리값을 못하는 데서 비롯됩니다.

우리 그리스도인은 포도원으로 옮겨 심긴 자입니다. 우리 그리스도인은 항상 있어야 할 자리에서 모든 삶을 믿음과 봉사로 잘 살아서 열매를 보여야만 합니다. 서야 할 자리에서, 일할 자리에서 주인에게, 모든 이들에게 기쁨을 주는 삶이 되어야 합니다. 아버지의 자리가 얼마나 귀합니까? 어머니의 자리가 얼마나 귀합니까? 선생님의 자리가 얼마나 귀합니까? 목사, 장로, 권사, 집사의 자리가 얼마나 귀합니까?

무화과나무는 왜 이런 모습이 되었을까요?

셋째, 나이값을 못했습니다. 포도원 주인과 포도원지기는 무화과나무를 심고 거름을 주고 물을 주고 잘 가꾸어주었습니다. 1년, 2년, 3년, 잘 자라게 하였습니다. 기대가 컸습니다. 그런데 열매를 얻는 때가 되었지만 열매가 없는 것입니다. 이제는 찍어버리라고 말합니다.

사람도 나이값을 못하면 찍어버려져야 한다는 교훈입니다. 사람은 어떻습니까? 어린아이는 부모님으로부터 용돈을 타 씁니다. 그러나 어른이 되었는데도, 용돈을 타 쓰는 자라면 얼마나 한심합니까?

우리 그리스도인들은 하나님의 말씀과 사랑으로 은혜받으면서 잘 성장하고 또 성숙하여서 나이값을 잘해야 합니다. 전도하고, 봉사하는 자로 열매를 보여야 합니다. 우리 모두는 자신을 잘 살펴보아야 합니다. 열매가 보이느냐?입니다. 이름값, 자리값, 나이값... 그리스도인으로서, 직분자로서, 참으로 우리 자신을 살펴보아야 합니다.

두 번째 본문의 말씀입니다.

어떤 귀인이 왕위를 받기 위하여 먼 나라를 가기 전에 종 열 명을 불러 각각 은 열 므나를 나누어 주었습니다. 돌아오기까지 장사하라고 했습니다. 그리고 오랜 후 귀인이 돌아왔습니다. 종들을 불러 어떻게 장사하였나를 알아봅니다.

첫 번째 종은 이렇게 말합니다. 주인께서 주신 한 므나로 열 므나를 남겼습니다. 주인은 잘하였도다 착한 종이여, 지극히 작은 것에 충성하였으니 열 고을 권세를 차지하라고 말하였습니다.

두 번째 종은 이렇게 말합니다. 주인께서 주신 한 므나로 다섯 므나를 남겼습니다. 주인은 다섯 고을 권세를 차지하라고 말하였습니다.

세 번째 종은 한 므나를 가지고 와서 이런 말을 합니다.

"주인이여 보소서 당신의 한 므나가 여기 있나이다. 내가 수건으로 싸 두었었나이다. 이는 당신이 엄한 사람인 것을 내가 무서워함이라. 당신은 두지 않은 것을 취하고 심지 않은 것을 거두나이다." (눅 19:20-21)

이에 주인은 이렇게 말합니다.

"악한 종아 내가 네 말로 너를 심판하노니 너는 내가 두지 않은 것을 취하고 심지 않은 것을 거두는 엄한 사람인 줄로 알았느냐 그러면 어찌하여 내 돈을 은행에 맡기지 아니하였느냐 그리하였으면 내가 와서 그 이자와 함께 그 돈을 찾았으리라... 그 한 므나를 빼앗아 열 므나 있는 자에게 주라... 내가 너희에게 말하노니 무릇 있는 자는 받겠고 없는 자는 그 있는 것도 빼앗기리라"(눅 19:22-26)

주인의 말씀대로 하지 않고 놀고먹고 자다가 와서 말만 많이 늘어놓는, 열매도 없고, 기대를 실망시킨 자의 결말이 어떠합니까?

오늘 읽고 들은 주님의 비유 말씀의 교훈이 무엇입니까? 우리 그리스도인들은 고귀한 이름값을 해야만 합니다. 우리에게 맡겨진 고귀한 이름과 값진 자리값을 해야 합니다. 우리 그리스도인들은 주님의 말씀을 귀하게 듣고 감사한 마음으로 충성으로 봉사하는 헌신의 삶을 살아야만 합니다.

우리 그리스도인들은 포도원에 심긴 나무들입니다. 우리 그리스도인들은 주님께로부터 각각 한 므나씩 받은 자입니다. 모든 그리스도인들은 각각 믿음의 한 므나를 받았습니다. 마태복음 25장 비유에서는 한 달란트, 두 달란트, 다섯 달란트, 각각 달리 받았다는 것인데, 이는 역할이 달리 주어졌다는 것입니다. 믿음의 한 므나는 그 누구에게나 똑같이 주어졌고 역할의 달란트는 각각 다르게 허락됨을 말합니다. 중요한 것은 열매를 맺어야 한다는 것입니다. 믿음의 열매, 성령의 열매를 맺어야 합니다. 목사의 열매, 장로의 열매, 권사, 집사의 열매를 맺어야 합니다.

어떤 사람이 열매를 맺을 수 있습니까? 주님께서 주신 믿음과 직분을 귀하게 여기고, 감사함으로 열정을 다하여 헌신하는 사람입니다.

오늘 장로 시무를 은퇴하시는 김기식 장로님을 제가 25년 전부터 지금까지 늘 지켜보아 왔습니다. 고등학교 교사로서 책임감 있게 성실하셨으므로 학생들에게 존경받고 교사들과 모든 이들에게 훌륭하게 인정받았습니다. 교감, 교장까지 잘 감당하는 일은 쉬운 일이 아닌데 명예롭게 퇴임하셨습니다.

가정에서 한 남편으로 그리고 아들과 딸들의 아버지로 존경받고 산다는 것은 역시 쉽지만은 않은데, 잘 감당하셨습니다. 특히 교회생활을 평범하게 하는 일도 요즘은 힘든데 교인들의 신임을 얻어 장로로 뽑힘을 받고, 장로고시에 합격하고, 교회를 위하여 기도하며, 헌신 봉사하는 일을 모범적으로 잘 감당하셨습니다. 장로가 되어 목회자의 마음을 아프게 하고 교인들의 신임과 존경을 받지 못하면서 교회를 시끄럽게 하는 분들이 종종 있는 것을 보게 됩니다.

김 장로님은 후진들과 교회의 신선한 발전을 위하여 스스로 자원 은퇴하는 대단한 뜻을 정했습니다. 요즘 나이를 늘려가면서 1년, 2년 더 목사직과 장로직을 하려는 사람들을 접하는 웃기는 일이 있습니다. 사람이 살면서 어떻게 마음을 비우느냐가 귀합니다. 욕심을 버리기가 쉽지 않습니다. 그러나 훌륭한 인격과 신앙인은 하나같이 욕심을 버리고 오직 나라와 민족과 교회와 이웃을 위하여 묵묵히 봉사하는 자임을 알아야 합니다.

김기식 장로님은 한국 교회 장로님들에게 귀감이 되는 은퇴를 하고 있으심을 저는 분명히 말씀드립니다. 이름 그대로 금과 같이 빛나는, 기가 막힌 훌륭한, 은퇴식을 하는 것입니다. 이름값을 제대로 하고 있습니다. 주님의 마음을 기쁘시게 하는 열 고을 권세를 차지하는 하늘의 축복을 받는 자임을 아시기 바랍니다.

길 가는 교회는 이 고귀한 전통을 이어가는 참 좋은 교회, 참으로 은혜스러운 교회가 되기를 축원합니다.

길 가는 교회 교우 여러분!

믿음과 사랑으로 성령의 열매를 맺는 무화과나무 교인들이 되시기를 축원합니다. 헌신적인 봉사로 사랑의 열매, 전도의 열매를 맺는 열 므나를 드린 잘하였도다 착한 종이여라고 칭찬받는 교인들이 되시기를 축원합니다. 그리고 오늘 명예롭게 은퇴하시는 김 장로님! 인생은 마라톤입니다. 졸업한 후에 더 잘 달려야 하는 것처럼 은퇴한 후에 더 잘 달려야 합니다. 교회를 위하여, 후배 장로님들과 제식들과 교우들을 위하여 그리고 목사님을 위하여 더 많이 기도하시기를 바랍니다. 김 장로님, 개인적으로는 영육 간 항상 강건하시고 가정에는 은혜와 평강이 항상 넘치시기를 축원합니다.

8. 오직 사명을 다하는 자
(데살로니가전서 2장 1-12절)

2001. 04. 20
강원노회 목사 안수식

데살로니가전서 2:1-12

1. 형제들아 우리가 너희 가운데 들어간 것이 헛되지 않은 줄을 너희가 친히 아나니
2. 너희가 아는 바와 같이 우리가 먼저 빌립보에서 고난과 능욕을 당하였으나 우리 하나님을 힘입어 많은 싸움 중에 하나님의 복음을 너희에게 전하였노라
3. 우리의 권면은 간사함이나 부정에서 난 것이 아니요 속임수로 하는 것도 아니라
4. 오직 하나님께 옳게 여기심을 입어 복음을 위탁 받았으니 우리가 이와 같이 말함은 사람을 기쁘게 하려 함이 아니요 오직 우리 마음을 감찰하시는 하나님을 기쁘시게 하려 함이라
5. 너희도 알거니와 우리가 아무 때에도 아첨하는 말이나 탐심의 탈을 쓰지 아니한 것을 하나님이 증언하시느니라
6. 또한 우리는 너희에게서든지 다른 이에게서든지 사람에게서는 영광을 구하지 아니하였노라
7. 우리는 그리스도의 사도로서 마땅히 권위를 주장할 수 있으나 도리어 너희 가운데서 유순한 자가 되어 유모가 자기 자녀를 기름과 같이 하였으니
8. 우리가 이같이 너희를 사모하여 하나님의 복음뿐 아니라 우리의 목숨까지도 너희에게 주기를 기뻐함은 너희가 우리의 사랑하는 자 됨이라
9. 형제들아 우리의 수고와 애쓴 것을 너희가 기억하리니 너희 아무에게도 폐를 끼치지 아니하려고 밤낮으로 일하면서 너희에게 하나님의 복음을 전하였노라
10. 우리가 너희 믿는 자들을 향하여 어떻게 거룩하고 옳고 흠 없이 행하였는지에 대하여 너희가 증인이요 하나님도 그러하시도다
11. 너희도 아는 바와 같이 우리가 너희 각 사람에게 아버지가 자기 자녀에게 하듯 권면하고 위로하고 경계하노니
12. 이는 너희를 부르사 자기 나라와 영광에 이르게 하시는 하나님께 합당히 행하게 하려 함이라

오늘 목사 안수를 받고 목사의 길을 걸어가게 될 여러분에게 우리 하나님께서 항상 함께 하시고, 우리 주님께서 선하게 인도하여 주시기를 기원합니다. 전도자의 길, 목회자의 길을 먼저 걸어가면서 오직 사명을 다한 바울의 삶과 권면을 통하여 이 시간 은혜를 받으려고 합니다.

바울은 데살로니가 교회에서 오랫동안 목회하지는 않았습니다. 짧은 기간의 선교를 통하여 교회를 세우게 되었고 얼마간 목회를 하였지만 유대인의 박해 속에서 목숨을 걸고 사명을 다하여 일하였습니다. 유대인의 박해와 음모가 계속되는 동안 바울은 데살로니가 교회 교인들의 신앙이 자라고 있음에 대하여 얼마나 감사했는지 모릅니다.

바울은 오늘 읽은 본문 전후에서 데살로니가 교회가 어려운 가운데서도 든든히 세워지고 복음을 전하고 가르쳤을 때의 자신의 마음가짐과 삶을 진솔하게 기록하여 전해주었습니다.

첫째, 바울은 자책할 일이 없도록 성실하게 교회를 섬겼습니다. 어떤 이들처럼 복음을 자신의 이익의 재료로 삼아 자기의 목적을 달성하려는 파렴치한 짓을 하지 않았습니다. 또 간사한 부정이나 궤계로 이익을 도모하거나 아첨과 탐심으로 상대를 이용하지도 않았습니다. 전도자로서, 목회자로서 권리를 내세우기보다는 할 수 있는 대로 누를 끼치지 않으려고 힘썼습니다. 이러한 자세는 바울이 전도자로서나 목회자로서 항상 간직하였던 철저한 신조였습니다.

우리는 어제 그리고 오늘, 사회에서나 교회에서까지 부정과 비리로 부끄럽게 일터를 물러나게 되는 사람들을 보게 됩니다. 하나님의 특별한 부르심을 받고 훈련받아 사명자로서 나서서 주의 일을 하던 목회자들 중에서도 애를 많이 쓰면서 복음을 전하고 교회를 위하여 일하다가 일신상의 생활이 부도덕하여 부끄럽게 물러나는 경우도 종종 보게 됩니다.

오늘 우리 모두는 하나님 앞에서 자신을 돌아보며 자책할 것이 없도록 성실하게 섬겨야 합니다. 목회자에게는 그 직분에 상응하는 시험과 유혹이 따르게 되어 있습니다만 항상 십자가에 자신을 못 박고 오직 예수님께서 나를 주장하시도록 자신을 죽이는 삶을 살아가므로 오늘의 승리를 가져야만 합니다.

둘째, 바울은 사람들 앞에서 부끄러움이 없도록 교회를 섬겼습니다. 교인들을 사랑하고 위하는 바울의 진심은 유모가 자녀를 기름과 같았다고 말했습니다. 의례적이고 사무적인 목회를 할 수도 있지만 자신의 목숨까지도 교인들을 위해 쏟아부어 주는 신앙과 열정으로 마치 선한 목자의 심정으로 했다고 고백하고 있습니다.

11절에서는 아버지가 자식을 위하여 하듯 권면하고 위로하고 경계했다고, 10절에서는 좋은 아버지가 되려고 얼마나 스스로 거룩하고 옳고 흠 없이 행하려 애쓴 것을 너희가 증인이라고 말했습니다. 고린도전서 4장15절에서 바울은 다음과 같이 고백하였습니다.

"그리스도 안에서 일만 스승이 있으되 아버지는 많지 아니하니 그리스도 예수 안에서 내가 복음으로써 너희를 낳았음이라"(고전 4:15)

그러므로 목회자는 하나님 앞에서나 사람 앞에서, 특히 자신이 섬기는 교회 앞에서 신앙과 인격에 있어서 부끄러울 것이 없으면 언제나 존경을 받게 됩니다. 목사는 그 사역이 사람을 상대하는 자이기 때문에 사람 앞에서 부끄러움이 없어야 한다는 것을 잊어서는 안 됩니다. 우리가 상대하는 사람들은 어른이나 아이들이나, 있는 자나 없는 자, 괜찮은 사람이나 하찮은 사람이나, 모두 하나님의 형상을 가진 자들이며, 모두 구원받아야 할 자이며, 모두 하나님의 자녀들로 살아야 할 자들입니다. 저들은 양들이기 때문에 목자를 바라보고 따르듯이 목회자를 바라보고 따르므로 신앙과 인격이 좋아지게 되는 것입니다. 그러므로 목회자의 신앙과 인격, 말과 행동이 부끄러운 모습이 되면 모두 병들거나 죽게 된다는 사실을 명심해야만 합니다.

마지막 셋째, 바울은 하나님 앞에 교인들과 함께 서게 되는 날을 생각하면서 교회를 섬겼습니다. 4절 말씀대로, 하나님께 인정받아 복음 전도자가 되었다는 확신과 하나님을 기쁘시게 하려는 목적을 가지고 복음을 선하나는 분명한 자세를 가졌습니다. 12절에서도 바울은 긍정적으로 온 교인들과 함께 하나님의 나라의 영광에 이르러 그 보좌 앞에 함께 서야 하는 목적을 가지고 충성하고 있음을 고백했습니다. 사람이 매사에 책임을 지는 생활을 한다지만 대부분 현직에 있는 동안 뿐입니다. 그러나 사명자는 자신의 일이 끝난 다음에도 또한 죽고 난 다음에도, 책임이 따른다는 막중한 책임감을 느껴야만 합니다.

목회자는 하나님 앞에 설 때에 위탁해 주셨던 양무리를 어떻게 목양했는지 하나하나 정산을 받아야 할 두려운 사명을 받은 것입니다.

바울은 19절에서 예수께서 강림하실 때에 우리의 소망이나 기쁨이나 자랑의 면류관이 너희들이라고 하였습니다. 17절에서는 우리가 잠시 너희를 떠난 것은 얼굴이요 마음은 아니라고 하였습니다. 우리는 모두, 다함께 하나님 앞에 서야 할 양무리입니다. 그러므로 목사는 오직 사명을 다하는 자로 살아가는 일만이 있을 뿐입니다.

사명이 무엇입니까? 우리의 사명이 무엇입니까? 이 사명은 어떻게 감당해야만 합니까? 목사는 예수 그리스도의 양들인 교인들을 양육하는 목자입니다. 목사는 그리스도를 봉사하는 종입니다. 그러므로 모든 이들을 인도하는 일에 먼저 본이 되어야 합니다. 목사는 구원의 복된 말씀을 전하는 전도자입니다. 목사는 오직 주님의 말씀으로 사람들을 가르치고 깨우치는 교사입니다. 그러므로 먼저 하나님의 말씀을 잘 지켜 살아야 하고 하나님의 도를 맡은 청지기로만 살아야 합니다. 그러므로 목사는 이러한 사명을 잘 감당할 수 있는 능력이 있어야만 합니다. 아무나 이 사명을 잘 감당할 수 없습니다. 아무렇게나 이 사명을 감당할 수는 없는 것입니다.

이 막중한 사명을 잘 감당하기 위하여는 하나님의 말씀의 능력이 있어야 합니다. 하나님께 기도할 때마다 기도의 응답의 능력이 있어야 합니다. 목자로서 양무리를 인도해 가는 지도력의 능력이 있어야 합니다. 지혜와 성령의 충만한 능력이 있어야 합니다. 능력 없이 어떻게 목사의 사역을 잘 감당할 수가 있겠습니까? 능력 없는 빈약한, 가련한 목회자가 되는 것을 원치 않을 것입니다.

　이 능력은 다른데 있지 않습니다. 하나님의 말씀을 늘 읽고 연구해야만 합니다. 하나님께 늘 무릎 꿇고 기도해야 합니다. 오직 주님의 교회에만 관심이 있어야 합니다. 오직 양무리에게만 관심이 있어야 합니다. 목사의 능력은 겸손한 모습에서 표현됩니다. 우리가 감당해야 할 일들은 모두 하나님께서 주장하시고, 섭리하신다는 사실을 믿습니다. 그러나 하나님은 우리를 도구로, 일꾼으로 사용하여 일하게 하셔서 이루십니다. 그러므로 우리는 오직 사명을 다하는 자로 나아가야만 합니다. 항상 하나님 앞에서 무릎을 꿇고 기도하며 하나님의 지혜와 사랑과 능력으로 섬기는 자로, 희생하는 자로, 복음을 위하여 오직 사명을 다하는 자로 헌신하시기를 바랍니다.

9. 예수 그리스도의 사역처럼
(마가복음 1장14-15절, 10장17-22절)

2000. 04. 10
강원 장로교 대회

마가복음 1:14-15

1. 요한이 잡힌 후 예수께서 갈릴리에 오셔서 하나님의 복음을 전파하여
2. 이르시되 때가 찼고 하나님의 나라가 가까이 왔으니 회개하고 복음을 믿으라 하시더라

마가복음 10:17-22

17. 예수께서 길에 나가실새 한 사람이 달려와서 꿇어 앉아 묻자오되 선한 선생님이여 내가 무엇을 하여야 영생을 얻으리이까
18. 예수께서 이르시되 네가 어찌하여 나를 선하다 일컫느냐 하나님 한 분 외에는 선한 이가 없느니라
19. 네가 계명을 아나니 살인하지 말라, 간음하지 말라, 도둑질하지 말라, 거짓 증언 하지 말라, 속여 빼앗지 말라, 네 부모를 공경하라 하였느니라
20. 그가 여짜오되 선생님이여 이것은 내가 어려서부터 다 지켰나이다
21. 예수께서 그를 보시고 사랑하사 이르시되 네게 아직도 한 가지 부족한 것이 있으니 가서 네게 있는 것을 다 팔아 가난한 자들에게 주라 그리하면 하늘에서 보화가 네게 있으리라 그리고 와서 나를 따르라 하시니
22. 그 사람은 재물이 많은 고로 이 말씀으로 인하여 슬픈 기색을 띠고 근심하며 가니라

우리는 스스로나, 우리를 보는 다른 이들이 하나 같이 예수 그리스도의 사역자라고 합니다. 그러나 나 자신을 살펴볼 때에 얼마나 부끄러운지 모릅니다. 그러므로 말씀 앞에서 겸허하게 스스로를 반성하면서 예수 그리스도의 사역처럼 되기를 다짐해야만 합니다.

예수님께서는 나사렛에서 요단강에 오셔서 요한에게 세례를 받으셨습니다. 그 후 성령에 이끌려 광야에서 시험을 받으셨지만 말씀으로 이기시고, 갈릴리에 오셔서 하나님의 복음을 전파하기 시작하셨습니다.

오늘 읽은 말씀 제일 앞에 보면 '요한이 잡힌 후 예수께서 갈릴리에 오셔서'라는 말씀이 있습니다. 예수님께서 처음으로 역사의 현장에 등단하신 그 때에는 요한이 잡히던 때라고 하였습니다.

세례 요한이 잡히던 그 당시 유대 사회는 어떤 문제가 제기되었던 때였습니까?

첫째는 유대 정권의 정통성에 관한 문제가 있있습니다. 헤롯은 본래 유대인이 아닙니다. 에돔 사람이었습니다. 그러므로 헤롯은 유대 나라 임금이 될 수 없는 사람인 것입니다. 그런데 어느 날 갑자기 혁명을 일으켜서 정권을 잡았던 것입니다.

둘째는 헤롯 정권의 도덕성이 문제가 되었던 시대였습니다. 헤롯은 자기의 동생을 서슴없이 죽이고 동생의 아내와 결혼을 하였습니다.

셋째는 그 나라의 부가 한쪽으로 편중되었던 시대였습니다. 그러므로 대다수의 백성들이 말할 수 없는 가난 속에서 허우적거렸습니다.

넷째는 공무원들의 부정과 부패가 극심하였던 때였습니다. 이는 종교 지도자들도 예외가 아니었습니다.

이와 같은 때에 요한은 예수님보다 먼저 나서서 회개를 촉구하며 주님의 길을 예비하였습니다. 누가복음 3장7절에 보면 세례 요한이 세례를 주면서 회개의 설교를 한 것을 읽을 수 있습니다. 이때에 많은 사람들이 요한의 외침에 동의하면서 요한에게 질문을 하였습니다.

"우리가 어떻게 해야 구원을 얻을 수 있겠습니까?"

이때에 요한은 부자들을 향하여서는 '너희는 가지고 있는 것들을, 너희만 갖고 있는 것들을 가난한 사람들에게 나누어 주어라'라고 했습니다. 세리를 향하여서는 '너희는 정한 세금 외에 다른 것을 부가해서 갈취하지 말라'라고 했습니다. 또 군인들에게는 '백성들에게 칼을 들고 강포하지 말라', 칼은 이방 대적의 침입을 막는 것이지 같은 백성을 위협하고 백성들을 찔러 죽이는 것이 아니라고 했습니다. 권력자들에게는 '권력을 이용하거나 빙자해서 부정축재하거나 권력을 장기 집권하는 것은 최악의 죄이며 심판을 불러들이는 것이다'라고 했습니다. 율법 종교인들을 향하여서는 회칠한 무덤을 만드는 자들이라고 책망하고 회개하고 메시야를 보라고 하였습니다. 이와 같은 요한의 설교나 가르침을 보면 당시 유대 사회가 정치적으로나 사회, 종교적으로 얼마나 부패한 상태였는가를 잘 알 수 있습니다.

그러므로 요한은 유대 사회를 향하여 역사의 종말과 위기를 선포하지 않을 수가 없었습니다. 이미 도끼가 나무 뿌리에 놓였으니 좋은 열매 맺지 아니하는 나무마다 찍혀 불에 던지우리라고 하였습니다. 만일 좋은 열매를 맺지 아니한다면, 헤롯이든, 바리새인이든, 사두개인이든, 부자이든, 관원이든, 누구든 심판을 피할 길이 없다고 외치다가 형장의 이슬로 사라지고 만 것입니다. 그러나 요한의 메시지는 오늘날까지 생명력을 가지고 우리들에게까지 역사하고 있습니다. 그런데 이때에 예수님께서는 역사의 현장으로 갈릴리에 오셔서 하나님의 복음을 전파하시기 시작하셨습니다.

갈릴리는 어떤 곳입니까? 요세푸스에 의하며, 당시 갈릴리 지방에는 19개의 마을이 있었다고 하며, 인구가 약 300만 정도였다고 합니다. 탈무드 법전에 의하면, 당시 갈릴리 사람들은 다른 곳의 사람과는 달리 명예를 존중히 여기는 사람들이었다고 합니다. 이는 구약의 선민사상에 의한 것이었음을 알 수 있습니다. 곧 애굽에서 구원받은 경험이 있는 후예들입니다. 그러나 600년 동안이나 앗수르, 바벨론, 바사, 로마의 지배를 받았있기 때문에 종종 민중의 봉기가 일어나곤 했던 곳입니다. 갈릴리 사람들은 말할 수 없는 억압과 가난 가운데서도 독립을 꿈꾸는 사람들이었고, 정의감을 버리지 아니하고 사는 사람들이었습니다. 그러나 하나같이 육적으로, 영적으로 지쳐있는 상태였습니다.

어느 면으로 보든지, 복음이 시급한 시대를 살고 있는 백성들이었기에 예수님은 첫 발걸음을 여기로 오셨습니다. 예수님께서는 갈릴리에 오셔서 하나님 나라의 사역을 하실 때에, 본문 마가복음 10장에 나오는 재물 많은 사람과의 대화에서 예수 그리스도의 사역의 주제를 정확하게 알 수 있습니다.

외경인 히브리 복음에 보면 이와 비슷한 이야기가 있습니다.

부　자: 선생님! 제가 무슨 좋은 일을 해서 오래 살겠습니까?
예수님: 율법과 선지자들의 말을 지켜 행하라
부　자: 그런 것은 다했습니다.
예수님: 그러면, 가서 네가 가지고 있는 것을 다 팔아 빈민들에게 주고 와서 나를 따르라

부자는 그 말씀이 마땅치 않아 머리를 긁적거렸다. 이때에 예수님께서 다시 말씀하시기를

"네가 어떻게 율법과 선지자들의 말을 다 지켰노라고 하느냐. 보라 네 많은 형제들, 아브라함의 자손들이 누더기에 쌓여 굶어 죽어가고 있는데 네 집에는 좋은 것을 산적하고도 돕지 않느냐?"

그러고는 옆에 있는 시몬에게 말씀하시기를

"요한의 아들 시몬아, 낙타가 바늘귀로 나가기가 부자가 천국에 들어가

기보다 쉬운 것이다"

복음서 기자들의 기록을 보면, 여기에 나오는 사람은 부자 청년 관원임이 틀림없습니다. 예님께서는 계명을 잘 지켰다고 자랑하며 살던 바리새인들에게 회칠한 무덤, 외식하는 자라고 단호히 책망하신 일이 있습니다. 본문에 나오는 청년 부자 관원에게 예수님은,

"한 가지 부족한 것이 있다"
"네 소유를 팔아 가난한 사람들에게 주어라"
"그리고 나를 따르라"

라고 했습니다.

여기서 우리는 계명의 정신을 발견합니다.
또한, 선교의 주제를 알게 됩니다.
또한, 영생의 삶이 무엇인가를 알 수 있는 것입니다.
또한, 그리스도인의 삶의 원리를 알 수 있습니다.
또한, 교회의 본래적인 사명을 찾게 됩니다.
그리고, 그리스도의 사역을 맡은 나와 우리의 사역이 어떤 것인가를 발견할 수 있는 것입니다.

예수 그리스도 앞에 나오는 사람들이라면, 더 나아가 예수 그리스도의 사역을 따라 사는 사람들이라면, 어떤 생각, 어떤 의식, 어떤 삶을 살아야

하는 것입니까?

영생하는 삶이란? 영생의 주님을 따르는 자의 삶이란?

'너보다 연약한 사람을 진정으로 돌보아 주는 삶이다'
'네가 가지고 있는 것을 나누어 주는 삶이다'
'네가 가지고 있는 지식이나 젊음이나 네가 가지고 있는, 네 속에 순수하게 있는 정의감이나 양심적 사랑을 나누어주며 살아야 한다'

라는 말씀입니다.

우리들 주변에서 일어나는 모든 불행한 사회적, 정치적 문제들은 내가 더 가지기 위해서 착취하고, 더 나아가 때리고, 빼앗고, 죽이는 데서 비롯됩니다. 그런데 이러한 문제들을 지적하기에 앞서서 나의 문제, 나의 처신, 나의 사역은 저들보다 나은 게 뭐가 있습니까? 우리는 신앙 양심적으로 생각해 볼 때에 부끄럽고, 수치스럽기가 한이 없습니다.

예수님께서 구체적으로 현실 속에 있는 인간의 구원을 위하여 어떻게 사역하셨나 하는 것은 십자가에 처형되었다는 사실로 충분히 입증됩니다.

바울 사도는 부활을 말할 때에 영이나 육의 부활만을 말하지 아니하고 몸의 부활을 역설했습니다. 그러므로 우리는 주님의 계명의 정신을 따라 내 몸을 비어 주는 삶이어야 합니다. 머리를 긁적거리고 돌아간 사람의 삶은 나의 삶에도 있지 않습니까? 쓰러진 인생 앞에서 돌아서는 제사장이나 레위인은 솔직히 말해서, 나의 모습일 때가 많습니다.

주님의 사역을 따라 일한다고 하는 나를 향하여 주님께서 말씀하시는 음성은 무엇입니까?

"너도 돌아가겠느냐?"
"너도 관원 청년 같이 돌아서는 거냐?"

교회를 지키며, 의식을 행하거나 달변으로 설교하는 것이 다가 아니다는 것입니다. 어떤 의미에서 돌아간 청년 관원은 종교적 양심이라도 있는 것 같습니다. 우리는 아예 교회와 백성들을 떠나지도 아니하면서 내 욕심을 채우며 살 때가 얼마나 많은지 부끄럽습니다.

이 세상에 가난한 사람이 한 사람이라도 남아 있는 한 우리의 사역은 남아 있는 것입니다.
이 세상에 병든 사람이 한 사람이라도 남아 있는 한 우리의 사역은 남아 있는 것입니다.
이 세상에 억눌려 사는 사람이 한 사람이라도 남아 있는 한 우리의 사역은 남아 있는 것입니다.
이 세상에 어두움에 매여 있는 사람이 있는 한 율법에 매여 있는 사람이 있는 한
이 세상에 억누르고, 고통을 주고 있는 세력이 있는 한 주님의 사역이 있

어야 합니다.

　이 세상에 죄악이 존재하는 한, 교회의 선교적 사역이 남아 있다는 말씀입니다.

　우리가 사는 이 땅에, 남과 북이 있는 한 한국 교회의 사역이 남아 있습니다. 이 사역을 위하여 나를 부르셨습니다. 이 사역을 위하여 세워진 저와 여러분입니다.

　그리스도의 사역에 진실함으로 동참하시기를 바랍니다. 주님께서 함께 하시기를 간절히 바랍니다.

10. 가나안 여인의 믿음
(마태복음 15장 21-28절)

2002. 01. 20
여전도회 주일

마태복음 15:21-28

21. 예수께서 거기서 나가사 두로와 시돈 지방으로 들어가시니
22. 가나안 여자 하나가 그 지경에서 나와서 소리 질러 이르되 주 다윗의 자손이여 나를 불쌍히 여기소서 내 딸이 흉악하게 귀신 들렸나이다 하되
23. 예수는 한 말씀도 대답하지 아니하시니 제자들이 와서 청하여 말하되 그 여자가 우리 뒤에서 소리를 지르오니 그를 보내소서
24. 예수께서 대답하여 이르시되 나는 이스라엘 집의 잃어버린 양 외에는 다른 데로 보내심을 받지 아니하였노라 하시니
25. 여자가 와서 예수께 절하며 이르되 주여 저를 도우소서
26. 대답하여 이르시되 자녀의 떡을 취하여 개들에게 던짐이 마땅하지 아니하니라
27. 여자가 이르되 주여 옳소이다마는 개들도 제 주인의 상에서 떨어지는 부스러기를 먹나이다 하니
28. 이에 예수께서 대답하여 이르시되 여자여 네 믿음이 크도다 네 소원대로 되리라 하시니 그 때로부터 그의 딸이 나으니라

오늘은 전국 교회가 지키는 여전도회 주일입니다. 하나님께서 우리 교회 여전도회를 축복하여 주셔서 21개의 여전도회로 발전 부흥케 하여 주셔서 교회를 위하여 봉사하게 하시고 전도 봉사 사업을 활기 있게 할 수 있게 도우심을 감사드립니다. 오늘 여전도회 주일을 맞이하여 본문 말씀을 갖고 가나안 여인의 믿음이라는 제목으로 은혜를 받으려고 합니다.

성경은 믿음을 바라는 것들의 실상이며 보지 못하는 것의 증거라고 하였습니다. 지금 눈으로는 보이지 않지만 실상을 보고 있는 상태, 즉 마음의 문제, 고백의 문제를 말씀했고 지금 이루어져 있지 않지만, 즉 이루어진 모습의 실상을 경험하고 있는 것을 마음으로 확신하고 있는 것이라 했습니다. 그러므로 믿음이 있는 사람과 믿음이 없는 사람은 마치 천국과 지옥의 간격만큼이나 차이가 있음을 알 수 있습니다.

믿음이 없는 자는 소극적이고 부정적이고 비판적이고 절망적이며 나약하기 그지없습니다. 그러나 믿음이 있는 자는 적극적이고 긍정적이고 활기차고 확신 가운데서 희망적이고 능동적이며 기쁨이 있고 생명력이 넘치는 것입니다.

성경에는 믿음이 있는 자에 관한 기록이 가득 차 있습니다.

아벨은 믿음으로 더 나은 제사를 드림으로 의로운 자로 인정을 받았으며
에녹은 믿음으로 죽음을 보지 않고 하늘에 올리움을 받았고
노아는 믿음으로 방주를 지어 온 집안 식구들을 구원하였으며

아브라함은 믿음으로 순종하여 기업을 얻는 축복을 받았으며

이삭은 믿음으로 장차 오는 일에 대하여 에서와 야곱에게 축복하였고

야곱은 믿음으로 죽을 때에 12 지파에게 축복하였고

요셉은 믿음으로 임종 시 이스라엘 자손이 애굽을 떠날 것을 말하였고

모세의 부모들은 믿음으로 모세를 낳아 3달 동안 숨기고, 믿음으로 바로의 명령을 무서워 아니하였으며

모세는 믿음으로 바로의 공주의 아들이라 칭함을 거절하고 도리어 하나님의 백성과 함께 고난 받기를 즐거워했고 이 모든 역사는 죄와 더불어 낙을 누리기보다는 그리스도를 위하여 능욕 받는 표를 보여주는 것이고 또한 상 주시는 이, 하나님을 바라보고 산 증거인 것입니다.

이스라엘 백성들은 믿음으로 홍해를 육지 같이 건넜고 여리고 성을 무너뜨리는 역사를 이루었으며 기드온, 바락, 삼손, 입다, 다윗, 사무엘 등...

믿음으로 나라를 이기기도 하고, 의를 행하기도 하고, 약속을 받기도 하고, 사자의 입을 막기도 하고, 불의의 세력을 멸하기도 하고 칼날을 피하기도 하고, 약함 중에 강하게 살았고, 전쟁에 나아가 이기기도 하고, 죽은 자를 부활로 믿기도 하고, 더 좋은 부활을 얻고자 악형을 받되 구차하게 면하려 하지 아니하였으며, 희롱과 채찍질과 결박과 옥에 갇히는 시험도 받았으며 돌로 맞고 톱으로 베임을 받고 시험과 칼로 죽임을 당하기도 하였으며 양과 염소의 가죽 옷을 입고 유리하며 궁핍과 환난과 학대를 받기도 하였는데

이런 사람들은 세상이 감히 감당치 못하였으며 이 사람들은 모두 다 믿

음으로 말미암아 증거를 받았으며 이들은 모두 우리 하나님께서 더 좋은 것을 예비하셨다는 사실입니다.

신약 성경에 기록된 믿음의 사람들은 어떠합니까?

요셉, 마리아는 믿음으로 예수님을 낳았으며
세례 요한은 믿음으로 예수님의 길을 예비하였고
베드로는 믿음으로 성령 충만하여 3000명씩 전도하였고
스데반은 믿음으로 예수 그리스도의 하나님 되심을 증거 하여 순교하였고
바울은 믿음으로 교회를 개척하며 1차, 2차, 3차 전도 여행을 하며 하나님 나라를 확장했고
백부장의 믿음, 열두 해 앓던 여인의 간절한 믿음, 거지 소경 바디메오의 부르짖는 믿음, 오늘 본문에 나오는 가나안 여인의 믿음은 모두 하나님의 존재와 권능, 예수 그리스도의 근원과 사랑을 믿는 믿음의 모델인 줄로 믿습니다.

예수님께서는 제자들에게 교육하실 때에는 칭찬과 격려의 말씀을 하시고 때로는 책망과 꾸중의 말씀을 하셨습니다. 어떤 때에는 "네 믿음이 크도다"라고 하시며 큰 믿음을 칭찬하신 적도 있지만 어떤 때에는 "네 믿음이 작다"라고 하시며 믿음이 작음을 꾸짖은 적도 있습니다.

본문 말씀에는 예수님께서 딸의 병을 고치러 온 가나안 여인의 믿음을

보시고 "네 믿음이 크도다 네 소원대로 되리라" 하시며 엄청난 축복과 칭찬의 말씀을 하시고 계십니다. 그러면 이 가나안 여인의 어떤 믿음이 예수님의 칭찬을 받을 수가 있었습니까?

첫 번째 가나안 여인의 믿음은 예수님을 바로 알고 믿는 믿음입니다.

"가나안 여자 하나가 그 지경에서 나와서 소리 질러 가로되 주 다윗의 자손이여 나를 불쌍히 여기소서, 내 딸이 흉악한 귀신이 들었나이다"(22절)

이 말씀에서 중요한 말 세 가지를 발견할 수 있습니다.

가나안 여인은 예수님을 '주'라고 불렀습니다. 가나안 여인은 예수님이 하나님의 아들로 오신 분임을 확실히 믿고 확신을 가지고 '주'라고 불렀습니다. 또한 여인은 '다윗의 자손'이라고 불렀습니다. 다윗의 자손이라는 이 말씀에는 '다윗의 집안에 오신 메시야'라는 의미를 가지고 있습니다.

가나인 여인은 비록 이빙인이있지만 예수님이 이 땅에 오신 메시야 이심을 믿고 있었습니다. 예수님이 하나님의 아들로서 이 땅에 구세주로 오신 분임을 믿고 예수님께 신앙을 고백하면서 "나를 불쌍히 여기소서"라고 말하고 있습니다. 베드로는 베드로후서 1장2절에서 "하나님과 우리 주 예수를 앎으로 은혜와 평강이 너희에게 더욱 많을지어다"라고 하였습니다. 예수 그리스도가 누구이신가를 확실히 알고 믿는 자가 복을 받는다는 말씀입니다.

가나안 여인은 예수님을 향하여 "나를 불쌍히 여기소서"라고 하였습니다. 예수님은 사랑의 주이시고, 자비의 주이십니다. 모든 문제를 풀어 주시는 분이시며 전능자이십니다. 어떤 문제든 다 풀어 주시는 분이십니다. 그 어떤 문제도 주님 앞에 가지고 나오면 다 해결할 수가 있다는 이런 확신이 있었기에 "나를 불쌍히 여기소서"라고 하였습니다.

주님은 지금도 우리를 향하여 말씀하십니다.

"수고하고 무거운 짐 진 자들아 다 내게로 오라 내가 너희를 쉬게 하리라"(마 11장28절)

주님은 지금도 문제의 해결자이십니다. 우리는 문제를 해결하기 위하여 주님을 찾아온 가나안 여인처럼, 주님께 우리들의 문제를 내어 놓고 주님의 능력과 사랑으로 모두 놀라운 기쁨의 역사가 있게 되기를 기원합니다.

두 번째 가나안 여인의 믿음은 시련을 이기는 믿음입니다. 가나안 여인은 대단한 믿음을 가지고 주님을 찾아왔습니다. 예수님께서는 먼저 이 여인이 과연 은혜를 받을 만한 믿음의 그릇이 준비되어 있는가를 확인하기 위한 시험을 하셨습니다. 여러분! 오늘 우리들은 주님께로부터 시험을 받을 때가 있습니다. 주님께서는 우리의 믿음을 확인하신 다음에 축복을 하여 주시고 은혜를 주심을 아시기를 바랍니다. 하나님께서는 아브라함을 부르셔서 믿음의 조상으로 삼으셨습니다. 그런데 하나님께서는 아브라함을 연단시키시고 그다음에 아브라함을 인도하셨습니다.

본문 말씀에 보면 이 여인은 세 가지 시험을 받았습니다. 예수님은 이 여인이 간청할 때에 침묵하셨습니다. 여러분! 신앙은 참고 기다리며, 기도하며, 인내하는 일이 필요합니다. 누가복음 18장1절에 보면, "항상 기도하고 낙망치 말아야 한다"라고 하였습니다. 원망과 불평하기보다는 응답의 확신을 가지고 믿고 구하여야 합니다. 가나안 여인에게 방해되는 주변 사람들도 있었습니다. 이 여인이 시끄럽게 하니 내보내야 한다는 제자들도 있습니다. 우리에게도 신앙생활을 방해하는 이들이 있습니다. 가까운 식구도, 친구도 방해자가 될 수 있습니다. 주위의 교인들까지도 방해자가 되기도 합니다. 그러나 방해자, 장애물, 사탄의 시험들, 우리는 언제나 이겨야 하는 믿음이 필요합니다. 가나안 여인에게는 우리 예수님도 시험을 주는 말씀을 하셨습니다.

"자녀의 떡을 개들에게 던짐이 마땅치 아니하니라"

그러나 가나안 여인은 조금도 불평하거나 원망하지 않았습니다.

"옳습니다. 개들도 주인의 상에서 떨어지는 부스러기를 먹나이다"

신앙은 참고 견디는 인내입니다. 겸허하게 낮아지는 겸손은 은혜를 받는 그릇이 됨을 아시기 바랍니다. 우리에게 언제나 필요한 것은 참고 견디는 인내의 정신과 낮아지는 마음입니다.

"시험을 참는 자는 복이 있도다 이것이 옳다 인정하심을 받은 후에 주

께서 자기를 사랑하는 자들에게 약속하신 생명의 면류관을 얻을 것임이니라"(약 1:12)

세 번째는 가나안 여인의 믿음은 딸에 대한 사랑을 간직한 믿음입니다.

가나안 여인은 딸을 고치려고 예수님을 찾아왔습니다. 그런데 먼저 내 딸을 고쳐 주십시오라고 말하지 않고 "나를 불쌍히 여겨 주십시오", "나를 도와주십시오"라고 말하였습니다. 딸의 아픔과 고통이 자신의 괴로움이라고 생각하고 호소하였습니다.

심리학에 '감정이입'이라는 이론이 있습니다. 그 사랑하는 자의 고통이 자신의 고통이 되는 감정 동일시 현상이 일어나게 된다는 것입니다.

예수님께서 여러분과 저를 지극히 사랑하셨습니다. 그러므로 나의 죄를 대신 주님께서 맡아 주셨습니다. 나의 십자가를 주님께서 대신 져 주셨습니다.

오늘 우리 모두에게는 이런 정신이 있어야 합니다. 우리 가족 중에, 이웃 중에 고통당하는 분이 있습니다. 이 고통들이 나의 고통, 나의 책임이라는 감정의 동일시가 이루어져야 합니다. 이때에 비로소 한 형제, 한 자매가 될 수 있습니다. 우리는 나의 믿음을 다시 점검하여 보아야 합니다. 과연 나의 믿음이 주님께로부터 인정받을 수 있는 믿음인지, 과연 "네 믿음이 크도다" 이렇게 칭찬받을 수 있는 믿음인지 점검해 보아야 합니다.

우리는 예수님을 주님으로 확신하면서 모든 시련을, 모든 오해와 박해를, 모든 고난을 이겨나가야 하는 인내와 겸손의 믿음이 있어야 합니다. 진심으로 형제를 사랑하는 사랑에서 우러나오는 믿음이 있어야 합니다. 이 믿음을 주님께서 의롭게 보시며, '네 믿음이 크도다 네 소원대로 이루리라'라고 복되게 하여 주십니다. 여러분 한 분 한 분이 가나안 여인의 믿음이 되시기를 바라며 이 믿음으로 항상 기쁨의 삶이 되시기를 기원합니다.

11. 하나님을 기쁘시게 하라
(누가복음 15장1-7절, 요한복음 8장29절)

2014. 09. 21
춘천동부교회

누가복음 15:1-7

1. 모든 세리와 죄인들이 말씀을 들으러 가까이 나아오니
2. 바리새인과 서기관들이 수군거려 이르되 이 사람이 죄인을 영접하고 음식을 같이 먹는다 하더라
3. 예수께서 그들에게 이 비유로 이르시되
4. 너희 중에 어떤 사람이 양 백 마리가 있는데 그 중의 하나를 잃으면 아흔아홉 마리를 들에 두고 그 잃은 것을 찾아내기까지 찾아다니지 아니하겠느냐
5. 또 찾아낸즉 즐거워 어깨에 메고
6. 집에 와서 그 벗과 이웃을 불러 모으고 말하되 나와 함께 즐기자 나의 잃은 양을 찾아내었노라 하리라
7. 내가 너희에게 이르노니 이와 같이 죄인 한 사람이 회개하면 하늘에서는 회개할 것 없는 의인 아흔아홉으로 말미암아 기뻐하는 것보다 더하리라

요한복음 8:29

29. 나를 보내신 이가 나와 함께 하시도다 나는 항상 그가 기뻐하시는 일을 행하므로 나를 혼자 두지 아니하셨느니라

할렐루야! 오늘 이 시간 함께 예배드리시는 교우 여러분에게 그리고 아름다운 찬양으로 하나님께 영광을 돌리시고, 큰 은혜를 받게 하신 찬양대원 여러분에게 주님의 은혜가 가득하시기를 기원합니다. 옆에 앉으신 분들과 이렇게 인사하시기를 바랍니다.

그동안 건강하게, 평안하게 지내셨습니까?
오늘 이 시간 하나님 말씀으로 은혜 많이 받으시기를 바랍니다.

저는 지난 6월 말까지 신학교 강의를 하고, 미국 샌프란시스코에 가서 한 달간 있으면서 알라메다 한인 장로교회 교우들과 예배를 드리고 말씀을 전하고 왔습니다. 그리고 얼마 전에는 우리 교회가 개척한 홍천 은평교회에 가서 말씀을 전하였습니다.

오늘 우리에게 주시는 말씀 제목을 저를 따라 하시기 바랍니다.

"하나님을 기쁘시게 하라"

어느 초등학교 선생님이 40여 명의 아이들에게 "여러분! 나는 여러분들을 단 한 번에 모두 일으켜 세울 수가 있어요"라고 하였습니다. 아이들은 어떻게 그런 힘이 있을까 놀라는 표정입니다. 조금 후에 선생님께서 "여러분! 모두 눈을 감으세요 여러분! 가만히 자리에서 일어나세요. 자, 이제는 모두 눈을 뜨면서 자리에 앉으세요"

선생님은 말씀으로 눈을 감게, 눈을 뜨게, 자리에서 일어나게, 또 앉게 하였습니다. 우리 인간은 각각 능력만큼 이런 말, 저런 말, 이런 일, 저런 일을 할 수 있습니다. 그런데 우리가 믿는 하나님은 위대한 능력, 온전하신 능력, 무한한 능력의 하나님이십니다.

하나님의 말씀은 넘어진 자를 일으키시는 힘이 있습니다.
하나님의 말씀은 병든 자를 치유하시는 힘이 있습니다.
하나님의 말씀은 죽은 자를 살리시는 능력이 있습니다.
하나님의 말씀은 살아있고 활력이 있습니다.
하나님의 말씀은 거울과 같아서, 우리 마음속도 보게 합니다.
하나님의 말씀은 치유와 회복, 회개와 구원, 은혜와 기쁨, 자유와 참된 소망의 복이 넘쳐나게 합니다.

"no pains, no gains"

영어 속담입니다. 이 속담의 의미는 무엇이겠습니까? 수고하지 않고 무엇을 얻겠습니까? 부뚜막의 소금도 집어넣어야 짜다는 말이 있습니다. 그런데 의학 개론 서두에서는 "아픔을 느낄 수 있기에 고치는 역사가 있게 된다"라는 말로 사용합니다.

아파서 병원에 가면, 특별한 경우 CT, MRI 촬영을 하여 몸속에 있는 부분을 속속 다 보고 알게 됩니다. 그 후에 수술하거나 치료를 잘할 수가 있는 것입니다.

교우 여러분! 우리의 어려운 문제는 전지전능하신 하나님, 사랑이 무한하신 하나님을 온전히 믿는 믿음으로 의탁해야 합니다. 온전한 믿음, 간절한 마음으로 기도하면, 해결되는 회복의 역사를 우리 하나님께서 기뻐하시며 허락하시고 이루어 주십니다.

지난 3주 전 우리 교회 장로님이 제 사무실에 오셨습니다. 오랜만에 오셔서 하시는 말씀이 "수년 동안 사업에 이런 어려움이 없었는데 이번 가을에는 너무 엄청난 어려움이 오게 됩니다. 제가 할 수 있는 힘이 이제는 별로 없습니다"

"그래도 장로님! 우리가 할 수 있는 최선의 길을 찾아야 합니다. 그러나 더 중요한 것은 늘 기도하시지만 이젠 더 기도해야 합니다."

장로님과 함께 무릎을 꿇고 손을 잡고 어린 아이가 매달리듯, 간절히 기도드렸습니다. 엊그제 전화 통화를 하였는데

"목사님! 잘 되었습니다. 그 어려운 문제가 풀렸습니다"

할렐루야! 교우 여러분! 우리는 하나님의 말씀을 어떻게 알고, 어떻게 믿습니까? 아버지가 아들에게, 딸에게 심부름을 시킵니다. 그때에

1. 말로 할 때에 한다.
2. 조금 얻어맞고 한다.

3. 많이 맞고 한다.
4. 끝까지 버티다가 쫓겨난다.

나는 몇 번에 해당합니까? 그런데 대부분의 인간은 미련한 존재입니다. 순종에는 노예의 순종이 있고, 참된 자녀의 순종이 있습니다. 하나님의 말씀을 좋은 간섭으로, 사랑과 축복의 권면으로 느끼지 못하는 이유가 무엇입니까?

1. 죽은 자이기 때문에
2. 잠들어 있기 때문에
3. 엉뚱한데 정신을 팔고 있기 때문에

우리는 엉뚱한데 정신을 팔면서 신앙생활을 하지 않아야 합니다.

교우 여러분! 전능하신 하나님, 창조주이신 하나님, 위대하신 주 하나님은 나에게, 여러분에게 과연 어떤 분이십니까?

이 하나님께서 저와 여러분들을 구원하시기 위하여 이 세상에 오시고, 허물과 죄를 다 담당하여 주시고, 대신 십자가를 져 주시고, 대신 죽으시고, 저와 여러분들을 살게 하여 주셨습니다. 구원하여 주셨습니다. 이 은혜를 받은 우리는 이같이 사랑을 받고 사는 우리는 이제 어떻게 살아야 합니까? 죽었다가 살아난 사람, 큰 은혜를 받은 사람이 해야 할 일이 무엇이겠습니까?

하나님께서 기뻐하시는 일을 하며 살아야만 합니다. 구원의 주님께서 원하시는 삶을 살아야만 합니다.

그렇다면 하나님께서 기뻐하시는 일이 무엇인가요?

예배를 잘 드리고, 기도와 찬송으로 하나님을 기쁘시게 하며 온전한 헌신과 감사 생활과 더불어 더 잘해야 할 일이 있습니다. 여러분은 우리 주님의 마지막 부탁, 지상 명령 말씀을 잘 아시지요.

마태복음 28장19-20절의 말씀과 마가복음 16장15절의 말씀입니다.

"너희는 가서 모든 족속으로 제자를 삼아 아버지와 아들과 성령의 이름으로 세례를 주고 내가 너희에게 분부한 모든 것을 가르쳐 지키게 하라 볼찌어다 내가 세상 끝날까지 너희와 항상 함께 있으리라"

"너희는 온 천하에 다니며 만민에게 복음을 전파하라 믿고 세례를 받는 사람은 구원을 얻을 것이요 믿지 않는 사람은 정죄를 받으리라"

오늘 읽은 본문 말씀, 누가복음 15장 말씀은 잃은 양, 잃은 드라크마, 탕자의 비유입니다. 목자는 양을 잃어버렸습니다. 여인은 드라크마 하나를 잃어버렸습니다. 아버지는 아들을 잃은 것입니다. 본문의 결론은 찾게 되었다는 것입니다. 목자는 즐거워 어깨에 메고 집에 와서 친구와 이웃에게 '나의 잃은 양을 찾았노라' 외치며 잔치를 벌입니다. 여인은 결혼할 때에 신랑으로부터 땀 흘려 번 돈, 신랑의 첫 수입, 꽁꽁 싸두었다가 사랑의 증표로 신부에게 선물한 드라크마를 잃었다가 다시 찾게 되어 친구와 이웃을 불러서 잃었던 드라크마를 찾았노라 하며 잔치를 합니다. 아버지는 집을 나갔다가 거지꼴이 되어 오는 아들을 달려가 안고 입 맞추고 종들에게 제일 좋은 옷을 가져오게 하여 입히고 손에 반지를 끼우고, 발에 새 신을 신기고, 살진 송아지를 잡게 하여 잔치를 합니다. 내 아들이 죽었다가 다시 살아났으며 잃었다가 다시 얻게 되었다고 합니다.

하나님의 기쁨은 잃은 영혼을 찾은 기쁨입니다. 여러분 한 분 한 분을 찾아 기뻐하신 하나님의 기쁨을 아셔야 합니다. 또 여러분이 전도하여, 우리 교회가 전도, 선교하여 영혼들이 하나님께로 돌아올 때에 기뻐하시는 하나님을 생각해야만 합니다.

여러분! 생명을 살리는 일보다 더 시급한 일은 없습니다.
생명을 살리는 일보다 더 귀중한 일은 없습니다.

혹 어려운 사람에게 식사 한 번 대접하면 하루를 살게 됩니다. 어려운 가정에 쌀이나 돈을 얼마 구제하면 며칠일을 살게 합니다. 병든 사람을 돌보고 치료하여 주면 몇 년 동안 잘 살게 하는 것입니다. 그러나 영원히 잘 살게 하는 일, 온전하게 잘 살게 하는 일, 가장 복된 삶을 살게 하는 일은 구원의 복음을 전하는 것입니다. 복음으로 구원하는 일입니다.

지금으로부터 120년 전, 미국 빌립보 선교사님으로부터 복음을 알고 믿음을 선물로 받으신 저의 증조할아버지와 할머니로 인하여 온 가문이 복음화가 되어, 동네 가운데 예배당을 짓고, 기독교 사립학교를 세우고, 저의 아버님은 이 학교에서 선생님으로 교사일을 하시다가 평양 신학교에 입학하여 신학을 하셨습니다. 그러나 박해가 너무 심하여 좋은 땅 수 만 평도 그 좋은 기와 집도 다 뒤로하고, 전쟁 중에 서울로, 부산으로, 춘천으로 와서 사시면서 가시는 곳마다 교회를 개척하여 25개 교회를 세우고, 오직 복음을 전하는 일로 사셨습니다.

구원 받은 자, 은혜를 받은 자의 일은 하나님이 기뻐하시는 일을 하는 것입니다. 복음을 전하는 일을 위하여 최선의 헌신을 해야합니다. 병든 자를 오늘 치료하지 않으면 큰 일 나게 되는 것처럼 주변의 심령들을 오늘 복음의 선물을 주지 아니하면, 언제 하나님의 자녀가 되겠습니까?

작년 7월 건강 검진을 받은 병원에서 저에게 전화가 왔는데 대장에 이상한 것이 있다는 것입니다. 그래서 서울 삼성 병원에 있는 집사람 조카에게 상의하였더니 다음 날 삼성 병원 대장암 센타 책임자이신 김박사님께 진료를 받도록 예약을 하였으니 이모부님 빨리 오시라는 것입니다. 소견서와 다시 검사한 내용들을 보시고는 김박사님께서 하시는 말씀이,

"대장암 2기에서 3기로 가고 있습니다. 다행히 전이는 안된 것 같은데 그러나 시급합니다. 제가 수술하려면 4-5개월 정도 기다려야 하는데요. 혹 다른 병원에 가면, 빨리 수술받게 될지 모르겠습니다"

너무 막막한 것입니다. 그런데 김박사님께서 저를 한참 보시더니 또 수첩을 꺼내서 스케줄을 보시더니

"이렇게 하겠습니다. 다음 주 금요일(일주일 후) 낮 12시, 점심시간에 수술하겠습니다. 제가 수술 책임자이지만 로봇이 수술하도록 하겠습니다. 로봇이 수술을 잘하도록 저는 조정만 합니다. 로봇이 작은 구멍을 내고 들어가서 자르고, 암덩어리를 빼어내고, 장을 75cm 로봇이 잘라서 밖으로 내보낼 것입니다. 그리고 로봇이 마무리까지 다하게 됩니다. 저는 칼이나 실을 잡지 않고 로봇이 다 합니다. 특별한 일이 없는 한 일주일 안에 퇴원하게 됩니다."

저는 다음 주 목요일 입원하고, 금요일 12시에 수술을 받고 5일 만에 퇴원하였습니다. 항암 주사도 한 달에 1번, 8차례 맞았는데 강의도 하고, 설교도 하면서 잘 감당하였습니다. 머리카락도 하나 안 빠지고 매일 운동도 1년 내내 잘하면서 지냈는데 1년 지나 지난주에 C.T 촬영 검사, 대장 내시경 검사, 혈액 검사를 하였는데 아주 좋다는 결과가 나왔습니다.

옛 말에 어린 아이가 아프다가 크고, 아프다가 큰다는 말이 생각납니다. 생명이 죽고 사는 문제는 시간문제요, 또한 나 자신에게 달린 것이 아니라는 것을 다시 절감하고 있습니다. 그리고 살아 있는 것이 그리고 이렇게 일할 수 있다는 것이 은혜요, 기적이라는 사실임을 고백합니다. 저는 지금까지 살면서 큰 병을 3번 만났는데, 그때마다 나 자신을 돌아보고, 어리석은 모습을 뉘우치고, 회개하고 새롭게 작심했었습니다.

교만을 버리게 하고, 욕심을 내버리게 하고, 내 힘으로, 나의 보잘것없는 지식과 기교를 버리게 하고, 마음을 비우게 하고, 철저히 비우고 일하게 하시는 하나님의 채찍과 사랑을 비로소 알고 깨닫게 했습니다.

어설픈 목회 생활에서 교회의 부흥도, 교회의 크고 작은 행사나 사업도, 선교하는 일도, 성전을 건축하는 일까지도 또한 교회의 평화까지도 철저하게 하나님께서 도와주시지 아니하시면 안 되고 하나님께서 도와주셔야만 된다는 결론이었습니다.

여러분! 예나 지금이나 사회에서 일어나고 있는 어려운 문제들, 교회마다 일어나고 있는 시끄럽고, 부끄럽고, 어렵게 되는 문제들은 과연 왜입니까? 무엇 때문에 생기는 것입니까? 한 마디로 말씀드린다면 욕심, 욕망의 결과인 것입니다.

세월호 사건은 어떠한 사건입니까? 인간들의 탐욕, 욕심의 결과입니다. 사이비 이단 종교인들의 물욕, 그릇된 양심을 가진 선박 회사 관계자들의 욕심, 사명을 잃은 공직자들의 딤심, 자신의 배만 채우려는 정치 시도사들로 인하여 배도 파손되어 가라앉고 수많은 사람들이 죽었습니다.

요즈음 인터넷에 들어가면 세월호 같은 회사들이 많아 걱정이고, 세월호 같은 국회가 걱정이고, 세월호 같은 대학교가 있어 걱정이고, 세월호 같은 교회도 많아 걱정이라고 합니다. 교회다운 교회, 은혜스러운 교회, 건강한 교회, 하나님을 기쁘시게 하는 교회가 되어야만 합니다.

좋은 교회는 우리 주님께서 행하신 것처럼 주님께서 말씀하신 대로 오직 복음을, 구원의 복음을 열정적으로 전하는 일뿐입니다. 교회에 기쁨이 있고, 교회가 평안하고, 교회가 힘이 있는 비결은 단 한 가지, 하나님을 기쁘시게 하는 일, 주님께서 원하시는 일, 복음을 전하는 일을 위하여 전력을 다할 때입니다. 이렇게 하는 교회, 이렇게 행하는 우리를 세상 끝날까지 함께 하여 주시겠다고 주님께서 약속하셨습니다.

본문 말씀 요한복음 8장29절 말씀을 읽고 마치겠습니다.

"나를 보내신 이가 나와 함께 하시도다 내가 항상 그의 기뻐하시는 일을 행하므로 나를 혼자 두지 아니하셨느니라 이 말씀을 하시매 많은 사람이 믿더라"

우리 춘천동부교회와 교우 여러분 한 분 한 분에게 하나님을 기쁘시게 하는 일, 선교의 사명을 다하며 살기를 원하는 우리 교회와 여러분에게 하나님께서 함께 하심과 축복이 가득하시기를 축원합니다.

12. 진정성이 있는 감사
(역대상 29장 10-14절, 에베소서 5장 1-2절, 19-20절)

춘천동부교회

역대상 29:10-14

10. 다윗이 온 회중 앞에서 여호와를 송축하여 이르되 우리 조상 이스라엘의 하나님 여호와여 주는 영원부터 영원까지 송축을 받으시옵소서
11. 여호와여 위대하심과 권능과 영광과 승리와 위엄이 다 주께 속하였사오니 천지에 있는 것이 다 주의 것이로소이다 여호와여 주권도 주께 속하였사오니 주는 높으사 만물의 머리이심이니이다
12. 부와 귀가 주께로 말미암고 또 주는 만물의 주재가 되사 손에 권세와 능력이 있사오니 모든 사람을 크게 하심과 강하게 하심이 주의 손에 있나이다
13. 우리 하나님이여 이제 우리가 주께 감사하오며 주의 영화로운 이름을 찬양하나이다
14. 나와 내 백성이 무엇이기에 이처럼 즐거운 마음으로 드릴 힘이 있었나이까 모든 것이 주께로 말미암았사오니 우리가 주의 손에서 받은 것으로 주께 드렸을 뿐이니이다

에베소서 5:1-2, 19-20

1. 그러므로 사랑을 받는 자녀 같이 너희는 하나님을 본받는 자가 되고
2. 그리스도께서 너희를 사랑하신 것 같이 너희도 사랑 가운데서 행하라 그는 우리를 위하여 자신을 버리사 향기로운 제물과 희생제물로 하나님께 드리셨느니라
19. 시와 찬송과 신령한 노래들로 서로 화답하며 너희의 마음으로 주께 노래하며 찬송하며
20. 범사에 우리 주 예수 그리스도의 이름으로 항상 아버지 하나님께 감사하며

예수 믿는 사람이란 하나님의 은혜를 받고 감사하며 사는 사람입니다. 하나님의 은혜는 구체적으로 무엇입니까? 나에게, 우리에게 임한 하나님의 은혜를 말하려면, 끝이 없겠지만 제목으로 몇 가지 말한다면, 생명을 주신 하나님의 은혜, 구원하여 주신 하나님의 은혜, 항상 함께 하셔서 일용한 양식을 주신 하나님의 은혜, 영육 간 보살펴 주셔서 새 힘 받아 살게 하신 하나님의 은혜, 나의 기도와 간구를 좋게 이루어 주신 하나님의 은혜입니다.

아버지 하나님의 자녀인 우리의 소원, 기도, 간구가 어떤 것들이었습니까? 환난과 질고를 당하여 부르짖을 때, 질병과 실패 중에서 울부짖을 때, 온갖 시련과 번민 가운데서 간구할 때, 원수들의 괴롭힘과 사탄의 올무에서 부르짖을 때, 죄악과 죽음의 막다른 골목에서 신음할 때였습니다.

그런가 하면, 씨를 뿌리고 가꾸면서 기도할 때에, 곡식의 열매를 주신 하나님의 은혜, 사업과 직장과 일터에서 기도하며 일할 때에 좋은 결말을 보게 하신 하나님의 은혜, 부모, 형제, 자녀들을 위하여 도움을 간구할 때에 생각 밖의 기쁨을 주신 하나님의 은혜, 특별히 사회생활, 교회생활에서 고비고비 때마다 새벽마다, 밤마다 부르짖어 기도할 때에 합당하게 이루어 좋은 역사가 되게 하시고, 또한 화가 복이 되게 하여 감사하게 하신 하나님의 은혜, 하나님 아버지의 사랑과 항상 함께 하여 주신 은혜를 말하려면 만입이 있어도 다 말할 수가 없습니다. 수만 가지의 하나님의 은혜를 그 무엇으로 응답하며 감사하며 표현할 수가 있겠습니까?

하나님께서는 원망과 시비를 계속하면서 하나님 백성답게 살지 못하는 이스라엘 백성들을 향하여 감사의 원리를 따라 살아야만 더 복된 삶을 살게 됨을 가르치시고자 율법으로 명령하셨습니다. 유월절을 지켜라, 맥추절을 지켜라, 초막절을 지켜라... 감사하는 삶을 절기로 만들어서라도 꼭 지켜야만 함을 명령하셨습니다.

이 명령은 모든 이스라엘 백성들의 복된 삶을 위한 말씀이었습니다. 창조주, 전능자이신 우리 하나님은 모든 것을 다 하실 수 있으신 하나님이시고 모든 것들을 다 가지시고 계시는 하나님이신데, 무엇이 부족해서 지켜라, 섬겨라, 바치라고 하시겠습니까? 모두 자녀인 우리를 향하여 잘되게, 잘살게, 복되게 하시는 사랑의 말씀이요, 사랑의 교훈이요, 명령인 것입니다.

그런데 이스라엘 백성들은 가끔 하나님의 은혜를 잊어버리고 감사하지 못합니다. 또 한다고 하지만 진정성이 없는 감사를 하기 일쑤였습니다.

우리는 어떠합니까? 수많은 은혜를 입고 살지만 수많은 하나님의 사랑을 받으며, 누리며 살면서도 또한 감사한다고 말하면서도, 또한 기도도 많이 하지만, 그리고 하나님께 바치기도 여러 번 하지만 진정성이 없는 인색함이나, 형식적인 감사를 하며 살아온 부끄러운 모습임을 자인할 수밖에 없습니다.

지금 우리는 농경 사회와 산업 사회를 지나 정보화 시대를 살고 있습니다. 따라서 사회가 복잡하고 사람들의 의식 구조와 생활 방식이 다양하게 되었습니다. 그래서 그런지, 계절도 의미를 잃어버리게 되었습니다. 과일도 곡식도 아무 때에나, 어디서나 심고 가꾸고 얻게 됩니다.

그런가 하면, 모든 평가 기준도 엄청나게 달라졌습니다. 아름다움의 기준이나 평가도 달라졌습니다. 부의 척도도 예전과 다릅니다. 결혼의 우선순위 조건도 달라졌습니다. 성공의 순위 기준도 달라졌습니다. 또한 많은 것이 좋은 것이 아닐 수도 있고, 적은 것이 나쁜 것만이 아닐 수가 있습니다. 진실과 거짓의 판단 기준도 매우 달라졌습니다.

그러나 분명한 사실, 엄연한 사실을 잊어서는 안 됩니다. 성경말씀, 하나님의 말씀은 달라지지 않았다는 사실입니다. 지난 2000년 역사나, 앞으로의 모든 역사에서도 달라지지 않았고, 달라지지 않을 것입니다. 나에게 베풀어진 하나님의 은혜와 사랑은 가장 고귀한 것이며 그러므로 하나님 아버지께 감사하며 예배하며 찬양해야 한다는 것은 당연한 것이고, 마땅한 것입니다.

오늘 본문 말씀은 하나님의 자녀 된 성도들인 우리들의 생활 원리를 말씀하고 있습니다. 주님의 자녀 된 사람들의 마땅한 도리는 감사입니다. 그런데 중요한 것이 무엇입니까? 진정성이 있는 감사입니다. 은혜에 대한 감사만큼은 진정성이 있는 감사라야만 합니다. 은혜를 모르는 사람도 문제이지만 은혜를 알면서도 겉포장식의 감사를 한다면 불쾌하기 그지없는 것입니다.

요즘은 포장 문화시대입니다. 백화점에 가면 포장 전문 코너가 있지요. 상대방에게 선물을 줄려고 준비할 때에 선물을 고르는 것도 중요하고 선물을 예쁘게, 보기 좋게 포장을 정성껏 하는 것도 매우 중요합니다. 그런데 가장 중요한 것은 선물을 받았을 때에 진정성이 담겨 있어야 된다는 것입니다.

저는 밥투정이나 반찬 투정을 안 합니다. 또한 선물에 대한 값의 평가로 받아서는 안된다고 생각합니다. 그런데 몇 년 전, 선물을 받았는데 매우 씁쓸한 맛을 느껴본 적이 있었습니다. 어떤 청년과 그 어머니가 서울에서 춘천까지 와서 추천서를 친필로 잘 써 달라는 부탁을 받고 제 인격을 걸고 정성껏 써 주었는데 그 결과가 매우 잘 되었습니다. 그로부터 얼마 후에 선물 하나가 왔습니다. 펼쳐 보았습니다. 옆에 계신 누님에게 이 물건, 나하고는 관계없으니 알아서 해주세요라고 했습니다. 선물 종이 가방 안에 있는 것은 수출하려다가 퇴자 맞아 길거리에 쌓아 놓고 한 개 만원, 두 개 만원 하는 물건이었습니다.

문제는 돈 문제가 아닙니다. 어떤 물건이냐도 아닙니다. 문제는 감사의 진정성이 없다는 것이므로 제 마음을 괴롭게, 씁쓸하게 한 것입니다.

감사의 표현은 여러 가지 인 줄로 압니다. 마음으로 감사할 수 있고, 입술의 말로 감사할 수 있고, 몸의 행동인 절이나, 땀 흘려 봉사하는 것으로 할 수도 있고, 물질로 감사할 수가 있습니다.

사랑하는 교우 여러분! 하나님 아버지의 은혜와 사랑을 감사하되, 마음으로 감사하시기를 바랍니다.

본문 말씀 2절에 보면, "주님께서는 우리를 위하여 자신을 버리사 향기로운 제물과 생축으로 하나님께 드리셨다"라고 했습니다. 그래서 고린도후서 2장14절, 15절에 보면

"항상 우리를 그리스도 안에서 이기게 하시고 우리로 말미암아 각처에서 그리스도를 아는 냄새를 나타내시는 하나님께 감사하노라 우리는 구원 받는 자들에게나 망하는 자들에게나 하나님 앞에서 그리스도의 향기니"

라고 하였습니다. 우리 성도들의 마음속에 하나님의 섭리와 은혜와 사랑에 감사하는 마음을 가득 품고 있으면, 그리스도의 향기가 풍겨 나오게 됩니다. 예전에는 외국 사람들만 향수를 많이 사용하는 줄로 알았는데 우리나라 사람들도 남녀 구분 없이 향수를 많이 사용합니다. '에스떠로더, 클리니크, 폴로, 구찌, 아라미스, 장폴고띠에, 랑방' 유명 향수 메이커들이 있는데 그중에서도 샤넬 No 5가 제일 비싼 향수입니다.

좋은 향수는 한 번 살짝 뿌리고 나면 그 향기가 은은하게 오래갑니다. 또한 바람이 불면, 바람을 타고 멀리까지 퍼져갑니다. 또 골고루 번집니다. 계속 냄새가 유지됩니다. 그런데 위장한 가짜 향수는 향기가 멀리 가지 못하고 오래가지도 못하고, 넓게 퍼지지도 못합니다. 냄새의 뒤끝이 아주 역겹습니다.

감사하는 마음도 이와 같습니다. 감사하는 마음이, 진정성이 있는 감사의 마음이어야 합니다.

하나님 아버지의 은혜와 사랑을 감사하되 먼저 입술로 감사하시기 바랍니다. 본문 말씀 다음에 있는 4절에 보면, 돌이켜 감사하는 말을 하라고 했습니다. 감사하는 말이란 은혜를 보답하고 은혜를 끼치는 말입니다. 본문 에베소서 5장19-20절을 보면,

"시와 찬송과 신령한 노래들로 서로 화답하며 너희의 마음으로 주께 노래하며 찬송하며 범사에 우리 주 예수 그리스도의 이름으로 항상 아버지 하나님께 감사하며 그리스도를 경외함으로 피차 복종하라"

라고 하였습니다. 우리의 입술은 구속의 은총을 감사 찬송하라는 것입니다.

어느 책에 보니까, 얼굴은 얼이 굴로 들어가는 것을 말한답니다. 눈굴, 귀굴, 코굴, 입굴, 땀굴입니다. 그런데 얼이 이 낯섯 가지 굴로 잘 들어가야 하는데 제대로 들어가지 않으면 얼빠진 사람, 정신 나간 사람이 된다는 것입니다. 얼은 정신입니다. 영적으로는 성령입니다. 그러므로 우리가 성령이 충만하면 믿음과 감사가 충만하며, 얼굴부터 달라집니다. 얼굴이 기쁨과 감사의 모습으로 빛나게 되고 입술로 찬송하며 감사의 말을 하며 은혜를 끼치는 좋은 말을 하게 됩니다.

찬양 중에 가장 귀한 찬양은 감사 찬송입니다.
기도 중에 가장 좋은 기도는 감사의 기도입니다.
우리의 말 중에 가장 좋은 말은 '감사합니다' 입니다.

하나님 아버지의 은혜와 사랑을 감사하되 우리의 몸으로 감사하시기 바랍니다. 로마서 12장1절에 보면, "너희 몸을 하나님이 기뻐하시는 거룩한 산 제물로 드리라"라고 하였습니다. 기독교는 이원론이 아닙니다. 몸 따로, 마음 따로가 아닙니다. 마음으로, 입술의 말로, 몸으로 함께 감사하며 찬양하며 헌신적인 삶으로 예배드려야 합니다.

감사의 표현에서 몸으로 하는 표현이 무엇입니까? 구부려 인사, 절을 하며 감사할 수 있습니다. 입술로 찬양하며, 온몸으로 춤추며 감사할 수 있습니다. 땀 흘리면서 온몸으로 일하며 봉사하고 섬기는 일로 감사할 수가 있습니다. 그래서 하나님의 은혜, 주님의 구원의 은혜를 감사하며 주님의 일, 교회를 위하여 봉사하며 섬깁니다. 선교의 현장으로 나가서 헌신 봉사하며 선교하는 것입니다. 몸으로 봉사하는 섬기는 일로 말미암아 빛이 납니다. 그래서 "빛의 열매는 모든 착함과 의로움과 진실함에 있느니라"라고 하였습니다.

어떤 부정적인 생각을 가지고 있는 청년이 목사님께 열을 내며 말합니다. 요즘 교회가 다 썩었습니다. 예수 믿는 사람이라고 하지만 모두 엉터리입니다. 계속해서 불만과 시비적인 말을 늘어놓습니다. 목사님은 이 청년의 말을 듣고 계시다가 그래 그런 면도 있어요 하시면서 책상 서랍에서 브로치 하나를 꺼내 주시며 청계천 중고품 상점에 가서 5만원 정도 받고 팔아오면 좋겠다고 했습니다. 이 청년이 나가서 여기저기 들려 보았는데 5만원은 고사하고, 1만원에도 안 사겠다는 것이었습니다. 목사님께 전화드렸더니 그러면 명동 보석사에 한 번 가보라 하였습니다. 이 청년이 명동 어느 보석상에 가서 보였더니 100만 원 줄 터이니 놓고 가시겠느냐는 것이었습니다.

전문 감정사가 이 물건을 보고 평가하여 준 것입니다. 사람은 우리의 겉모습을 보고 평가하는 경우가 많습니다. 그러나 하나님께서는 우리의 중심을 보십니다. 우리의 형식적인, 가식적인 말이나 웃음, 마음에 없는 봉사나 섬김의 모양을 하나님은 다 아십니다. 아무쪼록 우리의 몸으로 감사하는 표현이나 봉사하는 일이 진정성이 있는 감사가 되도록 힘쓰시기를 바랍니다.

하나님 아버지의 은혜와 사랑을 감사하되 물질로 감사하시기 바랍니다. 본문 말씀 역대상 29장14절 말씀에 보면,

"나와 내 백성이 무엇이기에 이처럼 즐거운 마음으로 드릴 힘이 있었나이까 모든 것이 주께로 말미암있사오니 우리가 주의 손에서 받은 것으로 주께 드렸을 뿐이니이다"

라고 했습니다. 물질이 있는 곳에 마음이 있다는 말씀같이 말로만 감사한다고 하고, 말로만 부모님께 효도한다고 하면, 아무것도 아닙니다. 교회를 목회하는 목사에게 있어서 제일 어렵게 생각하는 부분이 있다면, 재정문제, 헌금에 대한 설교를 하는 것입니다. 수많은 설교를 하는데 교우들이

거의 다 은혜를 받다가 헌금 설교를 하면 은혜가 안된다는 느낌을 받는 것이 대부분의 목회자들의 견해입니다. 그러나 저는 원로 목사로서 교우 여러분들이 꼭 은혜와 복을 더 많이 받고 훌륭한 성도들이 되기 위하여 분명하게 말씀드리려고 합니다. 자녀들로부터 용돈을 많이 받으면 좋겠다는 마음처럼, 여러분도 하나님께 감사 예물을 제대로 드리셔야 합니다. 이번 추수감사절 헌금만큼은 제대로 넘치게 모범적으로 드리시기 바랍니다. 제직들은 더 잘 생각하여 감사하시기를 바랍니다. 일 년에 한 번은 감사절에 어려운 기관과 이웃을 위하여 쌀 한 포대 정도 이상은 하나님께 드려야 되지 않겠습니까? 질병으로 눈이 아파 고생하는 분에게 개안수술 한 사람 비용이 30만원입니다. 아이티나 북한 어린이에게 1년 동안 빵과 우유를 줄 수 있는 비용이 20만원입니다. 말기환자 수용시설 후원 일 년 비용이 10만원입니다. 10만원이면 물 없는 나라, 한 동네에 우물 파서 펌푸로 온 마을 사람이 생명수를 마시며 살게 할 수가 있습니다. 우리 주변에도, 우리 교회 안에도 하루의 삶을 염려 걱정하며, 눈물로 보내는 분들이 있습니다. 이번 감사절은 우리 교회의 사명, 성도의 사명을 감사하는 표현을 진정성이 있는 감사로서 하나님을 기쁘시게, 이웃을 기쁘게 하였으면 좋겠습니다.

오늘 우리는 무엇을 감사해야 합니까?

나 같은 죄인 구속해서 하나님의 자녀 삼아 주신 은혜를 감사해야 합니다. 하나님의 나라, 영생의 복을 약속하여 주신 은혜를 감사해야 합니다. 항상 함께 하여 주셔서 늘 승리하게 하시는 은혜에 감사해야 합니다.

오늘 우리는 어떻게 감사해야 하겠습니까? 마음으로, 입술의 말로, 몸으로, 물질로 감사합니다. 그러나 가장 중요한 사실 하나는 진정성이 있는 감사라야 된다는 것입니다.

진정성이 있는 감사로 하나님을 기쁘시게 하며 우리 교회를 복되게 하며 믿음의 삶을 훌륭하게 하실 교우 여러분과 가정과 영육간 모든 일에 우리 하나님의 은혜와 축복이 넘치시게 되기를 기원합니다.

13. 하나님의 영광을 위하여 하라
(고린도전서 10장31절, 12장28절)

2000. 07. 16
원주제일교회 교사 헌신예배

고린도전서 10:31

31. 그런즉 너희가 먹든지 마시든지 무엇을 하든지 다 하나님의 영광을 위하여 하라

고린도전서 12:28

28. 하나님이 교회 중에 몇을 세우셨으니 첫째는 사도요 둘째는 선지자요 셋째는 교사요 그 다음은 능력을 행하는 자요 그 다음은 병 고치는 은사와 서로 돕는 것과 다스리는 것과 각종 방언을 말하는 것이라

할렐루야! 원주제일교회 교우 여러분, 특별히 교사로 헌신하며 봉사를 더 잘하시려는 여러분에게 우리 하나님께서 말씀을 통하여 은혜와 평강의 복을 주시기를 기원합니다. 주님의 몸 된 교회에는 많은 일이 있는데 이 일들을 하도록 몇을 세우셨다고 하였습니다. 첫째는 사도요, 둘째는 선지자요, 셋째는 교사요, 그다음은 능력을 행하는 자요, 그다음은 병 고치는 은사와 서로 돕는 것과 다스리는 것과 각종 방언을 하는 것이라고 하였습니다.

본문 10장31절 말씀을 따라 하시면 좋겠습니다.

"그런즉 너희가 먹든지 마시든지 무엇을 하든지 다 하나님의 영광을 위하여 하라"

여러분! 중요한 말씀이 무엇입니까? 예배, 교제, 봉사, 전도(선교), 교회가 해야 하는 일에서 전반적으로 교회 교육이 잘 되면 이런 일들이 잘 될 수 있다는 것을 알아야만 하겠습니다. 그러므로 훌륭한 교사, 좋은 교사, 헌신하는 교사가 있어야 한다는 말씀입니다. 교회 교육에 있어 교사는 생명을 실리는 자들입니다. 교회를 건강하게 하는 자들입니다. 교회학교 교사가 훌륭하면 그 교회가 좋은 교회가 됩니다. 은혜와 평강의 교회가 됨을 꼭 아셔야 하겠습니다.

오늘 본문 말씀의 가르침을 따라 우리 모두 어떤 자리, 어떤 위치에 있든지, 어떤 일이 주어졌든지 하나님께서 나를 불러서 하나님께서 맡기신 소중한 일이라고 생각하고, 감사하면서 최선을 다하여서 하나님께 영광을 돌려야 합니다.

하나님께서 이 중요한 일을 위하여 나를 부르다는 것이 소명입니다. 하나님께서 이 중요한 일을 위하여 나를 부르셔서 일하게 하시므로 영광을 받으시기 때문에 감사한 마음으로 자부심을 가지고 온 힘을 다하여 하리라 하는 것이 사명입니다.

직업이나 일에 대하여 말할 때에 하나님과 관계된 말이 셋이 있습니다.

1. calling
2. vocatiojn
3. profession

calling은 '부르다'는 뜻의 말입니다. 이 말은 하나님께서 나를 불러서 맡긴 일이라는 의미입니다. 그러므로 오늘 내가 하고 있는 일이 하나님의 부르심에 의하여 응답하여 하고 있는 일이기에 아무렇게나 할 수 없는 것입니다. 되는대로 그럭저럭 하며 넘어갈 수는 없는 것입니다. 능력과 지혜, 그리고 온 힘을 다하여 말 그대로 헌신적으로 해야 하는 것입니다. 이 말은 목사로 부름을 받았다, 교사로 부름을 받았다, 장로, 집사로, 성가대원으로 부름을 받았다는 말로도 해당되며 학교 교사로 부름을 받았다, 공원을 돌보는 자로, 농사를 하는 자로, 나라를 지키는 군인으로 부름을 받았다는 모든 것에 다 해당되는 말입니다.

vocation, 이 말은 라틴어 vocare라는 말에서 나온 말로 '소리'라는 뜻입니다. 하나님께서 나를 부르신 소리, 음성, 말씀이라는 의미입니다. 이것이 곧 사명입니다. 우리는 하나님께서 부르신 소리(음성)에 의하여 응답하여 사는 사람들입니다. 하나님께서 여러분 한 분 한 분을 적당할 때에 합당하게 부르셨습니다. 하나님의 부르신 소리(음성, 말씀)에 의하여 감동과 감화, 변화의 역사에 의하여 목사로, 집사로, 주님의 교회의 일꾼 된 자로 서게 되었습니다. 그러므로 하나님의 부르심의 소리(말씀)에 응답한 자이기에 부끄러움이 없는 삶을 사는 자, 부끄러움이 없는 일꾼들이 되어야 합니다.

profession, 이 말은 고도의 지식과 훈련을 요하는 전문적인 것을 뜻하는 말입니다. 이 말은 profess에서 온 말인데 '서원한다'는 뜻이 있습니다. 그런데 누구와 서원합니까? 하나님과 서원하는 것입니다. 하나님께서 이 아름답고 고귀한 일을 위하여 부족하고 허물 많은 나를 불러서 맡겨 주셨으니 감사한 마음으로 성심성의껏, 전력을 다하여 일하겠다고 하나님께 엄숙한 서약을 하는 것입니다. 서약을 한 사람, 서원을 한 사람은 그 일에 대하여 그 분야에 대하여 profession 해야 하는 것입니다. 고도의 지식과 최상의 훈련으로 전문적인 입장에서 일해야만 하는 것입니다.

교사 여러분! 여러분 한 사람 한 사람을 우리 하나님께서 부르셨습니다. 하나님의 부르심의 소리, 음성, 말씀에 응답하였습니다. 하나님께서는 여러분 한 분 한 분에게 매우 중요한 일을 주셨습니다. 혹이나 내게는 왜 이런 일을 주셨나 하는 분이 계십니까? 하나님께서는 오히려 그 일로 인하여 기뻐하시며 영광을 받으십니다. 그 일로 인하여 우리 모두에게 큰 유익이 되며 빛나는 역사가 이루어짐을 아셔야 합니다. 그러므로 우리는 그 어떠한 일이 나에게 있든지 감사하면서 성실하게 감당해야만 합니다.

우리는 일반적으로 내가 선택해서 일하는 것으로 알고 있습니다. 내가 직업을 선택하고, 내가 배우자를 선택하고, 내가 어디 가는 것을 선택하는 것으로 생각합니다. 그러나 엄밀하게 성경적으로 생각하여 보면, 하나님께서 허락하신다는 사실입니다. 생명을 허락하시는 하나님이십니다. 각종 은사를 선물로 주시는 하나님이십니다. 좀 무서운 말이지만 하나님께서는 어느 순간 생명도 가져가십니다. 은사도 가져가십니다. 주신 능력과 축복도 거두어 가십니다. 그러므로 가져가시기 전까지, 거두시기까지 주신 일, 주신 은사 감사하면서 더 잘 감당해야만 합니다.

일이란 인간의 행복에 필수 조건입니다. 일을 할 때에는 열중의 만족이 있습니다. 일을 하면 성취의 기쁨이 있습니다. 시인 괴테는 '내 시간을 짧게 하는 것은 활동하는 것, 내 시간을 길게 하는 것은 나태함이라'라고 하였습니다.

생명이 있음으로 활동하는 것입니다. 그런데 훌륭하고 위대한 활동은 피동적인 것이 아니라 능동적입니다. 소극적인 것이 아니라 적극적입니다. 괴로움으로 가 아니라 기쁨으로 하는 것입니다.

독일의 비스마르크 수상은 청년들에게 권하고 싶은 말로 '일하라, 좀 더 일하라, 끝까지 일하라'라고 했습니다. 그런데 여러분! 여러분은 어떤 일이 있습니까? 무슨 일을 하고 싶습니까? 어떤 일이냐? 누구를 위한 일이냐? 그 일로 인하여 어떤 영향이 일어나게 되느냐? 매우 중요한 것입니다. 마귀도 열심히 일합니다. 도둑도 열심히 활동합니다. 그러므로 일의 목적, 내용, 방법이 참으로 중요합니다. 우리는 무엇보다 예수님께서 하신 일을 생각해야 하겠습니다. 예수님께서 하신 일이 수 백, 수 만 가지의 일이 있으시지만 크게 몇 가지로 나누어 보면, 병들고 가난하고 눌리고, 죽게 된 자들을 살리고 죄와 악에 의하여 멸망당할 자들을 구원하는 일이었습니다. 그리고 이 일을 위하여 계속 담당할 교회를 세우신 일입니다.

교회를 말할 때에 주님의 몸 된 교회라고 합니다. 교회는 하나님을 믿는 사람들, 예수님을 구원자로 믿는 사람들의 모임입니다. 교회에는 일이 있습니다. 포도원에 일이 있고, 목장에 일이 있습니다. 일이 있다는 말은 일하는 일꾼이 있어야 한다는 것입니다. 주님의 집에도 일하는 사람이 있어야 하는 것입니다. 우리는 주님의 일을 위하여 부르심을 입었습니다. 주님께서 나를 부르신 소리, 음성을 듣고 응답하였습니다. 중요한 것은 주님의 일을 위한 음성을 듣고 응답하여 서원자가 되었다면 profession 해야 합니다.

가령, 목사로 부름을 받습니다. 주의 복음을 전하고 가르치고, 양무리를 치는 자로 교회를 목회하는 자로, 일할 목사로 소명이 주어졌습니다. 이 엄숙한 일에 응답합니다. 그러나 다 목사가 됩니까? 다 좋은 목사가 됩니까?

의사로 부름 받았다고 해서 다 의사라 할 수 없습니다. 의사로서 갖추어야 할 모든 것을 다 갖추어야 합니다. 의사로서 profession 해야 합니다.

교회학교 교사의 경우 더욱더 그러합니다. 교회학교 교사 여러분! 하나님의 부르심을 받았습니까? 하나님께서 여러분을 부르신 음성에 응답하였습니까? 그렇다면 교회학교 교사가 되기 위하여 얼마나 기도했고, 얼마나 공부했고, 얼마나 훈련을 받았습니까?

그러므로 중요한 사실은 교사로서의 사명감이 투철한가? 하는 점이고 교사로서의 실력이 있는가? 하는 점입니다. 여기서 말하는 교사의 실력은 얼마나 알고 있는가 하는 점도 되겠지만 얼마나 신실한가? 얼마나 은혜로운가? 얼마나 열심 있는가? 얼마나 본 되는가? 하는 점입니다.

우리 모두는 교회에서 그 어떤 분야에서 봉사하든지 신실한 면에서 우수하게, 겸손한 면에서 참되게, 열정적인 면에서 앞장서야 합니다.

본문 말씀 바로 뒤에 보면,

"유대인에게나 헬라인에게나 하나님의 교회에나 거치는 자가 되지 말고 나와 같이 모든 일에 모든 사람을 기쁘게 하여 자신의 유익을 구하지 아니하고 많은 사람의 유익을 구하여 그들로 구원을 받게 하라"

라고 하였습니다. 그리고 이 말씀,

"그런즉 너희가 먹든지 마시든지 무엇을 하든지 다 하나님의 영광을 위하여 하라"

라고 하였습니다. 한 분 한 분을 하나님께서 부르셨습니다. 하나님의 부르심의 음성을 듣고 응답한 자들입니다. 하나님께서는 여러분에게 가장 중요한 일을 주셨습니다. 특히 주님의 몸 된 교회의 일은 그 무엇보다 중요합니다. 그러므로 우리는 감사하면서 이 일을 해야 합니다. 아무렇게나 하는 것이 아니고 제대로 잘해야 합니다. 하나님의 영광을 위하여 일하는 사람은 복된 인생입니다. 일한다는 것은 축복입니다. 하나님의 일, 주님의 일을 한다는 것은 큰 축복입니다.

중세 라틴 격언에 '일하는 것은 기도하는 것이다'라는 말이 있습니다. 그렇습니다. 우리가 매일매일 일하는 것은 하나님께 드리는 간절한 기도와 같습니다. 하나님께서는 우리의 기도를 들으시고 응답하십니다. 하나님께서는 우리의 선한 역사의 일을 기뻐하십니다. 그러므로 기도하는 마음으로 애정과 긍지와 열정을 가진 헌신으로써 하나님께 영광을 돌리는 교사, 일꾼들이 되시기를 바랍니다.

14. 사명을 따라 삽시다
(사도행전 20장22-27절)

춘천 기독교 연합 신년 하례회

사도행전 20:22-27

22. 보라 이제 나는 성령에 매여 예루살렘으로 가는데 거기서 무슨 일을 당할는지 알지 못하노라
23. 오직 성령이 각 성에서 내게 증언하여 결박과 환난이 나를 기다린다 하시나
24. 내가 달려갈 길과 주 예수께 받은 사명 곧 하나님의 은혜의 복음을 증언하는 일을 마치려 함에는 나의 생명조차 조금도 귀한 것으로 여기지 아니하노라
25. 보라 내가 여러분 중에 왕래하며 하나님의 나라를 전파하였으나 이제는 여러분이 다 내 얼굴을 다시 보지 못할 줄 아노라
26. 그러므로 오늘 여러분에게 증언하거니와 모든 사람의 피에 대하여 내가 깨끗하니
27. 이는 내가 꺼리지 않고 하나님의 뜻을 다 여러분에게 전하였음이라던 날부터 준공하기까지 모든 것을 완비하였으므로 여호와의 전 공사가 결점 없이 끝나니라

오늘 이 시간 새해 신년 하례회에 참석하여, 예배를 드리는 여러분과 각 교회와 일하시는 곳에 주 하나님께서 항상 함께 하시므로 평강의 복이 가득 하시기를 기원합니다. 다같이 따라서 하시기를 바랍니다.

"사명을 따라 삽시다"

실존 철학자 키에르 케고르가 22살 때에 쓴 일기에 이런 글이 있습니다.

"온 세계가 다 무너져도 내가 붙들고 놓을 수 없는 진리, 내가 그것을 위하여 살고 죽을 수 있는 진리를 나는 발견하여야 한다. 그것이 나의 진리요, 주체적인 실존적인 진리이다"

이같은 진지한 자세에 의하여 실존 철학이 나온 줄 압니다. 오늘 우리는 진지한 삶의 자세를 가져야만 합니다. 오늘 너는 지난 한 해 동안 누구를 위하여 무엇을 어떻게 하며 살았는가? 과연 무엇 때문에 살았는가? 어떻게 살았는가? 내가 무엇을 위하여 살았고, 그 무엇을 위하여 희생을 할 수 있는 인생의 높은 목표나 이념이나 가치를 우리는 사명이라고 말합니다. 우리 인생의 최대 과제가 있다면, 사는 일이며, 사명을 아는 일인 것입니다.

사명이란 심부름을 받은 생명이라는 뜻입니다. 그러므로 생명과 사명은 일치합니다. 우리 인간은 사명적인 존재인 것을 알아야만 합니다. 우리 사람은 사명을 바로 깨달을 때에 삶의 자세가 달라지는 것입니다. 오늘을 사는 현대인들의 대부분은 왜 살아야 하는지, 무엇을 위해 살아야 하는지, 어떻게 살아야 하는지에 대한 정답을 잃어버렸기 때문에 생겨나는 것들은 모두 한심스럽기 그지없는 뼈아픈 비극들인 것입니다.

가정과 사회와 나라를 온통 망가트리는 사람들을 보면, 자기만을 바라는 욕망으로만 사는 것입니다. 소유가 곧 행복인 줄로 아는 모양인데 아주 잘못된 것입니다. 동물적인 행복과 인간의 행복은 같지 아니합니다. 배불리 먹고, 화려한 것이나 큰 집을 갖고 사는 것이 행복인 줄로 안다면 이는 극히 동물적인 것입니다.

그러나 이렇게 잘못된 생각과 자세로 살아가는 이들은 많이 긁어모았는데도 만족하지 못합니다. 많이 먹고 잘 먹었는데도 배부르지 않습니다. 많이 배웠는데도 인격이 없습니다. 화려한 좋은 옷을 입었지만 진실이 없고 텅 빈 상태입니다. 많은 것을 가졌으나 행복이 없는 것입니다. 그러므로 인간의 중요한 문제는 소유의 문제가 아니라 존재의 문제입니다.

인간의 행복은 양적인 문제가 아니라 질적인 문제입니다. 외적인 문제가 아니라 내적인 문제입니다. 육적인 문제가 아니라 영적인 문제인 것입니다. 그러므로 문제는 가졌느냐, 안 가졌는가가 아니라 나에게 믿음이 있느냐? 없느냐?, 진실이 있느냐? 없느냐?, 사명이 있느냐? 없느냐? 인 것입니다.

갈수록 혼탁해가고 있는 사회의 문제나 점점 꼬이기만 하고 있는 나라 밖의 문제도, 정치적 문제, 경제적 문제, 국방 치안의 문제가 아니라 양심의 문제와 도덕성의 문제, 믿음과 진실의 문제요, 하나님과 이웃을 위한 사명의 문제인 것입니다.

우리나라, 우리 사회는 쌀풍년, 입을 옷가지들의 풍년은 들었으나 믿음의 흉년, 진실의 흉년이 들었습니다. 정의와 사랑, 인격과 양심은 찾아볼 수 없는 모두 실종 신고를 해야만 될 때입니다.

어제 오늘 제일 믿을 수 없는 사람은 누구로 여겨졌습니까? 세무 공무원, 국회의원, 교육자, 종교인입니다. 그렇다면 성수대교가 무너지는 것은 당연한 것입니다. 이제 우리는 나라와 민족을 위한 사명자, 이웃을 위하고 하나님을 위한 사명자가 시급합니다.

오늘 읽은 본문 사도행전 20장 말씀은 사도 바울이 얼마나 사명감에 불타고 있는가를 말해 줍니다. 주님에 대하여, 교회에 대하여, 그리고 모든 사람에 대하여 얼마나 위대한 사명이 있는지를 잘 말해 줍니다.

사도 바울의 사명은 첫째, 주님께로부터 받은 것입니다. 둘째, 이 사명은 주님을 위해 살고 죽는 사명이었습니다. 셋째, 이 사명은 생명처럼 고귀한 것이며 넷째, 인생을 행복하게 만드는 사명이었으며 다섯째, 받은 은혜에 대한 보답이었습니다.

여러분, 우리가 어떤 분야에서 일을 하든지 주님께로부터 받은 줄로 여기고, 주님을 위하는 일로 살아야만 합니다. 그 어떤 분야에서 종사하든지 하나님의 영광을 위하고 이웃을 복되게 하는 사명을 따라 살아야만 합니다.

요즘 세계의 구석을 누비며 해결사로 다니는 미국의 카터 할아버지를 잘 아실 것입니다. 카터는 대통령 재임시뿐 아니라 퇴임한 후에도 교회에 나가 주일학교 성경교사를 하고 있습니다.

아브라함 링컨은 "나 때문에 이 세상이 조금이라도 좋아지는 것을 본 후에야 죽겠노라"라고 말했습니다.

미국의 한 석유회사에서 극동 지역 담당 대리인을 구하다가 어느 선교사 한 분을 교섭하게 되었습니다. 연봉을 만 불 주겠다고 제의하였으나 거절했습니다. 다시 25,000불로 인상하여 교섭했으나 거절했습니다. 이때에 이유를 물었습니다. 대답인즉, 여러분이 정한 연봉은 너무 많습니다. 그러나 그 일을 할 수 없는 분명한 이유는 "내가 주님께로부터 받은 사명인 선교사역이 너무나 고귀한 일이기 때문에 결코 포기할 수가 없습니다."

우리가 일생을 통해서 어떤 일을 하든지 사명감을 가지고 한다는 것은 큰 축복이 될 것입니다. 사명은 주님께로부터 받은 일이며, 하나님께서 시켜서 하는 일입니다. 식당에서 음식을 만드는 요리사도, 농장에서 일하는 농부도, 그림을 그리는 화가도, 신문을 만드는 언론인도, 나라와 사회를 지키는 군인도, 경찰도 하나님께서 시켜서 하는 일로 한다면 사명인 것입니다.

사명감이 실종된 공직자, 사명감이 없는 기업인, 근로자, 사명감을 저버린 종교인, 사실 비극을 만들어 내는 장본인들이 될 뿐입니다.

금년 새해는 세계화의 원년이 되기를 소망하고 있습니다. 춘천은 통합시로 출발하면서 부푼 꿈이 있습니다. 이제 우리들 특히 지도층에 계신 여러분들부터 그 어떤 저속한 것에 연연하지 말고 사명감으로 사는 운동을 힘있게 전개해야 합니다. 모든 분야에서 각각 사명자로, 하나님 앞에서, 사람 앞에서, 내 양심 앞에서 부끄러움이 없는 자로, 자랑스럽게, 열심 있게 살아야만 합니다.

우리의 자녀들도, 각각 사명을 따라 살도록 기도하고 격려하고 잘 이끄셔야 합니다.

그러므로 우리 가정도, 사회도 우리 직장도, 우리 교회도 모두 사명감 있는 하나님을 기쁘시게 하며, 모든 이에게 기쁨을 주어야만 합니다. 사명을 따라 사십시다. 사명을 따라 살려고 다짐하시는 여러분에게 하나님께서 축복을 내리시기를 기원합니다.

15. 칭찬받는 훌륭한 교회
(요한계시록 3장 7-13절)

2018. 04. 29
청주 강서교회 창립 90주년 주일

요한계시록 3:7-13

7. 빌라델비아 교회의 사자에게 편지하라 거룩하고 진실하사 다윗의 열쇠를 가지신 이 곧 열면 닫을 사람이 없고 닫으면 열 사람이 없는 그가 이르시되

8. 볼지어다 내가 네 앞에 열린 문을 두었으되 능히 닫을 사람이 없으리라 내가 네 행위를 아노니 네가 작은 능력을 가지고서도 내 말을 지키며 내 이름을 배반하지 아니하였도다

9. 보라 사탄의 회당 곧 자칭 유대인이라 하나 그렇지 아니하고 거짓말 하는 자들 중에서 몇을 네게 주어 그들로 와서 네 발 앞에 절하게 하고 내가 너를 사랑하는 줄을 알게 하리라

10. 네가 나의 인내의 말씀을 지켰은즉 내가 또한 너를 지켜 시험의 때를 면하게 하리니 이는 장차 온 세상에 임하여 땅에 거하는 자들을 시험할 때라

11. 내가 속히 오리니 네가 가진 것을 굳게 잡아 아무도 네 면류관을 빼앗지 못하게 하라

12. 이기는 자는 내 하나님 성전에 기둥이 되게 하리니 그가 결코 다시 나가지 아니하리라 내가 하나님의 이름과 하나님의 성 곧 하늘에서 내 하나님께로부터 내려오는 새 예루살렘의 이름과 나의 새 이름을 그이 위에 기록하리라

13. 귀 있는 자는 성령이 교회들에게 하시는 말씀을 들을지어다

할렐루야! 교회 창립 90주년을 맞이하여 감사와 찬송과 영광을 돌리며 예배를 드리시는 청주 강서교회 교우 여러분 한 분 한 분에게 우리 주님의 은혜와 평강이 가득하시기를 기원합니다. 9년 전 교회 창립 81주년 기념 감사 예배와 교회 창립 80년 이야기 출판식 때에 말씀을 전하였었는데 오늘 초청하여 주셔서 예배를 함께 드리게 되어 얼마나 기쁘고 감사한지, 어린 아이처럼 손뼉을 치며 춤을 추고 싶습니다.

부족한 이 종이 강서교회에서 잠깐 목회를 하였지만 잊을 수가 없습니다. 43년 전, 제가 32살 때에 목사 안수를 받고 지금 강서교회인 용정교회에 부임하여 첫 목회를 하게 되었습니다. 열심을 다하여 일을 하였지만, 너무나 부족하고 어설픈 데가 많아서 목회를 잘 배워야 하겠다는 생각을 하여 서울 영락교회에 가서 존경하는 한경직 목사님과 박조준 목사님의 그늘 아래에서 많은 것을 익혔습니다. 그 후 춘천에 가서 춘천동부교회에서 목회를 하며 신학대학에서 목회학 교수로 강의를 하였습니다.

청주 용정교회는(강서교회) 어린 목사를 잘 자라도록 하여 준 교회이기 때문에 평생 잊을 수가 없습니다. 오늘의 강서교회는 전국 교회가 다 부러워하는 교회임을 아시기 바랍니다. 얼마 전에 목사 장로 모임에서 다음 주에는 청주 강서교회에 가서 말씀을 전하게 된다고 어린 아이처럼 이야기를 하였더니, 야~ '좋은 소문이 난 교회'라고 말씀들을 하셨습니다.

교우 여러분! 다같이 저를 따라 하시면 감사하겠습니다.

"칭찬받은 훌륭한 교회", "칭찬받은 훌륭한 강서교회"

　성경에 보면, "책망을 받은 좋지 못한 교회"가 있고, 칭찬받은 훌륭한 교회가 있습니다. 본문 말씀 앞에 기록된 말씀에 보면, 에베소 교회, 버가모 교회, 두아디라 교회, 사데 교회, 라오디게아 교회는 책망을 받은 좋지 않은 교회입니다. 고린도전후서에 보면, 고린도 교회가 나오는데 책망을 받은 교회입니다. 그러나 요한계시록 2장, 3장에 칭찬받은 교회 이름이 있습니다. 서머나 교회, 빌라델비아 교회입니다. 참으로 훌륭한 교회, 좋은 소문이 난 교회입니다.

　교우 여러분! 예나 지금이나 많은 교회들이 있습니다만 하나님을 기쁘시게 한 교회가 있고, 교회 답지 못한 교회도 있습니다. 은혜로운 교회, 믿음과 사랑이 가득한 교회, 성령이 충만한 교회, 좋은 소문이 나는 교회가 있습니다. 그렇지만 교회의 참모습을 잃어버리고 좋지 못한 소문을 내는 교회도 있습니다. 사도행전 첫 장에 소개가 되는 초대 교회, 마가의 다락방 예루살렘 교회는 온 백성에게 칭송을 받는 교회로, 다같이 모여 기도하여 성령 충만한 은혜를 받고, 구제에 힘쓰며, 섬기고 봉사하고, 능력 있게 복음을 전하는 교회입니다. 그리고 함께 모여 떡을 떼며 서로 사랑하는 교회로 주님을 기쁘시게 하는 교회, 모든 이에게 칭송을 받은 교회, 훌륭한 교회였습니다.

　교우 여러분! 예나 지금이나 많은 교회가 있습니다만 하나님을 기쁘시게 하는 교회가 있고, 하나님의 마음을 아프게 하는 교회가 있습니다. 교회다운 교회가 있고, 교회답지 못한 교회가 있습니다. 은혜로운 교회, 믿음과 사랑이 가득한 교회, 성령이 충만한 교회, 좋은 소문이 나는 교회가 있습니다. 그렇지만 교회의 참모습을 잃어버리고 좋지 못한 소문을 내는 교회도 있습니다.

오늘 본문 말씀 앞에 기록된 초대 교회 일곱 교회를 보면 책망을 받아 마땅한 교회가 있습니다. 처음 사랑을 잃어버린 교회, 발람의 교훈을 지키면서 우상의 제물을 먹고 행음까지 하는 교회, 니골라 당의 교훈을 지키는 교회입니다. 이는 에베소 교회와 버가모 교회에 침투한 이단으로 이들은 하나님을 한 번 믿음 후에는 무슨 행동을 해도 죄가 되지 않는다고 하며 도덕 폐기론자, 무율법주의를 주장하면서 육신은 악이요 영만이 선하므로, 육신으로는 무엇을 하든지 할 수 있으며, 특히 신자들은 은혜로 보호를 받기 때문에 어떤 상황에서도 해 받을 일이 없을 것이라고 가르치는 것이 니골라 당의 교훈이므로, 이단 중에 이단 임을 아시기를 바랍니다.

그리고 또 책망을 받은 교회는 자칭 선지자라고 하는 이세벨을 용납하고 행음케 하고 우상의 제물을 먹게 하는 교회, 회개할 기회를 주었으나 회개히지 아니한 교회, 차지도 아니하고 뜨겁지도 아니한 미지근한 교회가 있습니다.

그러나 칭찬을 받은 훌륭한 교회가 있습니다. 환란과 궁핍한 가운데서도 믿음을 굳게 하고 죽도록 충성한 교회, 서머나 교회가 있고, 또한 본문 말씀에 있는 빌라델비아 교회는 핍박과 환란과 궁핍 가운데서도 주님의 이름을 저버리지 않고 믿음을 잘 지킨 교회입니다. 말할 수 없는 어려운 시대 상황

가운데서도 오직 주님을 기쁘시게 한 교회요, 교회의 아름다운 모습을 모든 사람들에게 잘 보여준 귀감이 되는 훌륭한 교회였습니다. 빌라델비아 교회는 '형제간에 사랑한다'는 뜻으로 이름 그대로 주님의 사랑에 감격하여 감사하여 주님의 이름을 저버리지 아니하고 오직 믿음과 사랑으로 하나님을 기쁘시게 한 교회입니다.

빌라델비아 교회는 주님의 모습이 그대로 나타난 교회입니다. 7절 말씀에 "거룩하고 진실하사 다윗의 열쇠를 가지신 이", 여기에 거룩은 성결하다는 말입니다. 거룩하신 주님은 하나님이십니다. 진실하신 주님은 거짓말을 안 하시는 분이십니다. 거짓말을 못하시는 분이십니다. 약속하신 말씀을 꼭 지키시는, 꼭 이루시는 분이십니다. 누가복음 21장33절에 보면 "천지는 없어지겠으나 내 말은 아니니라"라고 하였습니다. 구원하실 약속은 믿는 자들이 받을 복에 대한 약속, 기도 응답에 대한 약속, 성령을 주신다는 약속입니다. 이 약속을 다 이루어주셨습니다. 다 허락하여 주십니다. 다윗의 열쇠를 가지신 주님은 생명을 주실 권세, 생명을 버릴 권세, 하늘과 땅의 모든 권세를 다 가지신 분이십니다.

권세는 생사화복을 주시기도 하고 거두시기도 하시는 놀라우신 능력입니다. 빌라델비아 교회는 거룩하신 주님, 진실하신 주님, 다윗의 열쇠를 가지신 주님께로부터 칭찬을 받은 교회입니다. 본문 8절 말씀에서 "네가 적은 능력을 가지고도 내 말을 지키며 내 이름을 배반하지 아니하였도다"라고 하였습니다. 적은 능력이지만 최선을 다하여 말씀을 잘 지켰다고 합니다.

겨자씨는 씨앗 중에서 가장 작은 씨입니다. 제일 작은 씨이지만 적당한 곳에 심겨서 잘 자라면 모두에게 그늘을 만들어 줄 정도로 무성하게 크게 자랍니다. 겨자씨 같은 예수님은 놀라운 역사, 구원하는 역사, 축복의 역사를 이루어 주셨습니다.

우리 교회는 그 어떤 시험과 환난과 고난 가운데서도 흔들리지 않는 믿음으로 주님의 이름을 부르며 기도하고 헌신하는 교회가 되어야만 합니다.

빌라델비아 교회는 결국 많은 복을 받는 교회가 되었습니다. 하나님께서 하늘의 문을 열어주셨습니다. 본문 8절-10절에 "네 앞에 열린 문을 두었으되"라고 하였는데, 하나님의 축복은 하늘 문이 열려야 들어옵니다. 하늘문이 열리고 기도의 문이 열리고, 응답의 문이 열려야만 합니다.

다같이 따라 하시기를 바랍니다.

"나에게도 하늘문을 열어주옵소서"
"우리 교회에도 항상 하늘문을 열어 주옵소서"

오늘 주시는 말씀을 읽고 듣고 행하는 여러분에게, 창립 90주년을 맞이한 청주 강서교회에, 하늘문이 열리므로 칭찬받는 빌라델비아 교회와 같이 훌륭한 교회, 칭찬받는 훌륭한 성도들이 되시는 은혜가 함께 하시기를 주님의 이름으로 축원합니다.

16. 교회의 기둥
(갈라디아서 2장9-10절, 요한계시록 3장12-13절)

춘천동부교회 은퇴 임직 예식

갈라디아서 2:9-10

9. 또 기둥 같이 여기는 야고보와 게바와 요한도 내게 주신 은혜를 알므로 나와 바나바에게 친교의 악수를 하였으니 우리는 이방인에게로, 그들은 할례자에게로 가게 하려 함이라
10. 다만 우리에게 가난한 자들을 기억하도록 부탁하였으니 이것은 나도 본래부터 힘써 행하여 왔노라

요한계시록 3:12-13

12. 이기는 자는 내 하나님 성전에 기둥이 되게 하리니 그가 결코 다시 나가지 아니하리라 내가 하나님의 이름과 하나님의 성 곧 하늘에서 내 하나님께로부터 내려오는 새 예루살렘의 이름과 나의 새 이름을 그이 위에 기록하리라
13. 귀 있는 자는 성령이 교회들에게 하시는 말씀을 들을지어다

할렐루야! 교회의 일꾼으로 임직을 받고 봉사를 잘하시다가 은퇴하시는 여러분과 새일꾼으로 임직을 받으시는 여러분에게 주님의 은혜와 평강이 가득하시기를 기원합니다. 오늘 이 시간 은퇴와 임직 예식에 참석하여 하나님께 영광을 돌리시는 여러분 한 분 한 분, 그리고 춘천동부교회에 주님의 축복이 충만하시기를 바랍니다.

조금 전에 읽은 본문 말씀, 갈라디아서 2장9-10절 말씀에 보면, 사도 바울이 갈라디아 여러 교회에 보낸 편지 내용 중에 이런 말씀이 있습니다. 기둥같이 여기는 사람들과 교제의 악수를 하였고, 이들로부터 가난한 사람들을 생각하는 것을 부탁받았는데 이미 이것을 힘써 행하고 있다는 것입니다. 또한, 요한계시록 3장12절에 보면 빌라델비아 교회에 관한 기록으로 '이기는 자는 내 하나님 성전에 기둥이 되게 하리니'라고 했습니다.

환난과 핍박이 심하지만, 주님의 이름을 끝까지 잘 믿고, 인내의 말씀을 잘 지키면 하나님 성전의 기둥이 되게 하신다는 약속입니다. 교회는 구원의 주 하나님, 구원의 주 예수님을 믿는 사람들의 공동체입니다. 기능으로 말하면, 게뤼그마-예배하는 공동체, 코이노니아-친교하는 공동체, 디아코니아-봉사하는 공동체입니다.

그러므로 교회에는 많은 일이 있고 이런 많은 일들을 위한 봉사의 일꾼이 있어야만 합니다. 합당하게, 올바르게 일하는 일꾼들이 있을 때에 은혜스러운 교회, 건강한 교회, 부흥하는 교회가 됩니다.

그런데 많은 일꾼들 중에도 기둥 같이 여김을 받는 자가 있다는 말씀입니다. 또한 인내의 말씀을 잘 지켜 이기는 자가 되면, 하나님의 성전에 기둥이 되게 하리라는 말씀입니다.

기둥은 단단해야만 합니다. 약해서는 안됩니다.
기둥은 곧아야만 합니다. 구부러져서는 안됩니다.
기둥은 잘 벗겨야, 잘 다듬어져야만 합니다.
기둥은 똑바로 세워야만 합니다. 기울게 세우면 안됩니다.
기둥은 밑에서 위로 떠받들고 있어야만 합니다. 바닥 아래에서 위로 받쳐주는 것입니다.
기둥은 다른 기둥과 함께 서 있어야 합니다. 모서리에 있는 기둥들과 함께 있어야 합니다.
기둥은 세워진 그 자리에 계속 서 있어야만 합니다. 옮겨 다니는 것이 아닙니다. 도중하차 해서는 안됩니다.

이런 기둥은 참으로 합당한 좋은 기둥입니다. 힘이 들지만, 말없이 무거운 것을 짊어지고, 계속 서 있는 것입니다. 십자가를 지시고 끝까지 이기신 주님을 생각할 수 있습니다. 한마디로 말하면, 기둥은 온 집을 위하여 말없이 섬기고 있는 것입니다. 오직 봉사만 하는 것입니다.

묵묵히 섬기는 기둥, 말없이 봉사하는 기둥, 하나님의 성전을 위한 교회의 기둥은 과연 무엇을 봉사하는 것입니까? 어떤 일들을 위해서 일을 하는 것입니까? 교회의 기둥들이 감당해야 할 봉사, 직분자들이 감당해야 할 봉사는 예배 봉사, 친교 봉사, 전도 봉사입니다.

먼저 예배 봉사의 대전제는 하나님을 위한 섬김, 하나님을 위한 봉사임을 알아야 합니다. 몸과 마음, 시간과 물질로 감사와 찬양, 믿음과 사랑으로 헌신적으로 하나님께 예배드리는 일이 하나님을 위한 봉사인 것입니다. 예배를 위한 준비, 예배드리는 마음가짐, 자세, 예배 후의 삶, 이 모두는 올바르게 감당해야 할 본분임을 알아야 합니다.

예배 봉사에 있어서 중요한 몇 가지 제목이 있습니다. 하나님의 말씀을 전하는 봉사, 이는 교역자의 몫입니다. 그리고 예배 준비 봉사, 안내, 기도, 찬양, 헌금 봉사입니다.

다음, 친교 봉사에서의 전제도 마찬가지입니다. 먼저는 하나님과 교제이고, 그다음이 성도와의 교제, 이웃과의 교제입니다. 하나님과의 교제가 올바르게 되지 못한 상태에서 다른 사람을 돕고 봉사한다는 것은 형식과 외식, 인기적인 사고에서 비롯된 것이라 할 수 있습니다. 그리고 가장 중요한 봉사가 있습니다. 복음을 전하는 봉사입니다. 우리는 여러 기지로 봉사합니다. 그런데 왜 합니까? 궁극적인 이유, 목적은 복음을 전하기 위해서입니다. 생명을 살리기 위하여서입니다. 구원하기 위하여입니다. 우리는 어려운 사람, 이웃을 돕는 일을 잘해야 합니다. 병든 사람, 가난한 사람, 마음 아파하는 사람들을 위로하고 돕고, 후원하는 봉사를 잘해야 합니다. 그런데 이러한 일로 얼마나 복음의 열매, 구원의 결실이 됩니까? 그러므로 진정성을 가지고 믿음과 사랑으로 인격적인 헌신을 통하여 봉사의 열매로 구원받는 자가 되는 구원의 열매가 있어야만 됩니다.

여러분! 세상 사람들도 많이 구제하고, 봉사합니다. 신문이나 방송에 보면, 대단한 것 같습니다. 그런데 체면, 인기 위주, 자랑, 선전 때문이라는 느낌을 받습니다. 우리 그리스도인의 봉사는 교회 안에서 하거나, 교회 밖, 사회 속에서 하거나 하나님을 위하여, 하나님께 영광을 돌리는 봉사로 해야 합니다. 이와 같은 봉사로 복음의 열매, 구원의 결실이 있어야만 합니다.

이렇게 봉사를 훌륭하게 잘하고, 앞장서서 잘 감당하면, 기둥같이 여김을 받는 자가 됩니다. 또한 어려운 조건 가운데서도 인내하므로 믿음으로, 잘 감당하면, 하나님의 성전에 기둥이 되는 약속의 복을 받게 될 줄 믿습니다.

여러분 모두 기둥 같이 여김을 받는 자들이 되시길 바랍니다. 기둥이 되는 약속의 복을 받는 자들이 되시길 바랍니다.

오늘 은퇴하시는 여러분들은 수 년 동안 기둥 같이 여김을 받으며 교회를 위하여, 봉사하신 분들이십니다. 예배 준비 봉사로, 기도 봉사로, 찬양 봉사로, 가르치는 봉사로, 심방 봉사로, 교회 관리 봉사로, 전도 봉사로, 헌금 봉사로, 사회 봉사로, 시간과 물질로, 믿음과 사랑으로, 열의를 다하여, 인내함으로, 그누구보다 잘감당하신 줄 잘압니다.

기둥으로 여심을 받으시며 일하시다 명예롭게 은퇴하시는 자 됨을 감사하기길 바랍니다. 은퇴하는 것을 아쉬워하거나 섭섭하게 생각하지 마시길 바랍니다. 은퇴하신 그 자리에는 또 좋은 기둥들이 세워지게 될 줄 믿고, 위하여 기도하시기를 바랍니다. 지금까지 수고하신 여러분에게는 우리 주님께서 더 보람 있게 살도록 선하게 인도하여 주실 줄 믿습니다. 그리고 여러분의 봉사로 좋은 교회가 된 이 교회 교인들이 여러분의 땀과 눈물과 헌신을 잊지 않고 감사할 줄 믿습니다.

우리 교인들 모두는 은퇴하시는 분들의 수고가 있었기에 오늘 좋은 교회에서 아름답고, 자랑스러운 교회에서 신앙생활을 하고 있다는 것을 항상 감사하시기를 바랍니다.

은퇴하시는 여러분! 여러분이 섬긴 이 교회가 계속 좋은 교회, 복된 교회가 될 줄 믿고 늘 기도하시며, 감사하시길 바랍니다.

오늘 임직을 받으시는 여러분! 여러분은 다른 교회 일꾼이 아니라 춘천동부교회의 일꾼이 되는 것입니다. 장로, 집사, 권사로 임직을 받는 것은 교회를 일꾼으로 심기라는 것입니다. 교회의 많은 일들을 짊어시고, 일하는 자, 무거운 것들을 한 몸에 짊어지고 가는 기둥이 되라는 것입니다. 교회의 기둥, 춘천동부교회의 기둥으로 세움 받는 것입니다.

단단한 기둥이라고 여겨집니까?
똑바른 기둥이라고 생각됩니까?
잘 벗겨진, 잘 다듬어진 기둥인 것 같습니까?

똑바로 세워져야 할 각오입니까?

맨 아래에서 떠받들어 주겠다는 다짐을 합니까?

다른 기둥들과 조화를 잘 이루어야 할 생각을 하고 있습니까?

묵묵히 인내함으로 변함없이 사명을 잘 감당해야겠다는 결심이 서 있습니까?

임직자로 오늘 세워집니다. 이제 시작입니다. 달리기를 하는 경주자처럼, 잘해야 합니다. 잘 감당하기 위해서는 매일 기도해야 합니다. 하나님의 말씀, 성경을 늘 상고해야 합니다. 성령의 도우심으로 항상 새 힘을 얻어야 합니다. 열정을 다하여 헌신, 봉사해야 합니다. 더 단단하지 못한 기둥은 집을 망가트릴 수 있습니다. 바르게 세워지지 못하고 기울어지기 시작하며, 집을 무너지게 합니다. 상하고 거칠어지는 기둥이 된다면, 집을 헐게 만듭니다. 아래에서 받쳐주는 기둥은 얼마나 힘듭니까? 그러나 하나님의 힘을 더 얻어 겸허히 잘 짊어지고 일하면, 집이 더 견고하게 됩니다. 여러분은 교회의 기둥, 춘천동부교회의 큰 일꾼이 됩니다. 훌륭하게 잘 감당하시므로 좋은 교회, 복된 교회 되게 하시길 바랍니다.

여러분도 복을 받고, 교회가 더 복을 받게 될 줄 믿습니다. 여러분 모두 교회 안에서, 교회 밖, 사회 속에서 항상 그리스도인의 본분, 임직자로서의 사역을 잘 감당하셔서 하나님의 이름, 새 예루살렘의 이름, 주님의 새 이름이 새겨지는 하나님 성전의 좋은 기둥이 되시길 바랍니다.

오늘, 은퇴하시는 여러분과 임직하시는 여러분에게, 그리고 예식에 참석하신 여러분 모두에게 아름다운 교회, 좋은 교회인 춘천동부교회에 주님의 은혜와 평강이 가득하시기를 기원합니다. 기도하겠습니다.

하나님 아버지! 감사 감사합니다. 우리 춘천동부교회에 훌륭한 기둥들을 세워주셔서 교회를 섬기게 하심을 감사드립니다. 오늘 은퇴하게 되었는데, 이들의 남은 생애를 더 복되게 살도록 선하게 인도하여 주시옵소서. 그리고 오늘 새 일꾼, 새 임직자로, 봉사의 기둥들을 세워 주시는 하나님께 감사드립니다. 이들 새 임직자들이 하나같이 우리 교회의 합당한 일꾼, 좋은 일꾼들이 되게 하시므로, 우리 교회가 더 좋은 교회, 더 은혜스러운 교회가 되게 하여 주시옵소서. 그리고 우리 춘천동부교회의 온 교우들은 물론, 이 예식에 참석하시는 분 한 분 한 분 모두에게 우리 하나님 아버지께서 은혜와 평강을 더하여 주시기를 바랍니다.

우리 교우들은 은퇴하시는 분들을 위하여 기도하게 하시고 새 임직자들을 위하여, 더욱더 기도와 사랑으로 후원하는 자들이 되게 하여 주시옵소서. 하나님 아버지! 우리 춘천동부교회가 항상 아름다운 교회, 은혜와 사랑이 넘치는 교회 되게 히시고 계속 부흥히며 든든히 서기는 교회, 복음의 열매로 하나님께 영광을 돌리는 교회 되게 하여 주시옵소서. 예수 그리스도의 이름으로 기도드립니다. 아멘

17. 건강한 교회를 위하여 모두 힘을 다합시다

(요한복음 10장 1-18절, 요한삼서 1장 1-4절)

2011. 04. 17
김한호 목사 부임

요한복음 10:1-18

1. 내가 진실로 진실로 너희에게 이르노니 문을 통하여 양의 우리에 들어가지 아니하고 다른 데로 넘어가는 자는 절도며 강도요
2. 문으로 들어가는 이는 양의 목자라
3. 문지기는 그를 위하여 문을 열고 양은 그의 음성을 듣나니 그가 자기 양의 이름을 각각 불러 인도하여 내느니라
4. 자기 양을 다 내놓은 후에 앞서 가면 양들이 그의 음성을 아는 고로 따라오되
5. 타인의 음성은 알지 못하는 고로 타인을 따르지 아니하고 도리어 도망하느니라
6. 예수께서 이 비유로 그들에게 말씀하셨으나 그들은 그가 하신 말씀이 무엇인지 알지 못하니라
7. 그러므로 예수께서 다시 이르시되 내가 진실로 진실로 너희에게 말하노니 나는 양의 문이라
8. 나보다 먼저 온 자는 다 절도요 강도니 양들이 듣지 아니하였느니라
9. 내가 문이니 누구든지 나로 말미암아 들어가면 구원을 받고 또는 들어가며 나오며 꼴을 얻으리라
10. 도둑이 오는 것은 도둑질하고 죽이고 멸망시키려는 것뿐이요 내가 온 것은 양으로 생명을 얻게 하고 더 풍성히 얻게 하려는 것이라
11. 나는 선한 목자라 선한 목자는 양들을 위하여 목숨을 버리거니와
12. 삯꾼은 목자가 아니요 양도 제 양이 아니라 이리가 오는 것을 보면 양을 버리고 달아나나니 이리가 양을 물어 가고 또 헤치느니라
13. 달아나는 것은 그가 삯꾼인 까닭에 양을 돌보지 아니함이나
14. 나는 선한 목자라 나는 내 양을 알고 양도 나를 아는 것이
15. 아버지께서 나를 아시고 내가 아버지를 아는 것 같으니 나는 양을 위하여 목숨을 버리노라
16. 또 이 우리에 들지 아니한 다른 양들이 내게 있어 내가 인도하여야 할 터이니 그들도 내 음성을 듣고 한 무리가 되어 한 목자에게 있으리라
17. 내가 내 목숨을 버리는 것은 그것을 내가 다시 얻기 위함이니 이로 말미암아 아버지께서 나를 사랑하시느니라
18. 이를 내게서 빼앗는 자가 있는 것이 아니라 내가 스스로 버리노라 나는 버릴 권세도 있고 다시 얻을 권세도 있으니 이 계명은 내 아버지에게서 받았노라 하시니라

요한삼서 1:1-4

1. 장로인 나는 사랑하는 가이오 곧 내가 참으로 사랑하는 자에게 편지하노라
2. 사랑하는 자여 네 영혼이 잘됨 같이 네가 범사에 잘되고 강건하기를 내가 간구하노라
3. 형제들이 와서 네게 있는 진리를 증언하되 네가 진리 안에서 행한다 하니 내가 심히 기뻐하노라
4. 내가 내 자녀들이 진리 안에서 행한다 함을 듣는 것보다 더 기쁜 일이 없도다

할렐루야! 김한호 목사님을 새 담임 목사님으로 모시게 되는 춘천동부교회 온 교우들에게, 그리고 김한호 목사님과 가족 여러분에게 주님의 은혜와 평강이 가득하시기를 기원합니다. 오늘 본교회에 부임하게 되는 김목사님의 훌륭한 목회 사역으로 우리 교회가 더더욱 건강한 교회, 좋은 교회가 될 줄 믿습니다. 우리 교회 온 교우들은 더더욱 좋은 교회, 은혜스러운 교회가 되기를 원하여, 온 힘을 다하기를 바랍니다.

잘 아시는 바와 같이

교회는 하나님을 믿는 사람들의 모임입니다. 교회는 예수님을 구원의 주님으로 믿는 사람들의 모임입니다. 교회에는 또한 수많은 일꾼들이 있습니다. 하나님께 예배드리는 일이 있습니다. 하나님과 이웃과의 교제하는 일이 있습니다. 하나님의 말씀을 가르치고 배우는 일이 있습니다. 배운대로 봉사하고 전도하는 일이 있습니다.

그런데 이러한 수많은 일들은 한 사람이, 몇 사람이 다할 수 없기 때문에 일꾼들을 부르고, 세워서 일하게 합니다. 목사, 장로, 권사, 집사, 교사, 찬양대원... 사역으로 말하면 섬기는 자, 가르치고 전하는 자, 다스리는 자, 긍휼을 베푸는 자... 한마디로 말한다면 봉사자입니다.

요즘 앞서가는 교회에서는 봉사의 의미가 점점 잃어가고 있는 것을 알고, 명칭을 이렇게 씁니다. 예배 봉사자, 말씀 선포 봉사자, 기도 봉사자, 교육 봉사자, 찬양 봉사자, 전도 봉사자, 안내 봉사자, 헌금 수납 봉사자, 식당 봉사자, 관리 봉사자 등등입니다.

이러한 많은 봉사자, 일꾼들을 누가, 누구를 선택합니까? 하나님께서 선택하십니다. 죄인들을 하나님의 자녀로 부르시고, 하나님의 자녀들을 하나님의 교회 일꾼, 봉사자로 세웁니다. 소정의 교육, 훈련의 과정을 거쳐서 자격자로 세웁니다. 이렇게 세워진 일꾼들은 하나같이 소명에 의하여 응답하고 전문인 훈련과 교육에 의하여 세워지기 때문에 사명 의식이 있는 상태에서 일하게 되는 것입니다.

그런데 사람이 모이는 공동체인지라 혹 소명 의식이 없는 상태에서, 사명감이 사라진 상태에서, 이름만 가지고, 자리만 지키거나 아니면 자기 유익만을 위하다가 부끄럽게 되는 일꾼들이 있는 것입니다.

그러나 참 봉사자, 일꾼들은 감사, 감격한 마음으로 존귀하게 생각하고, 온전한 봉사로 헌신하는 것입니다. 그러므로 하나님께서 기뻐하시고 자신에게도 복이 되고, 모든 이에게 존경받는 자들인 것입니다. 이런 일꾼, 이러한 봉사자들이 많은 교회는 건강한 교회요, 좋은 교회, 은혜스러운 교회입니다.

교회는 교회다워야 합니다. 교회 일꾼들은 교회 일꾼다워야 합니다. 교회는 사람들의 모임이기 때문에 시험도 들게 됩니다. 비바람, 풍파, 환란과 질고를 당하기도 합니다. 갑자기 질병에 걸려 시달릴 수도 있다는 것입니다. 그러나 고난, 십자가 후에 부활이 있는 것 같이 건강한 교회, 좋은 교회가 되는 성경적인 비결이 있음을 꼭 아시기 바랍니다.

성경에 보면 병든 교회 이야기가 나옵니다. 에베소 교회, 두아디라 교회, 버가모 교회, 사데 교회, 라오디게아 교회, 고린도 교회 등입니다.

그러나 건강한 교회, 은혜스러운 교회가 나옵니다. 서머나 교회, 빌라델비아 교회, 데살로니가 교회, 안디옥 교회, 빌립보 교회, 예루살렘 마가의 다락방 등입니다.

이 교회들은 하나 같이 환난과 시험과 가난 속에서도 믿음을 지킨 교회였습니다. 열심히 기도하는 교회였고, 구제와 봉사와 복음 전도에 열정을 다해 힘쓴 교회였습니다. 은혜가 충만한, 성령 충만한 교회였습니다. 우리 교회는 과연 은혜스러운 교회, 좋은 교회, 건강한 교회가 되기를 원합니까?

우리는 이 시간 하나님 앞에서, 하나님의 말씀의 잣대에 의하여 진단을 받아야 합니다. 연약한 부분, 병든 부분이 있다면, 만병의 치료자 되시는 주님의 말씀과 사랑과 능력으로 새롭게 되어야만 합니다. 주님의 처방이 무엇입니까? 하나님의 말씀을 더 사모하라, 주님의 뜻만으로 살아가라, 교회를 위하여 더 겸손히 봉사하라, 열심 있게 더 기도하라, 교만함과 게으름은 버리라, 화목하는 직책을 수행하라.

의사의 처방을 받고 약국에 가서 약을 사가지고 와서 믿음으로 시간시간 먹어야 되는 것처럼 주님의 처방에 따라 살면 복이 될 줄 믿습니다.

건강한 교회는 은혜로운 말씀이 능력 있게 선포되는 교회입니다. 말씀의 은혜를 받고 응답으로 역사하는 교회입니다.

은혜로운 말씀이 능력 있게 선포되는 문제는 목회자의 몫이고 선포된 말씀을 받고 응답하는 역사로 살아가는 것은 교인들의 몫입니다. 다시 말씀드리면 주님의 처방같이 기도합시다라는 말씀이 선포되면 기도하는 생활로 가득해야 합니다. 봉사합시다, 전도합시다라는 말씀이 선포되면, 봉사하고, 전도하는 생활로 가득해야 합니다.

여기서 중요한 문제는 양들은 목자를 바라보는 습성, 목자를 따라가는 본능이 있습니다. 양들은 목자가 인도하는 데로 따라갑니다. 목자는 피리소리, 지팡이 신호로 양들을 인도합니다. 여기서 더 중요한 문제는 목자가 기도합시다라고 말씀 선포를 하고 목자가 먼저 기도할 때에 양들이 따라 한다는 사실입니다. 목자가 전도합시다라고 말씀 선포를 하고 목자가 먼저 전도에 열의를 보일 때에 양들이 따라서 전도한다는 사실입니다.

목자는 양들의 건강을 위하여 먹이고 운동시키는 일을 해야 합니다. 목사는 교인들을 건강하게 하기 위하여 말씀을 잘 먹이고 말씀대로 살도록 기도하고, 봉사, 전도, 헌신하게 하는 운동을 잘 시켜야 합니다.

목자는 양이 병들면, 치료를 해 주어야 하고, 무서운 짐승이나 도적이 오면, 목숨 걸고 싸워야 합니다. 양을 잃으면 끝까지 찾고 찾아야 합니다. 그래서 오늘 본문 말씀에서 선한 목자, 삯꾼 목자 이야기를 합니다. 선한 목자는 양들을 위하여 십자가를 지기까지 사랑하고, 먹이고, 입히고, 치료하고, 구원하는 사역을 합니다. 선한 목자는 양들을 위하여 자기를 버리기까지 양의 생명과 건강을 위하여 돌봅니다.

그러나 삯꾼 목자는 정당한 삯을 받고 일한다고 하지만 또한 평상시에는 별 문제가 없지만 어려운 일이 생기면 양들을 들에 두고 자신의 유익을 위해서라면 양들을 두고 가버리는 것입니다. 그러므로 양들의 입장에서 생각하면 불행한 양들입니다.

사랑이 있는 아버지, 어머니에게서 자라가는 아이는 행복하나 사랑이 없는 남의 집에서 사는 아이는 불행합니다. 양과 같이 우리 모두는 주 예수님이 선한 목자이심을 믿으시기 바랍니다.

선한 목자이신 여호와 하나님, 선한 목자 되시는 구원의 주 예수님께서 저와 여러분 모두의 선한 목자 되심을 믿고 주님만 따라가는, 주님의 말씀, 주님의 뜻만을 준행하는 복된 심령들이 되시기를 축원합니다.

오늘 저는 참으로 마음이 평안합니다. 우리 하나님께 진정으로 감사를 드립니다. 하나님께서 우리 교회를 사랑하여 주심으로 선한 목자의 심정을 가지고 선한 목자처럼 목양일념으로 헌신하게 될 김 목사님을 우리 교회 담임 목사님으로 정하여 주시고, 하나님의 섭리 가운데 부임 예배, 환영 예배를 드리게 되니 얼마나 감사한지, 참으로 하나님께 감사드립니다.

그동안 수고하신 청빙위원장님을 비롯하여 위원들과 모든 제직들과 온 교회 교우 여러분! 얼마나 많이 기도하시며 기다리셨습니까? 여러분 모두에게 감사드리며 하나님의 축복이 가득하시기를 축원합니다.

김한호 목사님은 우리 강원노회에서 목사 안수를 받고 신학의 최고 수준의 나라인 독일에서 학위를 받고 한국 교회의 어머니 나라인 미국에 가서 목회 경력을 쌓고 고향인 춘천에 와서 헌신할 뜻을 정하셨는데 오늘 이렇게 우리 교회에 청빙을 받아 사역하시게 되었습니다.

6년 전 콜럼비아 후사신학교에 가서 강의를 하고 미국 샌프란시스코에 들려 김한호 목사님을 만나 여러 이야기를 나누다가 세계에서 가장 유명한 대학교인 스탠퍼드 대학교를 가보고 싶다고 했더니 잘 안내하여 주었었는데 오늘 함께 예배를 드리게 되니 하나님의 섭리가 얼마나 묘하신지 감사할 뿐입니다.

김한호 목사님! 앞으로 좋은 일도 많고, 어려운 일도 많으리라고 여겨집니다. 그러나 선한 목자의 심정으로 헌신하시면, 목양일념으로 사역하실 때에는 하나님께서 함께 하시고, 주님의 몸 된 교회가 건강하게 되고, 교우들의 격려와 협력과 사랑이 끊이지 않게 될 줄 믿습니다.

목회자의 리더쉽은 양들을 건강하게 하시는 열쇠입니다. 교회를 건강하게 하는 열쇠입니다. 목사의 리더쉽은 풀타임이어야 하며, 항상 책임을 다하는 데 있습니다. 목사의 리더쉽은 자신을 비우고, 오직 양들과 교회만을 위할 때 살아나게 되는 것입니다. 그러므로 교회를 건강하게 하는 모든 일들은 목회자의 몫입니다. 교회만을 건강하게 하는 사역이 될 때에 우리는 부족해도 하나님께서 도와주시고 하나님께서 함께 역사하여 주십니다.

하나님께서 불쌍히 여겨주시고 하나님께서 도우시고 함께 하시면 아무리 어려운 목회의 날들이지만 행복할 수 있습니다. 부족한 이 종은 40여 년 사역하면서 설교도 잘못하지만 또 싹싹한 사람도 아니고 인물도 잘나지 못했기 때문에 하나님의 도우심으로 바라보며 하나님의 처분만을 기대하곤 하였습니다. 그러나 '오직 교회만은 잘돼야 한다', '교회만은 부흥돼야 한다', '교회만은 잘 지어져야 하고 건강해야 한다'는 생각으로 기도하는 일만은 새벽이나 철야 기도나 쉬지 않았습니다.

하나님께서 어떻게 보셨는지, 불쌍히 여기시고 많이 도와주셨습니다. 나의 건강, 내 마음대로 되는 것이 아닙니다. 하나님의 도우심을 믿고, 건강을 위하여 이것저것 힘써야 합니다. 그러므로 하나님의 도우심을 믿고, 하나님의 교회를 복되게 하기 위한, 일꾼 된 사역을 성실하게 잘 감당하시기를 바랍니다.

어떤 교회가 건강한 교회, 복된 교회가 되겠습니까?

사도성이 강한 교회입니다.
예배가 역동적인 교회입니다.
찬양이 살아있는 교회입니다.

선교지향적인 교회입니다.

봉사가 넘치는 교회입니다.

오직 뜨거운 기도의 불길이 타오르는 교회입니다.

이러한 교회에는 열정적인 비전이 있는 목회자가 있습니다. 이 비전을 함께 이루는 일꾼들이 있습니다. 건강한 교회는 능력 있는 말씀이 선포되는 교회요, 말씀에 순종하여 기도, 봉사, 전도의 헌신이 있는 교회입니다.

교우 여러분! 능력 있는 말씀이 선포되도록 목회자를 위하여 기도하시기 바랍니다. 도우시기 바랍니다. 잘 협력하시기 바랍니다.

교우 여러분! 김한호 목사님의 부임을 진심으로 환영하면서 항상 하나님의 축복으로 생각하고, 기도와 격려함으로 도우시기 바랍니다.

목회자를 돕는 일은 예배드리는 일, 기도하는 일, 봉사 전도하는 일에 앞장서는 일입니다. 목회자를 돕는 일은 어려운 교인들과 이웃들을 위하여 사랑의 손길을 펴서 돕는 일에 앞장서는 일입니다. 목회자를 돕는 일은 공기도는 이 예배만을 위하여 간단명료하게 하고, 모든 회의는 해당부서나 목회자에게 위임하면서 되도록 짧게 하고 끝내는 것입니다. 목회자를 돕는 일은 목회자와 교회의 단점, 약점은 뒤로 하고 좋은 점만을 말하며 자랑하는 것입니다.

김한호 목사님에게는 다른 말씀드릴 필요가 없는 줄로 압니다. 좋은 교회에 오심을 기쁘게 여기시고 더욱 건강한 교회, 좋은 교회 만드는 일에 열정을 다하여 헌신하는 사역이 되시므로 하나님의 함께 하심과 축복이 가득하시기를 축원합니다. 그리고 김목사님 내외와 자녀들에게 하나님의 큰 축복이 있으시기를 기원합니다.

오늘 본문 말씀, 요한 3서 1장2-4절 말씀의 기원처럼 교우 여러분 한 분 한 분 모두 영혼이 잘되시고 범사가 또한 잘되며 항상 강건한 복이 있으시므로 평강의 삶을 사시기를 바랍니다.

우리 춘천동부교회가 건강한 교회, 더 좋은 교회가 되기만을 위하여 모두 힘을 다하시기 바라며 다시 한번 여러분 모두에게 주님의 은혜와 평강이 가득하시기를 기원합니다.

18. 주 예수님께로부터 받은 사명
(사도행전 20장24-27절)

2017. 05.07
춘천동부교회 은퇴, 임직, 선교사 파송 예식

사도행전 20:24-27

24. 내가 달려갈 길과 주 예수께 받은 사명 곧 하나님의 은혜의 복음을 증언하는 일을 마치려 함에는 나의 생명조차 조금도 귀한 것으로 여기지 아니하노라
25. 보라 내가 여러분 중에 왕래하며 하나님의 나라를 전파하였으나 이제는 여러분이 다 내 얼굴을 다시 보지 못할 줄 아노라
26. 그러므로 오늘 여러분에게 증언하거니와 모든 사람의 피에 대하여 내가 깨끗하니
27. 이는 내가 꺼리지 않고 하나님의 뜻을 다 여러분에게 전하였음이라

할렐루야! 그동안 은혜 중에 평안하게 잘 지내신 줄 믿습니다. 이 시간 은퇴, 임직, 선교사 파송 예식에 참여하신 여러분 한 분 한 분에게 주님의 은혜와 평강이 가득하시기를 기원합니다. 그리고 은혜로운 찬양으로, 하나님께 영광을 돌리신 찬양대원 여러분에게도 항상 주님께서 많은 은혜를 주시기를 바랍니다.

부족한 이 종은 교우 여러분들의 기도와 하나님의 도우심으로 그동안 건강하게 잘 지냈습니다. 작년 말 뉴질랜드에 가서 두 달간, 그리고 귀국해서 신학교와 여러 교회에서 강의와 설교를 하면서 보람 있게 지냈습니다. 이 모든 것들에 대해서 감사드립니다.

다같이 저를 따라 하시면 좋겠습니다.

"주 예수께로부터 받은 사명"

실존주의 철학자 키에르케고르의 일기에 보면 이런 글이 있습니다.

"온 세계가 다 무너져도, 내가 붙들고 놓을 수 없는 진리, 그것을 위하여 살고 그것을 위하여 죽을 수 있는 진리, 나는 그것을 발견하여야만 한다. 그것이 나의 진리, 구체적인 진리요, 실존적 진리이다"

이와 같은 진지한 자세에서 실존철학이 나오게 된 줄 압니다.

나는 지금까지 무엇을 위하여 어떻게 살고 있는가? 여러분은 누구를 위하여 살았습니까? 무엇 때문에 살았습니까? 어떻게 살고 있습니까?

그 무엇을 위하여 살고, 그 무엇을 위하여 희생할 수 있는 인생의 높은 목표, 이념, 가치를 사명이라고 말합니다. 이 사명은 생명과 일치합니다. 우리 인간은 사명적 존재입니다. 그러므로 우리는 사명을 올바르게 깨달을 때에 삶의 자세가 달라지게 되는 것입니다.

온전하지 못한 것을 바라면서 거기에 목숨 걸고 사는 사람들, 영원하지 아니한 것을 바라면서 정신없이 달려가는 사람들, 허황된 꿈에 매달려 씨름하며 살아가는 사람들, 거기에는 소망이 없는 것입니다. 진실도 인격도 없습니다. 가치도 행복함도 없습니다. 보람이나 만족, 기쁨이 없는 것입니다. 그러므로 중요한 문제는 소유의 문제가 아니라 존재의 문제인 것을 알아야 합니다.

인간의 행복은 양적인 문제가 아닙니다. 질적인 문제입니다.
외적인 문제가 아닙니다. 내적인 문제입니다.
육적인 문제가 아닙니다. 영적인 문제입니다.

오늘 본문 말씀 사도행전 20장27절의 말씀에 보면 바울이라는 사람이 얼마나 사명에 불타고 있는가를 알 수 있습니다.

주님께 대하여, 교회에 대하여, 모든 사람들에게 대하여 얼마나 위대한 사명이 있는가를 알게 합니다. 이 사명은 주님께로부터 받았다고 합니다. 주님을 위하여 살고, 죽는 사명이라고 했습니다. 모든 사람들을 가장 행복하게 하는 것입니다. 이 사명은 나의 생명보다 고귀하다고 하였습니다. 이 사명은 받은 은혜에 대한 보답입니다.

여러분에게는 어떤 사명이 있습니까? 바라기는 주님께로부터 받은 사명임을 믿고 주님을 위하는 일로 살아야만 합니다. 주님의 몸 된 교회를 위하여, 주님의 몸 된 교회의 뭇 심령들을 위하여, 주님께서 원하시는 구원받아야 할 사람들을 위하여 온 삶을 드리는 사명을 다하는 자로 살아가시기를 바랍니다.

링컨은 "나 때문에 이 세상이 조금이라도 좋아지는 것을 본 후에야 죽겠노라"라고 말하면서 살았습니다. 이 시간, 장로, 집사, 권사로 임직을 받으시는 여러분! 임직을 받고, 어떻게 감당하시겠습니까? 나의 생명을 구원하여 주신 주님께서 주신 사명, 주님께로부터 받은 이 직임을 어떻게 감당하여야 하겠습니까?

열정을 다하여 감당하셔야 합니다.
은혜롭게 감당하셔야 합니다.
시간과 땀과 눈물과 온 마음을 드려 감당해야 합니다.
나의 재능과 물질로, 지혜와 겸손으로 감당해야 합니다.

임직자들이 해야 할 일은 여러 가지가 있지요. 장로가 할 일, 집사가 할 일, 권사가 할 일이 있습니다. 혼자 해야 할 일이 있고, 함께 해야 할 일이 있습니다. 중요한 것은 목회자를 돕는 일, 협력하는 일입니다. 사실, 교회의 수많은 일들은 목회자의 몫입니다. 그런데 목회자에게도 협력자, 돕는 자가 필요합니다.

장로 교회 헌법에 보면, 목사의 일은 돕는 자로, 협력하는 자로, 장로, 집사, 권사를 세운다고 했습니다. 어떻게 돕고 협력하여야 하겠습니까? 앞지르지도 말고, 저 뒤로 처지지도 말고, 옆에서, 바로 뒤에서, 지혜롭게 잘 도와야 합니다. 지혜로운 협력자, 겸손한 섬김, 진정성 있는 봉사자로 생명까지도 드릴 수 있는 헌신적 자세로 돕고 협력하셔야 합니다. 믿음과 사랑으로, 변함이 없는 마음으로 오직 주님을 위한 사명으로 협력하셔야 합니다.

6.25 전쟁이 일어났을 때에 서울 시민이 모두 피난을 가야 되는데 영락교회 담임목사님이신 한경직 목사님을 부산으로 잠시 가셨다가 오시라고 주선하신 김응락 장로님이 계셨습니다. 김 장로님은 교회를 지키시며, 또 살피시면서 피난 못 간 교우들을 보살피다가 인민군이 쏜 총탄에 맞아 세상을 떠나셨습니다. 그리고 한경직 목사님은 그 후 교회와 한국 교회는 물론 세계 교회와 국제 사회를 위하여 봉사하시다가 98세에 부르심을 받으셨습니다. 생명을 드리면서까지 사명을 다하신 김 장로님은 참으로 훌륭하신 분이십니다.

부족한 이 종이 우리 교회를 시무하는 동안 장로님들을 비롯하여 제직 여러분들의 협력과 도우심이 너무나도 많고 훌륭하셨기 때문에 언제나 잊지 못하고, 감사하고, 또 감사하고 있습니다.

늘 기도하여 주셨을 뿐만 아니라 협력하여 주시고 격려하여 주시고, 이해하여 주시고, 조언하시면서 밀어주시고, 온 힘을 다하여 도와주신 일, 저는 거의 다 기억하고 있으며, 감사하고, 고마워하고 있습니다.

오늘 임직을 받으시는 여러분!
앞으로 더 잘하시겠지만 다시 한번 구체적으로 말씀드리며 부탁드립니다. '우리 교회가 은혜로운 교회가 되게 하여 주세요'라고 기도하신다면, 은혜를 끼치는 말이나 삶의 모습을 잘해야 합니다. '우리 교회가 부흥하는 교회가 되게 하여 주세요'라고 기도하신다면 전도하는 삶을 실천하고 열매를 내야만 합니다. '우리 교회가 이웃을 잘 섬기고, 잘 돕는 교회가 되게 하여 주세요'라고 기도하신다면 먼저 돕는 일을, 섬기는 삶을, 봉사, 구제, 헌금을 하는 일에 본을 보이시기를 바랍니다.

오늘 은퇴하시는 장로님, 집사님, 권사님 여러분!
참 수고 많이 하셨습니다. 여러분의 기도와 헌신으로 우리 교회가 이렇게 좋은 교회가 된 줄 저는 압니다. 그런데 이제 은퇴하시면 어떻게 하시겠습니까? 꼭 중요한 것 하나, 아시겠지만 말씀드립니다. 후배 임직자들에게 그리고 하나님께 다 맡기시고 개인 신앙생활을 잘하시면서 하나님만 아시도록 봉사, 섬김, 사랑을 구석구석에서 잘 실천하는 여러분들이 되시기를 바랍니다.

저의 경우 나이가 점점 많아지면서 말이 많아지는 것을 느낍니다.

"그러나 잘 넘겨 버려야 한다, 잘 참아야 한다, 끼어들지 말아야 한다, 지적이나 간섭해서는 안 된다, 잘 아시고 잘 되게 하시는 하나님께 맡기고 기도하자, 칭찬까지도, 깊이 생각한 후에 할까 말까… 그러나 하나님께서 칭찬하신다, 하나님께서 상 주신다."

라고 다짐하는 것입니다. 할 수 있는 한 보이지 않게 조용한 모습으로 지내다가 혹 봉사를 할 때에는 다른 사람들의 후원을 받아서 한다면 부끄러운 일입니다. 내 힘으로 해야 합니다. 내 돈으로 해야 합니다. 내 열심으로 해야 합니다. 그러나 이름을 드러내지 않게 해야 합니다.

여러분! 모든 은퇴자는 은퇴자의 훌륭한 철학, 의식이 있어야 합니다. 말 그대로, 나는 은퇴하였다는 것을 매일매일 잊지 않고 은퇴를 실천해야 합니다. 은퇴하였는데도 먼저 앞에 서고, 앞에 앉고, 지적하고, 참견하고, 선도하려고 하면 사실 망치는 것입니다. 시끄럽게 하고 괴롭히는 것입니다.

여러분! 은퇴하신 다음의 모습이 더 존경스러워져야 합니다. 그리고 더 깨끗하고 단정해 보이시기를 바랍니다.

이 시간, 선교사로 파송되어 인도네시아 선교지로 가게 되는 선교사님과 가족 여러분! 매우 어려운 결정을 하셨습니다. 우리 주님께로부터 받은 위대한 사역을 사명, 생명으로 알고 귀하게 여기며, 열정을 다하여 감당하시기를 바랍니다.

저는 장로회 신학 대학교 초대 교장을 지내신 마펫 선교사님이 평안남도 지방에서 전도하실 때에 저의 증조할머니, 할아버지께서 예수님을 믿으시면서 대대로 예수 믿는 가정이 되어 저도 예수님을 믿고 살고 있습니다. 저의 아버지는 3살 때에 할머니이신, 어머니 품에 안겨 교회에 가게 되셨다는 말씀을 들었습니다. 저는 선교사님께서 뿌리신 씨앗에 의한 열매가 된다고 생각하며 늘 감사하고 있습니다.

오래전 서울에서 선교 담당 지도 목사로 일할 때에 매해마다 12군데 선교지를 방문하면서 선교사님을 만나 기도하고 격려하고 후원하였는데 한번은 자카르타에서 9인승 경비행기를 타고 보르네오 섬에 갔습니다. 그런데 원주민 장로님 내외분이 공항에 나오셔서 유 선교사님은 어제 어린 아들이 원주민 아이가 쏜 고무총에 눈을 다쳐서 병원에 계신다고 하였습니다. 급하게 병원으로 갔는데, 모든 것이 빈약한 병원이며 아이는 한쪽 눈이 크게 다쳤습니다. 서둘러서 자카르타-서울-서울 성모 병원 안과로 데리고 왔습니다. 2개월 후에 퇴원하였는데 다른 사람들이 보기엔 괜찮아진 모습인데 한쪽 눈, 오른 눈은 실명이 되었습니다. 저는 이때에 인도네시아 보르네오 섬의 선교에 대한 앞으로의 일들을 깊이 생각하며 기도했습니다. 그리고 유정우 선교사님을 만나 의논하려고 만났습니다. 유정우 선교사님에게 인도네시아 보르네오 섬의 선교는 앞으로 어떻게 하였으면 좋겠습니까? 물었을 때에 유 선교사님은 "임 목사님! 곧 출국하여 더 열심히 선교를 하겠습니다. 아이도 함께 가려고 합니다"라고 하셨습니다. 저는 유 선교사님의 열정 앞에서 머리를 숙였습니다. 주 예수께 받은 사명, 이 사명을 다하리라는 선교에 대한 열정 앞에서 온몸이 소름 끼치는 감동을 받았습니다.

사랑하시는 교우 여러분! 가장 시급하고, 가장 중요한 일은 생명을 살리는 일입니다. 선교는 영혼육을 살리는 그 무엇보다 시급하고 중요한 일입니다.

오래전 어느 분에게 이런 말을 들었습니다. 우리 교회가 콜럼비아에 선교사를 후원하던 때였습니다. 콜럼비아 후사 신학교에 많은 원주민들이 입학하여 신학 수업을 하고, 졸업하고, 목사가 되고 있었습니다. 그런데 어느 분이 말하기를 콜럼비아 선교는 너무 멀지 않습니까? 그때에 저는 이렇게 대답을 했습니다. 우리 주님께서는 아주 멀리서 나에게 오셔서 구원하여 주셨습니다. 기도 후원, 멀리 서도 하나님은 들으십니다. 선교 후원 헌금, 멀어도 금방 가는 시대입니다. 선교 사역 보고, 저는 15년 동안 받아본 적이 없습니다. 보고서를 보내달라는 말을 하지 않았습니다. 하나님께서 다 아십니다. 혹 어려운 소식이 들려지면 기도하고 더 후원하면 됩니다. 그러나 선교사님은 하나님 앞에서 항상 성실하게 사역을 해야 합니다.

오늘 임직을 받는 여러분! 은퇴하시는 여러분! 선교사로 파송받고 선교지로 가야 하는 선교사님과 가족 여러분! 사명을 다하실 여러분 한 분 한 분에게 주님께서 항상 함께 하시며 놀라운 은혜와 복을 주시기를 축원합니다. 더 잘감당하리라는 다짐이 있으시길 바랍니다. 겸허하게 더 잘 헌신하리라는 다짐이 있으시기를 바랍니다. 주 예수께서 주신 사명을 믿음과 순종함으로 잘 감당하시기를 바랍니다. 힘써 감당하시길 바랍니다. 우리 하나님께서 여러분 한 분 한 분에게 함께 하실 교우 여러분에게, 그리고 우리 교회에 많은 사랑과 은혜의 복을 주시기를 바랍니다. 다 같이 기도드립니다.

"선한 목자가 되셔서 우리를 복되게 인도하시는 주 하나님! 감사를 드립니다. 오늘 은혜로운 예식을 통하여 주 하나님께서 영광을 받으시기를 원합니다. 이 시간 주님께서 주신 사명을 받아, 잘 감당하려고 하는 임직자들에게 하늘 문을 여시고 많은 은혜와 복을 주셔서 합당하게 잘 감당하게 하여 주시기를 원합니다. 그리고 사명을 다하고 은퇴하시는 은퇴자들에게는 영육 간에 강건하게 하시고 앞으로 우리 교회가 더 잘되어 좋은 교회가 되도록 기도 많이 하므로 많은 기쁨을 갖게 하여 주시옵소서. 특별히 선교지로 나가시는 선교사님과 가족들에게 주 하나님께서 늘 함께 하시고 선하게 인도하여 주셔서 오직 복음을 전하는 사역을 열정을 다하여 주님을 기쁘시게 하는 삶이 되게 하여 주시옵소서. 늘 건강하게 하시고 오고 가는 소식이 기쁘게 되기를 원합니다.

오늘 예식을 통하여 영광을 하나님께 돌리는 춘천동부교회를 축복하여 주셔서 좋은 교회, 은혜로운 교회, 주 하나님만을 기쁘시게 하는 건강한 교회가 되게 하여 주시옵소서. 예수님의 이름으로 기도드립니다. 아멘"

19. 너희는 소금이니
-과연 소금인가?
(레위기 2장13절, 마태복음 5장13-16절)

2018. 02.25
춘천동부교회

레위기 2:13

13. 네 모든 소제물에 소금을 치라 네 하나님의 언약의 소금을 네 소제에 빼지 못할지니 네 모든 예물에 소금을 드릴지니라

마태복음 5:13-16

13. 너희는 세상의 소금이니 소금이 만일 그 맛을 잃으면 무엇으로 짜게 하리요 후에는 아무 쓸 데 없어 다만 밖에 버려져 사람에게 밟힐 뿐이니라

14. 너희는 세상의 빛이라 산 위에 있는 동네가 숨겨지지 못할 것이요

15. 사람이 등불을 켜서 말 아래에 두지 아니하고 등경 위에 두나니 이러므로 집 안 모든 사람에게 비치느니라

16. 이같이 너희 빛이 사람 앞에 비치게 하여 그들로 너희 착한 행실을 보고 하늘에 계신 너희 아버지께 영광을 돌리게 하라

오늘 함께 나누고자 하는 은혜의 말씀의 제목을 제가 먼저 크게 할 때에 다같이 따라서 하시면 감사하겠습니다.

"너희는 소금이니-과연 소금인가?"

예수님께서 제자들에게, 우리들에게 말씀하셨습니다.

"너희는 세상의 소금이니 소금이 만일 그 맛을 잃으면 무엇으로 짜게 하리요 후에는 아무 쓸 데 없어 다만 밖에 버려져 사람에게 밟힐 뿐이니라"(마 5:13)

구약 성경 레위기 2장13절 이하의 말씀에 하나님께 소제, 곡물 제사 제물을 드릴 때에는 곱게 빻은 가루에 소금을 넣어 섞어서, 불살라 드려야 한다고 하였습니다. 열왕기하 2장20-22절의 말씀에는 마실 수 없는 쓴 물 근원에 소금을 새 그릇에 담아 오게 하여 거기에 넣으라고 하였습니다. 말씀대로 소금을 넣은 후에 선지자를 통하여 주신 말씀은 무엇입니까? 이 물을 고쳤으니 다시는 죽음이나 토산이 익지 못하거나 떨어짐이 없으리라는 약속의 말씀이었습니다.

출애굽기 30장35절에서는 향품을 제조할 때에는 꼭 소금을 넣으라고 했습니다. 에스겔 16장4절에 신생아의 결례식 때에도 소금을 사용하였고, 에스라 4장14절에 백성들이 왕의 소금을 배급받아 먹고 산다고 하였으며, 골로새서 4장6절에 사도 바울은 '너희 말을 항상 은혜 가운데서 소금으로 맛을 냄과 같이 하라'고 하였습니다.

하나님께서는 모든 생물들, 식물, 동물들, 우리 사람들에게 필요한 모든 것들을 다 주셨습니다. 그런데 소금을 주셨습니다. 땅 속에는 소금이 골고루 함유되어 있습니다. 바닷물 속에도 소금이 있습니다. 우리는 물과 소금을 매일 항상 적당량으로 공급을 받아야 살 수 있는데 혹 몸이 아파서 병원에 가면, 몇 가지 검사를 한 후에는 링거 주사를 놓아줍니다. 땀이나 피를 많이 흘렸을 경우에는 식염수 주사, 혈액 주사를 맞아야만 합니다.

하마는 매일 500g의 소금을 섭취해야 하고
소는 매일 80g의 소금을 섭취해야 하고
말은 매일 40g의 소금을 섭취해야 하고
사람은 매일 8-10g의 소금을 섭취해야 합니다.

소금은 몸을 따뜻하게 하여 주고 탁해진 혈액을 정하게 하여 줍니다.

옛 고전에 보면 대나무 통에 바닷물, 소금물을 넣고 향토로 덮은 다음 고열로 여러 번 구운 죽염을 적당하게 공복 하면 건강에 상당히 도움이 된다고 했습니다. 저는 어려서부터 자주 입안이 헐어서 고생을 많이 했는데 소금으로 양치질을 하라고 아버님께서 말씀하셔서 그렇게 하였습니다.

요즘은 1년에 두 번 정도 강화에 가서 배를 타고 10분 정도 가는 가까운 섬, 석모도에서 바닷속 깊은 곳에 있는 큰 바위 속에 고여 있는 뜨거운 물을 받아옵니다. 해수 온천물을 여러 통에 담아와서 늘 가글을 합니다. 돈도 안 내고 안 받는 해수 온천물, 감사할 뿐입니다. 하나님께서는 우리를 사랑하셔서 소금으로 아픔도 낫게 하셨습니다. 소금으로 상하지 않게 하셨습니다. 썩지 않게 하셨습니다. 부패하지 않게 하셨습니다. 맛이 있게 하셨습니다.

저는 음식을 먹을 때에 가리지 않고 다 잘 먹습니다. 외국에 가서도 어느 나라에 가서든 그곳의 음식을 가리지 않고 잘 먹습니다. 자랑하는 것 같은데 얼마나 무딘가? 하는 생각도 합니다만 나타나지 않게, 아무도 모르게, 조용히 사양하는 것이 있습니다. 맵고, 짜고, 쓰고, 시고, 달고, 싱거우면 'no thank you'입니다.

여러분! 소금은 짠 것입니다. 그래서 소금은 적당하게 뿌려지고, 녹아야 합니다. 야채를 절입니다. 생선에 뿌립니다. 된장, 간장, 고추장을 소금으로 만듭니다.

소금은 상하지 않게 하고, 맛을 내게 하고, 영양을 더 높여 줍니다. 병든 몸을 고쳐 낫게 하는 치료용으로 많이 활용합니다. 소금으로 기쁨을 얻는 일이 얼마나 많이 있습니까?

봉급생활자들을 salaried man이라고 하는데 salary는 라틴어에서 온 말로, salt+arium(소금+분배)입니다. 고대, 희랍, 로마 군인들은 전쟁터에 나갈 때에는 총, 식량, 소금을 받아 가지고 나갔다는 것입니다. 옛날 로마 군인 관리들의 봉급 명세서에는 소금항목이 따로 있었다고 합니다. 소금이

쌀이나 물이나 돈과 같이 없어서는 안 되는 아주 소중한 것임을 알 수 있습니다.

소금은 영양을 높여주고, 생기를 얻게 하여 주고, 치료하여 낫게 해 주고, 맛을 내어 기쁨을, 즐거움을 갖게 하는데 중요한 것은 어떻게 쓰이느냐 입니다. 어떻게 사용하여지는가입니다.

김장을 할 때에 제일 먼저 하는 일은 소금으로 배추를 절이는 것입니다. 그래야 양념을 잘 넣을 수 있습니다. 소금을 배추에 뿌리면 센 성질도 다 죽습니다. 교만한 것, 고집스러운 것, 욕심, 자기주장 다 죽습니다. 겸손하여 졌구나, 부드럽게 되었구나, 화목케 하는 역사를 잘 이루겠구나 하는 교훈을 얻게 되는 것입니다. 잘 익으면 얼마나 맛이 있겠나를 기대하게 됩니다.

오늘 읽은 본문 말씀에 보면 소제(곡물)로 제사 제물을 드리려고 할 때에 곡물을 곱게 빻아라, 소금을 넣으라 말씀하십니다. 하나님께 드려지는 제물은, 하나님께 헌신하고 하나님을 기쁘시게 하는 사람은 곱게 빻아져야 합니다. 부드럽게 돼야 합니다. 교만, 고집, 욕심, 자기주장, 불신앙 다 빻아져야 합니다. 그리고 소금처럼 녹아야 맛을 낼 수 있습니다. 살릴 수 있습니다. 은혜로울 수 있습니다.

하나님께서는 사람의 몸을 입으시고, 세상에 오셔서, 소금으로 오셔서, 소금처럼 뿌려지고, 녹아지고, 죽으셨습니다. 쓰이는 소금처럼 섬겨주셨습니다. 녹아지는 소금으로 구원하여 주셨습니다. 뿌려지는 소금으로 고쳐주셨습니다. 죽어지는 소금으로 살리시고, 영생의 복을 주셨습니다.

소금이신 주님께서 이제는 나에게, 나를 소금 인생으로, 소금 신앙인으로, 소금 집사 권사로, 소금 장로로, 소금 목사로 살게 하셨습니다.

너희가 소금이면, 뿌려지는 소금으로 섬겨라, 녹아지는 소금으로 십자가를 져라. 맛을 내는 소금으로 사명을 다하라 가르치시는 것입니다.

사랑하는 교우 여러분! 춘천동부교회는 소금교회, 소금 춘천동부교회가 되시기를 바랍니다. 소금 교회는 소금이신 주님의 교회로 십자가 섬김, 십자가 희생, 십자가 봉사, 십자가 사랑, 십자가 복음, 십자가 구원으로, 주님의 말씀으로 행하는 교회, 주님의 삶으로 행하는 교회입니다.

우리 예수님께서는 말씀하신 대로 행하셨습니다. 우리 예수님께서는 기도하신 내용 그대로 행하셨습니다. 사랑과 구원의 주 하나님께서는 말씀하신 대로 오셨습니다. 오셔서 먹여 주시고, 입혀주시고, 고쳐주시고, 일으켜 주셨습니다. 찾아오셔서 도와주시고, 섬겨주셨습니다. 대신 십자가를 져 주시고 대신 죄를 담당하여 주셨습니다. 대신 죽으시고 살려주셨습니다. 화목제물이 되시고 영생의 복을 주셨습니다. 우리 구원의 주님께서는 사람의 몸을 입으시고 여기에 오셔서 저를 위하여, 여러분을 위하여, 희생, 봉사, 사랑으로 섬겨주셨습니다. 이 같은 주님의 섬김의 삶을 다른 말로 디아코니아라고 합니다.

디아코니아-봉사, 섬김

예수-다른 말로 구원하는 자, 구원하신 자, 구원자

디아코니아, 예수-다른 나라의 말이라 처음 접할 때에는 좀 어렵지요. 알기 쉬운 우리나라 말로 사용하였으면 하는 생각이 듭니다.

예수, 디아코니아, 아직도 생소한 말로 들려집니까? 이상한 느낌이 들고 있나요? 교회 전반에서 모두 흔쾌하게, 감격스럽게 응답이 잘 안 되고 있습니까? 무엇 때문이라고 여겨집니까? 설명이 부족해서 입니까? 시청각 교육이 없어서 입니까? 다른 이유가 있다면 무엇입니까?

그렇다면 우리 교역자들과 장로님들이 더 기도하시고 더 가까이 다가가서 이해하도록 설명하고, 삶으로 보여주셔야 합니다. 섬기는 삶으로 다가가시기를 바랍니다.

목사, 장로를 영어에서는 Elder라고 합니다. '엘더'라는 말은 '앞장서다'는 뜻입니다. 예배, 기도생활, 봉사, 섬기는 일, 헌금, 헌신에서 좋은 본이 되게 앞장서다는 뜻입니다. 교만, 고집, 명예, 인색함, 분쟁, 더티한 갑질 모습에 앞장선 자로 보이면, 아무리 좋은 정책을 내놓아도 no thank you 하게 됩니다. 소금 교역자로, 소금 장로님으로, 소금 집사 권사님으로, 소금 그리스도인으로, 소금 교회, 소금 춘천동부교회가 되어야 합니다.

바라기는 모두 온 제직과 교우들이 소금 디아코니아 교회를 이루게 되시기를 바랍니다. 소금이 결정적으로 사명을 다하려고 할 때에는 뿌려져야 합니다. 소금 자신이 뿌려지고, 녹아져야 합니다. 오늘 이 시간 헌신 예배를 드리시는 권사님 한 분, 한 분 모두 소금 권사로, 소금 디아코니아로 헌신하시기를 바랍니다.

말로만이 아니라 몸으로, 시간으로, 물질로, 헌신하시기를 바랍니다. 뿌려지고 녹아지지 아니하면 섬기고, 헌신의 삶이 아니면 사람에게 밟힐 뿐이니라... 는 말씀을 깊이 새겨야 합니다.

사랑하는 춘천동부교회 교우 여러분! 특히 제직 여러분! 부족한 종이 주님의 말씀을 힘입고 간곡하게 말씀을 드립니다. 소금은 한 알씩 뿌려지지만 사실은 한 줌씩, 한 움큼씩 뿌려지게 됩니다. 우리 교회, 모든 제직들이 주님의 손에서 한 줌씩, 한 움큼씩 모아져서 뿌려지고, 녹아지게 되기를 바랍니다. 한 마음, 하나 된 삶, 하나 된 모습으로라야 합니다.

회목제물로 함께 봉사, 함께 섬길 때에 놀라운 역사가 나타나게 될 줄 믿습니다. 봉사 사업이나 그 밖에 여러 가지 대내외적인 일들, 하려는 정책과 내용을 당회에서 잘 협의하시고 결정하여, 제직들과 한 번 더 협의하고 결의하시고 함께 기도하고, 함께 추진하시기를 바랍니다. 모두, 함께, 의논하고 협의하고, 기도하고, 행하는 일이므로 기쁨으로 감당하여 좋은 결실을 보게 될 줄 압니다.

지금까지, 말씀드린 것 중에서 가장 소중한 것을 말씀드리겠습니다. 성경에 보면, 소금 언약, 화목제물에 대한 말씀이 있는데, 유대인들은 이런 관습이 있습니다.

어떤 도둑이 물건을 훔치려고 밤에 어느 집에 들어가 보니 응접실에 맛있게 보이는 빵이 있어서 옆에 있는 설탕에다 찍어 먹었습니다. 아~ 그런데 설탕이 아니고 소금입니다. 도둑이 깜짝 놀라 어쩔 줄 모르다가 주인을 불렀습니다. 주인님! 제가 몰래 빵과 소금을 먹었어요. 저를 용서하여 주세요. 주인은 소금을 앞에 놓고 도둑의 손을 잡고 하나님께 기도를 드립니다.

"우리 모두 화목하게 하여 주옵소서. 화목제물 소금이 되게 하여 주옵소서. 평생, 함께, 화목의 삶을 사는 자가 되게 하여 주옵소서."

교우 여러분! 하나님께서는 이미 말씀하신 대로 소금으로 오셔서 화목제물이 되셨습니다. 나를 섬겨주셨습니다. 내가 질 십자가를 대신 져 주셨습니다. 그러므로 이제는 내가 먼저 땀 흘리고, 내가 먼저 섬기고, 내가 먼저 헌신해야 합니다. 이제는 우리 교회가 먼저 소금 교회가 되고, 화목제물 교회가 되어야 합니다.

사랑하는 교우 여러분! 왜 너는 소금이 안되느냐? 너는 왜 섬기지 않느냐? 말하거나 지적하기 전에 기도하시기를 바랍니다. 기도할 때에 나는 과연 소금인가? 나는 어떤가 깊이 생각하고 하나님 앞에서 나 자신을 살피고 기도하시기를 바랍니다.

어제오늘의 모든 문제는 그 누구의 잘못이 아닙니다. 지적받는 이나 지적하는 이나 다 부족하지요. 그런데 모든 잘못, 지적받아야 할 자는 저 임 목사입니다. 예배당을 이렇게 지었지만 당회 하고도, 제직회도, '임 목사', '너 소금으로 화목제물 교회되게 못하고...' 그래서 이제라도 이 말씀을 전하고 기도하고 가려고 합니다.

사랑하는 교우 여러분! 제직 여러분! 지금 이 시간 다 잊으시기를 바랍니다. 다 덮으시기를 바랍니다. 섭섭했던 일, 마음에 들지 않았던 일들을 다 잊으시기를 바랍니다. 주님 앞에 소금을 놓고, 아니 나의 몸과 마음과 뜻을 놓고 화목제물의 삶을 사는 자 되기를 위하여 기도하시기를 바랍니다. 이제부터는 지적을 하는 자도 아니고 지적을 받는 자도 아닙니다. 여러분! 용납받는 은혜도 귀하지만 용납하는 은혜가 더 귀합니다.

여러분! 한 분 한 분 소금 그리스도인으로, 소금 집사 권사로, 소금 장로로, 소금 교역자로 헌신하시길 바랍니다. 우리 춘천동부교회는 소금 춘천동부교회가 될 줄 믿습니다.

너희는 소금이니... 나는 과연 소금인가? 예, 아멘으로 응답하시므로 주님께서 기뻐하시는 자 되시기를 바랍니다. 여러분 한 분 한 분에게 주님의 은혜와 평강의 복이 가득하시기를 주님의 이름으로 축원합니다. 기도드리겠습니다. 이 시간 교역자님들, 장로님들, 안수 집사님들, 권사님들 그리고 온 교우들 모두 두 손을 모아 가슴에 놓고 기도합시다.

"하나님 아버지! 부족하고 허물 많은 이 종에게 말씀으로 깨우쳐 주심을 감사드립니다. 하나님을 기쁘시게 못한 것, 이 종의 허물 때문인 줄 알고 용서를 구합니다. 우리 교우들의 마음을 아프게 한 것들, 이 종의 미련한 것 때문인 줄 아오니 용납하여 주시기를 구합니다. 22년 동안이나 사역한다고 하였지만 40여 년 이상 주님의 일을 한다고 하였으나 제대로 하지 못한 부끄럽고 미숙한 것들로 된 책임이 이 종에게 있사오니 주님! 불쌍히 여기시고 늦었지만 이제라도 얼마 남지 않은 날 동안 소금 원로 목사로 더 기도하며, 더 섬기며 살게 하여 주시옵소서.

우리 춘천동부교회를 위하여, 교우 한 사람, 한 사람을 위하여, 교회를 위하여 수고하시는 집사님, 권사님, 장로님, 교역자님들을 위하여 더 기도하며 사는 자 되게 하옵소서. 화목제물의 소금으로 아낌없이 주님을 위하여, 복음을 위하여 다 드리는 섬김의 삶을 살게 하여 주시옵소서.

오늘, 언제 하나님께서 부르시면 자식에게, 형제에게 나누어 줄 것 없이 가볍게 갈 수 있는 자로 살아가게 하여 주시옵소서.

하나님 아버지! 간절히 구합니다. 우리 춘천동부교회 모든 교우들은 이제부터 소금 그리스도인이 되게 하여 주시옵소서. 소금으로 필요한 곳에 뿌려지고, 녹아지는 섬김, 봉사, 희생, 사랑의 소금 그리스도인이 되게 하여 주시옵소서.

소금 그리스도인, 소금 안수 집사, 소금 권사로, 소금 장로, 소금 교역자들이 되어 맛을 내고 빛을 온전히 비추는 주님께서 기뻐하시는 자들이 되게 하여 주시옵소서. 한 분 한 분 소금 화목제물로 살아가는 자들이 되게 하여 주시옵소서.

하나님 아버지! 우리 교회의 모든 임직자들에게 존경받는 축복을 주시옵소서. 건강의 축복을 주시고, 삶을 부요로 더 잘 섬기고 헌신하게 하여 주옵소서. 각 가정에도 평안의 복을 주시옵소서. 한 분 한 분 마음의 소원을 아시오니 꼭 허락하여 주시옵소서.

하나님 아버지! 우리 춘천동부교회를 항상 사랑하여 주시옵소서. 예수 그리스도의 이름으로 기도드리옵나이다 아멘"

20. 그리스도인의 신앙성장
(베드로전서 2장1-10절, 에베소서 4장15-16절)

2018. 08.26
춘천동부교회

베드로전서 2:1-10

1. 그러므로 모든 악독과 모든 기만과 외식과 시기와 모든 비방하는 말을 버리고
2. 갓난 아기들 같이 순전하고 신령한 젖을 사모하라 이는 그로 말미암아 너희로 구원에 이르도록 자라게 하려 함이라
3. 너희가 주의 인자하심을 맛보았으면 그리하라
4. 사람에게는 버린 바가 되었으나 하나님께는 택하심을 입은 보배로운 산 돌이신 예수께 나아가
5. 너희도 산 돌 같이 신령한 집으로 세워지고 예수 그리스도로 말미암아 하나님이 기쁘게 받으실 신령한 제사를 드릴 거룩한 제사장이 될지니라
6. 성경에 기록되었으되 보라 내가 택한 보배로운 모퉁잇돌을 시온에 두노니 그를 믿는 자는 부끄러움을 당하지 아니하리라 하였으니
7. 그러므로 믿는 너희에게는 보배이나 믿지 아니하는 자에게는 건축자들이 버린 그 돌이 모퉁이의 머릿돌이 되고
8. 또한 부딪치는 돌과 걸려 넘어지게 하는 바위가 되었다 하였느니라 그들이 말씀을 순종하지 아니하므로 넘어지나니 이는 그들을 이렇게 정하신 것이라
9. 그러나 너희는 택하신 족속이요 왕 같은 제사장들이요 거룩한 나라요 그의 소유가 된 백성이니 이는 너희를 어두운 데서 불러 내어 그의 기이한 빛에 들어가게 하신 이의 아름다운 덕을 선포하게 하려 하심이라
10. 너희가 전에는 백성이 아니더니 이제는 하나님의 백성이요 전에는 긍휼을 얻지 못하였더니 이제는 긍휼을 얻은 자니라

에베소서 4:15-16

14. 오직 사랑 안에서 참된 것을 하여 범사에 그에게까지 자랄지라 그는 머리니 곧 그리스도라
15. 그에게서 온 몸이 각 마디를 통하여 도움을 받음으로 연결되고 결합되어 각 지체의 분량대로 역사하여 그 몸을 자라게 하며 사랑 안에서 스스로 세우느니라

할렐루야! 우리 하나님께 감사드립니다. 그리고 교우 여러분 한 분 한 분에게 은혜와 평강의 복이 가득하시기를 기원합니다. 찬양으로 영광을 돌리신 찬양대원 여러분에게도 주님께서 항상 기쁨의 복을 주시기를 바랍니다.

교우 여러분! 여러분은 은퇴를 한 임 목사가 어떻게 지내는지 궁금은 합니까? 금년이 벌써 은퇴를 한 지 10년이 넘었습니다. 은퇴를 하고 10년 동안 매일 아침마다 성경 말씀을 1장, 2장 읽고, 기도를 드리고, 신학교 강의, 초청받은 교회 예배 설교, 집회 인도할 원고를 쓰는 일하고 매일 저녁에는 만 보 걷기 운동을 하였습니다. 10년 동안 매월 한 번은 천안과 서울 강남에 가서 사업처 직원 예배를 인도하며 말씀을 전하였고, 매해마다 한 번, 두 번은 해외에 있는 신학교에 가서 현지 교회 목회자 교육을 맡아 강의와 설교를 하였습니다. 오는 12월, 1월에도 우크라이나와 러시아 현지 목회자 계속 교육 강의 부탁을 받았는데 기도 중에 있습니다. 혹 궁금하신 것이 있으시겠지요. 강의, 설교, 집회 인도, 국내외에 바쁘게 다니면서 일을 하는데, 건강은 합니까? 강사 여비는 좀 받고 합니까?

예, 비교적 건강합니다. 하나님의 은혜입니다. 저는 이상한 것이 있는데요. 시차가 없습니다. 지난 4월 16일에도 뉴질랜드에서 일산집에 와서 가방을 그대로 놓고 정선까지 운전하여 새벽 3시에 가서 2시간 쉬고 아침 식사를 우리 동부교회 장로님들과 같이하고는 강원노회 개회 예배 설교를 하였습니다. 오후에 집으로 오는 길에 영월 이상근 장로님 교장실에 들려 기도드리고 축하와 격려를 하고 저녁 식사를 하면서 환담을 하고는 밤늦게 집에 왔습니다.

여러 가지 일을 할 때마다 강사, 수고하는 비용을 주셔서 받습니다. 그런데 모두 Re-present. 그걸 누가 알겠겠습니까? 받은 것을 되돌려 주는 것은 식구가 알고, 받는 사람이나 교회가 알고, 하나님께서 다 아십니다.

춘천동부교회는 디아코니아에 대한 관심과 열정이 많은 줄 압니다. 그런데 저의 경우 디아코니아는 무엇입니까? 말씀을 전하고 가르치는 일, 집회 인도를 열정을 다하여 인도하는 일, 잠을 못 자며 준비하고, 멀리 가고 오는 일까지 매우 힘이 듭니다. 그런데 돈을 받고 하는 일은 누구나 잘할 수 있습니다. 중요한 것은 자비량으로 해야만 참 디아코니아입니다. 비행기 왕복 요금, 호텔 숙식비, 자비량으로 해야 합니다. 수고비 받는 것도 다 주고 해야 합니다. 그런데 in my pocket 하게 되면 디아코니아가 아닙니다. 어려운 신학교, 열악한 선교지, 약한 교회와 현지 목회자에게 다 줘야 합니다.

교우 여러분! 여러분은 디아코니아를 어떻게 하고 있습니까? 각자 형편에 맞게 주님의 사랑을 감사하면서 섬기시는 봉사를 하실 줄 압니다. 그런데 땀을 흘리며 또한 내 주머니에서 돈을 내어서 돕고 섬겨야 참 디아코니아이며 주님께서 더 기뻐하실 줄 믿습니다. 우리는 모두 수년 전에 사람으로, 애기로 태어났습니다. 키가 크며 몸이 자랐습니다. 중요한 것은 그리스도인으로 다시 태어났습니다. 믿음이 자라야 합니다. 말씀을 읽고 배우고, 신앙이 자라야 합니다. 스스로 기도하고, 감사하며 스스로 돕고, 사랑하는, 영적 성장이 있어야 합니다. 그러나 아직도 세상 말만 하고, 좋지 않은 말을 하며, 버릇없이 마구 행동하며, 시기, 질투하며, 싸우며, 이름값도 못하고 나잇값도 못하는 자라면 non-christian입니다.

우리들 안팎에서 가장 가슴 아픈 일이 몇가지 있는데 그중의 하나는 어린아이가 잘 자라지 못하는 것입니다. 질병 때문인지, 잘못 먹어서 그런지 잘 자라지 못하는 것입니다. 잘 먹고, 잘 놀고, 잘 자고, 잘 웃고 잘 자라야 합니다.

몇 주 전에 멀리서 전화가 왔습니다. 아부지! 기도해 주세요. 수현이가 손자 아이가 아파서 잘 먹지도 않고 잠도 잘 못자고 학교에도 못 갔다는 것입니다. 오클랜드에서는 5살부터 초등학교에 가는데 초등학교에 입학한 지 4개월 좀 넘었습니다.

"그래-기도해야지, 우리 모두 간절히 기도드리자"
"곧 나을 거야, 그런데 아프다가 나오면, 더 많이 크는 거야"

다음 날 연락이 오기를 다 나아서 밥 많이 먹고 학교에 갔습니다. 참으로 감사합니다.

힌 주긴 지나시 또 진화가 왔습니다. 그리고 사진도 몇 장 왔습니나. 상장을 들고 찍은 사진인데, 'Good Thinking Award', 영어를 못하는 아이가 학교에 들어간 지 4개월이 지났는데, 어려운 단어를 읽고, 쓰고, 문장도 잘 만들어 읽고 써서 '잘 읽고 생각을 잘한 상-사고력이 우수한 상'입니다. 그런데 또 감사한 일은 한 주간 지나 1cm 더 키가 컸다는 것입니다. 손자 자랑은 돈을 내고 해야 하기 때문에 오늘 감사 헌금 좀 더 해야겠습니다.

교우 여러분! 시험을 잘 통과하면 상이 있습니다. 역경 다음에는 좋은 날이 옵니다. 힘든 훈련 후에는 승리가 있습니다. 십자가, 죽음의 고난 다음에는 부활의 아침이 있습니다. 우리 그리스도인의 삶에는 온갖 시험과 환난, 역경의 시련, 세찬 풍파, 무서운 핍박과 고난의 위협이 있습니다. 그러나 주님의 모습을 생각하며, 바라보며, 주님 가신 길을 따라 가면 영광의 날이 있음을 믿으시기 바랍니다.

본문 말씀은 니고데모라는 유대인 관원에게 하신 예수님의 말씀입니다.

"사람이 물과 성령으로 거듭나지 아니하면 결단코 하나님의 나라에 들어갈 수가 없느니라"

'거듭나야 한다'는 말씀입니다. '거듭난다'는 어원은 위로부터 난다, 하나님께로부터 난다, 철저히 다시 태어난다는 뜻입니다. 새 사람으로 태어난다는 뜻입니다.

이 경험을 가진 사람은 영적으로 성장합니다. 신앙적으로 성장하는 것입니다. 성장은 자라는 것을 말합니다. 어린 아이가 태어났습니다. 얼마나 예쁘고 기쁩니까? 중요한 것은 잘 먹고, 잘 놀고, 잘 자고, 잘 걷고, 잘 뛰고, 잘 알고, 잘 분별하고, 예쁘게 잘 웃어야 합니다. 잘 자라야 합니다.

교우 여러분! 그리스도인의 성장을 잘 생각을 하여 보시기를 바랍니다. 과연, 얼마나 잘 성장을 하였는가? 전에보다 지금 얼마나 잘 자랐는가? 얼마나 성숙한 모습인가?

중요한 것은 첫째, 영적인 성장입니다. 본문 1절 말씀에 생각하는 것, 말, 습관 모두 좋은 모습으로 은혜로운 모습으로 달라져야 한다고 하였습니다.

둘째, 신령한 것, 하나님의 말씀을 늘 사모해야 합니다. 본문 2절에 "영감 있는 주님의 말씀을 사모하라"라고 하였습니다. 말씀대로 믿고, 기도하고, 섬기고, 사랑하고 하나님의 뜻을 따라 항상 운동을 하듯 살아야만 성장한다는 것입니다.

셋째, 이렇게 성장하는 그리스도인은 사명감에 사는 자가 됩니다. 베드로는 은혜를 받고 사명의 사람의 되었습니다. 바울은 은혜받고 사명의 사람이 되었습니다. 우리는 그리스도인으로 은혜받고 사명의 사람으로 제대로 믿고, 제대로 섬기고 봉사하는 사명의 길을 가는 자들이 되셔야 합니다.

넷째, 이렇게 살아가는 자의 신앙을 산돌 신앙이라고 합니다.

산돌 신앙은 본문 5절, 6절 말씀에 보면 "산돌같이 신령한 집으로 세워지고" 전에는 버려진 돌, 부딪치는 돌, 거친 돌이었으나 이제는 거듭난 자, 산돌이 되어 신령한 집을 짓는 자입니다.

다섯째, 영적인 성장에서 가장 중요한 현상은 열매가 있는 모습입니다.

본문 9절, 영적인 열매는 택한 족속, 왕 같은 제사장, 거룩한 하나님 나라를 얻는 자입니다. 전에는 하나님의 백성이 아니더니 긍휼을 얻지 못하더니 이제는 하나님의 백성, 긍휼을 얻는 자입니다.

여섯째, 그리스도인에게 있어서, 매우 중요한 삶의 모습이 무엇입니까? 주님께서 화목제물이 되신 것처럼, 주님을 믿는 나도, 우리도, 화목제물이 되어 사는 모습입니다.

섬기는 자-화목제물입니다.
봉사하는 자-화목제물입니다.
복음을 전하는 자-화목제물입니다.
진실로 디아코니아의 삶-화목제물입니다.

화목제물이 있는 곳에 기쁨이 있습니다.
화목제물이 있는 가정에 평강이 있습니다.
화목제물이 있는 교회에 축복이 있습니다.

여러분! 무슨 말을 한다고 해도 화목제물이 아니라면 아무리 놀랄 만한 일을 해도 버려진 돌이 됩니다. 거친 돌이 됩니다. 부딪치는 돌이 되는 것입니다.

우리 그리스도인, 거듭난 자들은 신령한 말씀을 사모합니다. 기도하며 사는 자입니다. 사명을 따라 사는 자입니다. 산돌 신앙으로 사는 자입니다.

열매가 있는 자입니다. 어디서나 화목제물이 되는 자입니다.

사랑하는 교우 여러분! 우리 주님께서 기뻐하시는 자로 살아가시기를 축원합니다. 모든 이들에게 기쁨을 주는 자로 살아가시기를 축원합니다.

유명한 사람들 중에 저들의 삶이나 인격에서 존경받지 못하는 이들이 있는가 하면 존경받는 이들이 있습니다.

죠지 베불리 쉐아, 오직 주님만을 찬양한 존경받는 성악가를 소개합니다. 미국 나사렛 감리 교회 밀러 목사님의 부인인 사모님이 시를 써서 늘 읽고 기도를 하였는데, 좋은 시를 써서 어느 여자 교우에게 주면서 읽고 기도하자고 했습니다. 그런데 이 여자 교인의 아들이 그 교회 주일 예배 때마다 특별찬양, 독창을 하였습니다. 노래를 잘하여 어느 날 미국 NBC 방송에 출연하여 노래를 잘하였는데, 점점 유명하여져서 여기저기에 초청을 받았습니다. 점점 더 유명하여지고 바빠져서 교회 출석도 잘 못하고, 찬양도 못하고 세상 일에 빠졌습니다.

그 어머니가 읽고 기도하던 시를 다시 적어서 아들에게 주면서 읽고 기도하라고 하였습니다. 쉐아는 이 시를 읽는데 갑자기 눈물이 흐르기 시작했습니다. 이 시를 읽고 또 읽다가 곡을 만들었습니다. 이 시로 노래하며 기도드리고 마음을 정하였습니다. 이제부터는 어떤 세상 모임의 연주회에도 사양하리라, 오직 하나님만을, 주님만을 찬양하리라, 그리고 이 시로 늘 노래하리라.

몇 년 후, 빌리그레함 목사님 전도 대회, 찬양 가수가 되었습니다. 세계 곳곳에 가서 이 시의 노래를 찬송하였습니다. 1973년도에 73세로 한국 서울-여의도 빌리그레함 목사님 전도대회에서 100만 명 앞에서 이 시의 노래로 특별 찬양을 하였습니다. 그때부터 한국교회는 이 노래, 이 찬양을 부르기 시작하여 지금도 우리 찬송가에도 있게 되었습니다. "주 예수보다 더 귀한 것은 없네" 찬송가 94장입니다. 다같이 부르시겠습니다.

"주 예수보다 더 귀한 것은 없네"....

다같이
1. 주 예수보다 더 귀한 것은 없네
   이 세상 부귀와 바꿀 수 없네
   영 죽은 내 대신 돌아가신
   그 놀라운 사랑 잊지 못해

후렴
   세상 즐거움 다 버리고
   세상 자랑 다 버렸네
   주 예수보다 더 귀한 것은 없네
   예수 밖에는 없네

찬양대
2. 주 예수보다 더 귀한 것은 없네

이 세상 명예와 바꿀 수 없네

　　이 전에 즐기던 세상 일도

　　주 사랑하는 맘 뺏지 못해

다같이

3. 주 예수보다 더 귀한 것은 없네

　　이 세상 행복과 바꿀 수 없네

　　유혹과 핍박이 몰려 와도

　　주 섬기는 내 맘 변치 않아

　사랑하는 교우 여러분! 주님의 사랑을 늘 감사하면서 오직 믿음으로 오직 사명에 충실하면서, 성숙한 신앙적 삶을 살아가시기를 바랍니다. 우리 주님께서 기뻐하시며 항상 여러분의 선한 목자가 되셔서 복되게 인도하여 주시기를 축원합니다.

21. 주님께서 내 마음에 두신 기쁨
(시편 4편 1-8절)

2019. 08. 25
춘천동부교회 주일예배

시편 4:1-4

1. 내 의의 하나님이여 내가 부를 때에 응답하소서 곤란 중에 나를 너그럽게 하셨사오니 내게 은혜를 베푸사 나의 기도를 들으소서
2. 인생들아 어느 때까지 나의 영광을 바꾸어 욕되게 하며 헛된 일을 좋아하고 거짓을 구하려는가 (셀라)
3. 여호와께서 자기를 위하여 경건한 자를 택하신 줄 너희가 알지어다 내가 그를 부를 때에 여호와께서 들으시리로다
4. 너희는 떨며 범죄하지 말지어다 자리에 누워 심중에 말하고 잠잠할지어다 (셀라)

할렐루야! 오늘 주일 예배를 드리시는 교우 여러분 한 분 한 분에게 그리고 찬양으로 하나님께 영광을 돌리신 성가대원 여러분에게 주님의 은혜와 평강이 가득하시기를 기원합니다.

부족한 이 종은 주님의 도우심으로, 교우 여러분의 기도와 격려로 그동안 잘 지냈습니다. 지난 3개월 동안 뉴질랜드에 가서 지내고 며칠 전에 귀국하여 아름다운 춘천동부교회에 와서 오늘 예배를 드리게 되어 감사, 감사를 드립니다. 이 시간에는 시편 4편 말씀으로 "주님께서 내 마음에 두신 기쁨"이라는 제목으로 말씀을 전하며 은혜를 받으려고 합니다.

다 같이 저를 따라 하시면 감사하겠습니다.

"주님께서 내 마음에 두신 기쁨"

사랑하는 교우 여러분! 오늘까지 살아오시면서, 어떤 일이 가장 기뻤습니까? 저의 경우 한두 가지만을 말씀드리겠습니다. 6.25 전쟁이 일어난 그 다음 해 1.4 후퇴 때에, 중공군에 밀려서 후퇴하는 국군 부상병들을 후송하는 기차가 평양역에서 떠나게 되는데 많은 피난민들이 기차 위에 올라갑니다. 저의 아버지도 올라가셔서 형과 누나를 잡아 올리고, 저를 올리려고 하는데 기차가 떠납니다. 엄마와 애기인 동생과 저는 바닥에 주저앉아 엉엉 웁니다. 그런데 한 국군 아저씨는 우리가 가장 불쌍하게 보였든지 "마지막 후송 열차가 캄캄한 밤에 오는데, 태워 줄 테니 타세요"라고 하였습니다. 그렇게 마지막 기차를 타고 이틀 걸려서 서울 역에 왔습니다. 피난민수용소가 있다는 영락교회 마당까지 걸어서 들어왔습니다. 지금과 같이 핸드폰이 있어서 연락을 할 수 있는 그러한 시대도 아닙니다. 추운 겨울날 예배당 마당과 정문에서 여러 날을 지냈습니다. 주일 예배를 드리는 날 아침이었는데 영화 속에서나 볼 수 있는 것과 같이 아버지가 예배를 드리시려고 교회 정문으로 들어오십니다. 어머니가 제일 먼저 보셨답니다. 꿈같은 기쁨의 만남이었습니다. 8살 때에 일입니다만, 그때 그날의 기쁨과 눈물을 잊을 수가 없습니다.

그 후 28년이 지나서 저는 이 기쁨의 장소, 이 기쁨의 영락교회에 부목사로 부임을 했습니다. 며칠 후에, 원로 목사님이신 한경직 목사님께 인사를 드리려고 성남, 남한산성 중턱에 있는 댁으로 찾아갔습니다. 한 목사님께서 반갑게 만나주시면서 "임 목사 고향에 나의 외갓집이 있어요(평남순천군 자산면). 많은 생각들이 나네요." 그리 말씀하시면서 "기도합시다." 특별 안수기도를 하여 주셨습니다.

"하나님 아버지! 꼭 좋은 목사가 되게 하여 주세요. 꼭 하나님 말씀만을 잘 전하는 좋은 목사 되게 하여 주세요. 꼭 욕심 없이 교회를 잘 섬기는 좋은 목사가 되게 하여 주세요."

저는 이 기쁨과 감사의 축복을 언제나 새기면서 살고 있습니다. 심리학에서는 기쁨을 인간에게 나타나는 정서 중에서 가장 좋은 감정이라고 하였고, 성경에서는 기쁨을 아름다움에 대한 미래의 감격을 지금 느끼는 즐거움이라고 했습니다. 바울 사도는 빌립보서 4장에서 구원의 기쁨, 동행의 기쁨, 영생의 기쁨을 말씀해 주었습니다. 구약성경에서는 하나님 말씀, 율법, 추수, 메시야가 기쁨이라고 신앙고백적인 기쁨을 말씀했고, 신약 성경에서는 잃었던 것을 찾았을 때의 기쁨, 그리고 우리의 이름, 나의 이름이 생명책에 기록되었을 때의 기쁨을 알게 하십니다. 잠언 기자는 마음의 즐거움은 얼굴을 빛나게 하여도 마음의 근심은 심령을 상하게 한다고 하였습니다.

오늘 본문 말씀은 간절한 기도, 믿음의 확신, 회개와 새로운 생활을 위한 믿음, 헌신, 봉사를 말씀하고 있는데 여기서 중요한 것은 이로 인한 기쁨, 주님께서 내 마음에 주시는 기쁨을 강조하였습니다. 본문 말씀은 다윗이 압살롬에게 반역을 당하였을 때에 기도한 기도 시입니다. 기도로 시작하여, 회개와 믿음, 하나님을 믿는 믿음을 가질 때에 주님께서 나의 마음에 주시는 기쁨을 어린아이의 기뻐하는 표현처럼 말하고 있습니다.

여러분! 주님께서 나에게 주시는 기쁨은 전적인 하나님의 은혜입니다. 그런데. 꼭 알아야 할 것은 이 기쁨을 받는 그릇이 있다는 것입니다. 받고 간수하고, 누리는 마음이 중요합니다. 이 기쁨을 주시는 분은 하나님이십니다. 어떤 그릇에 주십니까? 어떤 마음이라야 합니까? 우리 하나님은 비리는 자에게 주십니다. 간곡하게 구하는 자에게 먼저 주십니다. 믿고 구하는 자에게 주십니다.

우리 하나님께서는 말씀과 은혜로 주십니다. 받게 되는 우리는 말씀과 은혜를 받게 됩니다. 이 기쁨으로 우리는 감사하며, 찬송하며, 증거하며 사는 것입니다. 이 기쁨은 또한 기도하므로, 응답을 받음으로 그리고 간증할 때에 받습니다. 본문 1절 말씀, "내가 부를 때에 응답하옵소서", "나를 긍휼히 여기사 나의 기도를 들으소서", 역경 가운데서 구원을 받은 것은 전적으로 긍휼히 여겨 주셨기 때문이라고 하며 앞으로도 계속 긍휼하심을 베풀어 주시기를 간구하고 있습니다. 그리고 3절 말씀, "너희가 알지어다. 내가 부를 때에 하나님께서 들으시리로다", 우리가 분명하게 알아야 할 것은 내가 하나님을 부를 때에, 하나님을 찾을 때에, 구하고 찾고, 두드리면, 긍휼히 여기시사 은혜를 베풀어 주심을 믿어야 합니다.

하나님의 은총은 엄청난 축복이며, 놀라운 기쁨입니다. 구약 성경에서, 신약 성경에서, 그리고 모든 교회의 역사에서 분명히 보고 알 수 있는 것은 거의 모두 다 기도하므로, 하나님의 은총으로 응답의 축복을 받은 내용들입니다. 기도의 응답, 성령의 충만함, 감사 감격의 가득한 역사요. 기쁨의 모든 일들은 사모하여 구한 자에게 주신 선물, 하나님의 사랑과 은혜의 선물입니다. 여러분은 이미 간절하게 기도하므로 응답의 축복을 받으신 일이 있는 줄로 압니다. 혹 믿지 않는 식구들이나 가까운 이웃을 위하여, 간절히 간구하므로 아픈 질병의 고통 가운데서 간절히 기도를 하였는데 직장과 사업의 문제로, 시련과 번민 중에서 간절하게 기도하였는데, 가정과 교회를 위하여 눈물로 간절하게 기도를 하였는데, 놀라운, 엄청난 기쁨의 응답을 받은 일이 있는 줄로 압니다.

오늘도 우리는 나의 문제는 물론, 내 가정을 위하여, 우리 교회를 위하여 기도해야만 합니다. 구체적으로 간절하게 그리고 우리나라를 위하여, 이 어려운 오늘과 앞날을 위하여, 안타까운 마음으로 간절하게 기도를 하여야만 합니다. 역경 중에서 부르짖는 기도를 들으시고, 고쳐주시고, 더 좋은 역사 되게 하실 줄 믿습니다.

주님께서 주시는 기쁨은 하나님 말씀으로 얻게 됩니다. 본문 4절 말씀, "너희는 떨며 범죄하지 말지어다. 자리에 누워 심중에 말하고 잠잠할지어다", 기록된 말씀을 읽고 들을 때에 성령께서 감화, 감동, 변화를 받게 하십니다. "이 예언의 말씀을 읽는 자와 듣는 자와 그 가운데 기록한 것을 지키는 자는 복이 있나니"(계 1:3)라는 말씀을 기억하시기 바랍니다. 하나님의 말씀은 영혼을 살리는 양식입니다. 심령을 구하고 살리는 생명수입니다. 죄악을 죽이는 검이기도 합니다. 삶을 변화시키는 길과 진리와 생명입니다. 우리를 선하게 인도하는 지팡이입니다. 나를 바로 보게 하고 아름답게 하는 거울입니다.

주님께서 나의 마음에 두신 기쁨은 찬송 찬양으로 역사합니다. 본문 1절 말씀에서 "내가 부를 때에"라는 말씀은 기도의 뜻과 함께 찬송의 의미가 있습니다. 찬송, 찬양으로 기쁨을 얻습니다. 신앙을 간증하며, 신앙을 고백하고 감사 찬송을 할 때에 놀라운 기쁨을 얻게 됨을 믿으시길 바랍니다.

존 뉴턴은 아버지의 선박에서 선부들과 함께 일을 하였는데, 온갖 못된 짓만 하는 구제불능의 악동이었습니다. 결국 아버지에게 쫓겨나 혼자 작은 배를 사서, 아프리카 흑인들을 노예로 사고파는 일을 하였는데, 저들을 때리며 죽이기를 하는 난폭자였습니다. 하루는 갑자기 폭풍우를 만나 파도에 시달리다가 배가 파손되어 가라앉고 죽을 지경이 되었으며 그제야 어머니가 생각나면서, 하나님을 찾고 기도를 하다가 쓰러졌습니다. 얼마 후에 구사일생으로 살아났는데 마음을 다 고쳐먹고. 하나님 신앙으로 살기를 시작하였습니다. 뉴턴은 그 후 이런 글을 썼습니다. "나 같은 죄인 살리신 주 은혜 놀라워. 잃었던 생명 찾았고 광명을 얻었네"

찬송은 은혜 받은 기쁨입니다. 감사와 감격입니다. 하나님을 영화롭게 합니다. 나의 즐거움이 됩니다. 나의 건강, 나의 힘이 됩니다. 복음을 증거하게 됩니다. 나의 신앙고백입니다.

뉴질랜드에 있는 손자가 3살인데요. 매일 아침마다 "Good morning, 할아버지! 핸드폰, 노래, 노래" 그래서 핸드폰 동영상 노래가 나오도록 눌러 보이면, "아니- 다음에", "아니 다음 거" 그렇게 다음 거를 누르면 주기도문 찬양이 나오는데. 같이 부릅니다. 끝나면, "또 노래. 노래" 그렇게 그 다음을 누르면 "주 하나님 지으신 모든 세계", "예수 사랑하심을 성경에서 배웠네.", "영광을 받으신 만유의 주여" 그리고 마지막은 "오늘 집을 나서기 전 기도했나요." 말 그대로 매일. Good morning입니다.

교우 여러분! 다 같이 부르시면 좋겠습니다.

1. 오늘 집을 나서기 전 기도했나요.
    오늘 받을 은총 위해 호소했나요.

    (후렴) 기도는 우리의 안식 빛으로 인도하니

앞이 캄캄할 때, 기도 잊지 마세요.

2. 맘에 분노 가득할 때 기도했나요.
   나의 앞길 막는 친구 용서했나요.

3. 어려운 시험당할 때 기도했나요.
   주가 함께 당하시면 능히 이기리.

4. 나의 일생 다하도록 기도하리라.
   주께 맡긴 나의 생애 영원하리라.

교우 여러분! 매일매일 기도와 말씀과 찬송으로 기쁘게 살아가시는 축복이 넘치시기를 바랍니다. 본문 말씀 6절 말씀, "여러 사람의 말이 우리에게 선을 보일 자 누구뇨 하오니 여호와여 주의 얼굴을 들어 우리에게 비추소서." 아멘. 이 말씀은 선을 행할 때에 기쁨이 된다고 하는 말씀입니다. 또 8절 말씀에는 "내가 평안히 눕고 자기도 하리니, 나를 안전하게 거하게 하시는 이는 오직 여호와시니라"라고 하셨습니다. 부지런히 일하는 자에게 평강을 주신다는 말씀입니다. 성경에서 말하는 부지런함이란 무슨 뜻입니까? 봉사하고 섬기는 생활입니다. 기도하며 복음을 전하는 생활을 말합니다. 충성, 헌신의 생활입니다. 주님께서 가장 기뻐하시는 자입니다. 선을 행하는 자, 부지런히 일하는 자에게 우리 주님께서는 인정하시고, 칭찬하시며, 약속대로 상급으로 축복하십니다.

영국 속담에 "한 사람이 못을 박으면, 다음 사람이 그 못에 모자를 건다"라는 말이 있습니다. 땀 흘려 수고하는 일로 많은 사람들이 기쁨을 갖게 됩니다. 우리는 나의 주님께서 땀 흘리시고 피 흘리신 십자가 섬기심으로 감사하며 기뻐하며 사는 자가 됨을 꼭 기억해야 합니다. 우리 주님께서는 여러분 한 분 한 분에게 오늘도 기쁘게 살도록 원하시며 선하게 인도하십니다. "주님께서 내 마음에 두신 기쁨", 기도와 말씀을 통하여, 찬양을 통하여, 봉사와 섬김, 전도와 헌신을 통하여, 놀라운 기쁨을 얻게 될 줄 믿습니다. 주님의 은혜를 받습니다. 주님의 사랑으로 받습니다. 믿음으로 헌신할 때에 더 받습니다. 주님께서 내 마음에 두신 기쁨으로, 오늘도 내일도 기쁨으로 살아가는 여러분이 되시기를 축원합니다.

22. 총체적 위기, 종말론적인 신앙
(출애굽기 14장 13-21절, 30-31절)

2020. 08. 30
춘천동부교회

출애굽기 14:13-21, 30-31

13. 모세가 백성에게 이르되 너희는 두려워하지 말고 가만히 서서 여호와께서 오늘 너희를 위하여 행하시는 구원을 보라 너희가 오늘 본 애굽 사람을 영원히 다시 보지 아니하리라
14. 여호와께서 너희를 위하여 싸우시리니 너희는 가만히 있을지니라
15. 여호와께서 모세에게 이르시되 너는 어찌하여 내게 부르짖느냐 이스라엘 자손에게 명령하여 앞으로 나아가게 하고
16. 지팡이를 들고 손을 바다 위로 내밀어 그것이 갈라지게 하라 이스라엘 자손이 바다 가운데서 마른 땅으로 행하리라
17. 내가 애굽 사람들의 마음을 완악하게 할 것인즉 그들이 그 뒤를 따라 들어갈 것이라 내가 바로와 그의 모든 군대와 그의 병거와 마병으로 말미암아 영광을 얻으리니
18. 내가 바로와 그의 병거와 마병으로 말미암아 영광을 얻을 때에야 애굽 사람들이 나를 여호와인 줄 알리라 하시더니
19. 이스라엘 진 앞에 가던 하나님의 사자가 그들의 뒤로 옮겨 가매 구름 기둥도 앞에서 그 뒤로 옮겨
20. 애굽 진과 이스라엘 진 사이에 이르러 서니 저쪽에는 구름과 흑암이 있고 이쪽에는 밤이 밝으므로 밤새도록 저쪽이 이쪽에 가까이 못하였더라
21. 모세가 바다 위로 손을 내밀매 여호와께서 큰 동풍이 밤새도록 바닷물을 물러가게 하시니 물이 갈라져 바다가 마른 땅이 된지라
30. 그 날에 여호와께서 이같이 이스라엘을 애굽 사람의 손에서 구원하시매 이스라엘이 바닷가에서 애굽 사람들이 죽어 있는 것을 보았더라
31. 이스라엘이 여호와께서 애굽 사람들에게 행하신 그 큰 능력을 보았으므로 백성이 여호와를 경외하며 여호와와 그의 종 모세를 믿었더라

할렐루야! 주님의 은혜와 평강이 교우 여러분 한 분 한 분에게 가득하시기를 기원합니다. 그리고 매우 어려운 때이지만 우리 주님께서 항상 함께하시므로 우리 춘천동부교회가 승리하는 축복이 넘치기를 바랍니다.

저는 요즘 은퇴 후 12년 간 국내외에서 전한 설교와 강의 원고를 정리하면서 잘 지내고 있습니다. 교우 여러분의 기도와 격려에 감사를 드립니다. 다같이 저를 따라하시면 좋겠습니다.

"총체적 위기, 종말론적인 신앙"

모세와 이스라엘 백성들이 애굽에서 나와서 가나안 땅으로 가는데 홍해 앞에 왔습니다. 그런데 홍해를 건너갈 수가 없었습니다. 저 뒤에서는 바로의 군대가 잡으려고 온다는 것입니다. 앞이 캄캄한 위기 상황입니다. Crisis(크리시스, 위기), 위기란 곤경, 역경 환란, 절망적인 고통의 상황을 말합니다. 생명의 위협을 받는 극한 상황을 말합니다.

교우 여러분! 어제, 오늘 우리가 맞은 상황은 어떻습니까? 호반의 도시, 춘천 의암댐 위에서는 고귀한 생명들이 죽었습니다. 엄청난 물난리에 소들이 지붕에서 비틀거렸고, 수많은 농경지가 망가지고, 큰집들까지 무너지고, 많은 사람들이 죽었습니다. 코로나 바이러스 확산으로 온 세계가 흙탕물의 위기, 낭떠러지 위기, 극한 위기 상황에 처하여 우리 아이들은 학교에도 갈 수가 없고 수많은 사람들이 일터를 잃고 방황합니다. 병원에도, 교회에도 마음 놓고 갈 수 없는 상황입니다. 교육적 위기, 일자리 위기, 주택의 위기 상황입니다. 결혼과 가정의 위기, 신앙생활과 교회의 위기, 정치, 사회, 교육, 신앙의 위기 상황이며 최종적인 최악의 위기 상황은 온갖 질병, 죽음의 위기 상황인 총체적인 위기 상황이 오늘의 상황입니다.

이 오늘의 위기 상황은 과연 누구의 잘못입니까? 그 누구의 잘못이라고 말하기 전에 하나님 앞에서, 사람들 앞에서 바르게 살지 못한 저와 우리의 책임임을 통감해야 할 것입니다. 물론 장관들, 국회위원들, 대통령이 잘한 것은 별로 없습니다. 그래서 신뢰할 수가 없는 모습입니다. 그렇다고 그 누구의 잘못이라고 탓해야 할 문제는 아닙니다. 내가 잘못한 결과입니다. 내가 죄인입니다. 이제라도 나와 우리의 모습을 제대로 살피고 깊이 생각하며 살길을 찾아야 합니다. 그런데 내가, 우리가 무슨 힘이 있습니까? 그렇다면 힘이 있는 자, 살게 하는 자를 찾아야 합니다. 하늘에서 비를 멈춰주어야 합니다. 하늘에서 해가 나타나야 합니다. 하나님께서 불쌍히 여겨 주셔야 합니다. 주님께서 긍휼과 사랑을 입혀 주셔야만 합니다.

오늘 본문 말씀은 모든 것을 다 빼앗기고 노예처럼 살던 이스라엘 백성들을 이끌고 애굽에서 가나안 땅으로 나가던 이스라엘 백성들이 홍해 앞에 있을 때의 상황입니다. 홍해가 앞을 막고 있습니다. 뒤에서는 애굽 바로의 군사들이 달려옵니다. 앞뒤가 꽉 막혀있습니다. 위기, 절망, 포기, 죽음의 상황입니다. 출애굽의 감격이 다 사라졌습니다. 하나님을 원망하고, 모세를 원망합니다. 죽음의 공포에 떨기 시작합니다.

이때에 모세는 하나님께 손을 들고 소리 내어 기도합니다.

이때에 모세는 생사 회복을 주장하시는 하나님께 기도합니다.
이때에 모세는 무릎을 꿇고 두 손을 들고 하나님께 기도합니다.
이때에 모세는 어린 생명을 구하여 주신 하나님을 믿습니다.
이때에 모세는 바로를 이기게 하신 하나님을 믿습니다.
이때에 모세는 10 재앙을 주신 하나님을 믿습니다.
이때에 모세는 10 재앙에서도 이스라엘을 살게 하신 하나님을 믿습니다.
이때에 모세는 바로를 항복하게 하신 하나님을 믿습니다.

기도를 드리고 일어선 모세는 백성들에게 크게 말하였습니다. "두려워하지 말라. 너희 모두는 두려워하고 있다. 하나님께서 구원의 손을 펴사 홍해를 건너가게 하시리라", "하나님께서 싸우시사 달려오는 바로의 군사들을 넘어지게 하사 물속에 잠기게 하시리라", "하나님께서 구하여 주시고 가나안으로 나아가게 하시리라"

이 역사에서 우리는 위기를 대하는 자세가 어떠해야 하는가를 알아야 합니다. 불신앙적인 자와 신앙적인 자, 부정적인 자와 긍정적인 자, 죽는 자와 사는 자를 분명히 알고 믿게 하는 말씀을 알아야 합니다. 위기상황에서 쉽게 낙담하고, 좌절하고, 포기하는 자가 있습니다. 위기상황에서 하나님 신앙, 믿음, 소망으로 하나님을 찾는 자가 있습니다.

사랑하는 교우 여러분! 우리는 위기를 만난 이스라엘 백성들과 같습니다. 하나님께서 긍휼히 여기시면 살게 됩니다. 하나님께서 사랑의 손을 펴시면 살게 됩니다. 하나님의 능력의 역사로 살게 됩니다. 그러므로 위기 상황이지만 어린아이 같이 울며 찾으면 살게 됩니다. 하나님의 능력, 하나님의 은혜, 하나님의 사랑, 하나님의 지혜만이 회복되는 비결임을 믿으시기 바랍니다.

저는 초등학교 1학년을 다닐 때에 6·25 전쟁을 만났습니다. 1월 4일 추운 겨울 피난을 하게 되었습니다. 평양에까지 걸어왔는데, 100리 길이었답니다. 평양역 다음역인 중화역에서 기차를 타는데 아버지가 기차 위 지붕 같은데 먼저 타시고, 저를 올리려고 하는데 기차가 떠났습니다. 아버지는 아들을 잃었고, 저는 아버지를 잃었습니다. 10여 일 후에 누나 손을 잡고 서울 역에서 피난민수용소를 찾아왔는데 영락교회 마당이었습니다. 또 며칠 후 주일날 아침, 예배드리기 30분 전에 예배를 드리러 오시는 아버지를 만났습니다. 수많은 인파 속에서 꿈같은 드라마입니다. 저는 그때부터 지금까지 그 어떤 상황에서도 아버지와 하나님 아버지를 잃어버려서는 안 된다는 이 생각이 언제나 늘 항상 머릿속에서, 가슴속에서 떠나지 않는 인생을 살고 있습니다.

지는 목회사역 45년을 마치고 다음 다음해에 대장암 수술을 받았습니다. 전이되기 직전 3기에서 얼마나 위급하였는지 김 박사님께서 점심시간을 이용하여 수술을 집도하였습니다. 대장 75cm를 자르고, 항암주사를 1년간 8번 맞았습니다. 저는 그때부터 의사 선생님의 말씀을 순종해야 한다, 하나님의 분부와 뜻에 순복해야 한다는 생각으로 살고 있습니다. 매일 항상 운동하세요라고 의사 선생님이 말씀하시는 것처럼 하나님께서는 매일 항상 기도하라고 말씀하십니다. 결정적인 위기 상황을 넘어 사는 비결이 바로 여기에 있습니다. 병들면 위기입니다. 기차를 놓치면 위기입니다. 쌀이 떨어지면 위기입니다. 집이 무너지거나 불타면 위기입니다. 입학시험에 떨어지면 위기입니다. 일터를 잃으면 위기입니다. 가족을 잃으면 위기입니다. 가정이 파괴되면 위기입니다. 예배를 드리지 못하면 위기입니다. 나라를 빼앗기면 위기입니다.

우리 교회 새 성전 건축이 시작되었는데, IMF가 왔습니다. 공사가 중단되었습니다. 그러나 몇 달 후에 기적적으로 건축 공사가 재개되었습니다. 그러나 공사 대금을 지불해야 하는데, 한 달씩 공사대금이 나가야만 하는데, 공사비를 못주게 되었습니다. 밀리고, 밀리게 되자 온갖 고역을 다 당하게 됩니다. 수십 번 위기, 위기를 넘기면서 드디어 입당을 하고, 몇 해 후에는 헌당을 하였습니다. 울며, 소리 내며 기도하신 장로님들, 권사님들, 집사님들, 교우들 잘 이기셨습니다.

한 가지만 더 말씀을 드리겠습니다. 춘천, 호반의 도시가 쓰레기 도시가 되기 직전이었습니다. 쓰레기 매립장 예정지가 정하여지며 주민들의 반발 반대가 너무 심하여졌습니다. 시청 앞에서는 밤낮으로 반대 결사 투쟁이 벌어졌습니다. 춘천경실련 공동대표와 사무총장, 춘천 시장과 주민대표가 만나서 해결책을 도모하지는 못하고 자기주장만 내놓습니다. 제가 시장님께 매립장 바로 옆에 관사를 지으세요. 관사에 살면서 출퇴근하세요. 주민이 되세요. 매립장 주위 교통, 환경, 교육, 문화면에서 뒤지지 않는 우수한 마을로 조성하세요. 주민들의 경제생활도 잘 해결하세요. 그리고 주민대표 여러분, 어떻게 하시겠습니까? 여기서 이 자리에서 합의합시다. 드디어 합의

하기로 했습니다. 감사합니다.

그다음 해에 전국대학입학고사 문제 중에 -시민 단체 운동의 저항 운동을 잘 해결할 수 있는 모범적인 예로- 춘천시 쓰레기 매립장 해결이 출제되었습니다. 여러분! 시장, 도지사, 국회위원, 각부장관, 대통령들이 위기 상황 속에서 신뢰받고 존경받을 수 있는지는 어려움을 함께 하는 자여야 합니다. 십자가를 함께 나누어지는 자여야 합니다. "No Cross. No Crown.(노 크로스 노 크라운)" 십자가 없이는 면류관도 없다는 격언입니다. 탈무드에 보면 "사랑하라. 사랑하라"가 아니라, "사랑한다. 사랑한다."라야 한다고 했습니다. 여러분! 뱉어진 말, 날아간 화살, 잃어버린 기회, 지나간 인생은 되돌아오지 않는다는 것을 알아야 합니다.

죤 프리벨은 "사람의 위기가 곧 하나님의 위기이다."라고 하였습니다. 오늘 본문 말씀은 생존을 위하여 몸부림치는 자들이 과연 어떻게 살아야 할 것인가? 그 답을 주는 말씀입니다. 시장, 도지사가 신뢰받지 못한다면 계속 위기입니다. 국회위원, 장관, 대통령이 신뢰받지 못한다면 위기의 시작입니다. 학교에서 담임선생님, 교장 선생님이 신뢰받지 못한다면 위기의 시작입니다. 가정에서 아버지, 어머니가 신뢰받지 못한다면 위기의 시작입니다. 교회에서 목회자가 신뢰를 잃게 된다면 위기를 맞은 것입니다. 물론 우리 인간은 연약한 존재입니다. 그러므로 하나님을 신앙합니다. 하나님을 신앙하는 삶으로 살면 신뢰받게 됩니다. 오늘 본문 말씀은 2절-3절에서는 육체적 극한 고통이었습니다. 4절에서는 정신적인 갈등입니다. 5-7절에서는 정치적인 극한 위기였습니다. 11절에서는 환경적인 급변입니다. 12절에서는 영적인 위기입니다.

교우 여러분! 오늘의 현실은 종말, 말세지말입니다. 총체적으로 위기를 만난 상황입니다. 육체적, 정신적인 위기 상황. 환경적인, 정치적인 위기 상황. 극한 위기 상황이 영적인 면에까지

마치 홍해 앞에 서있는 백성들과 같습니다. 이런 위기 앞에서 모세는 어떻게 하였습니까? 모세는 하나님께 울며 부르짖었습니다. 하나님께 손을 들고 기도하였습니다.

"환난 날에 나를 부르라. 너를 건지리니 네가 나를 영화롭게 하리라."(시 50:15)

"너희는 여호와를 만날만한 때에 찾으라. 가까이 계실 때에 그를 부르라."(사 55:6)

다같이 찬송 400장을 부르겠습니다.

"험한 시험 물속에서"

1. 험한 시험 물속에서 나를 건져 주시고
   노한 풍랑 지나도록 나를 숨겨 주소서

   (후렴) 주여 나를 돌보시사 고이 품어 주시고

    험한 풍파 지나도록 나를 숨겨주소서

2. 권세 능력 무한하사 모든 시험 이기고
   풍랑까지 다스리는 주님 앞에 비오니

3. 죄악 길에 빠진 이 몸 캄캄한데 헤매며
   부르짖는 나의 애원 들으소서 내 주여

모세는 하나님의 지팡이를 믿었습니다. 모세는 하나님의 지팡이를 잡고 바로 앞에 서기도 했습니다. 모세는 하나님의 지팡이로 반석에서 물이 나오게도 했습니다. 모세는 하나님의 지팡이로 홍해를 가르고, 하나님의 지팡이로 뇌성이 치고 우박이 떨어지게 하였습니다.

"내가 사망의 음침한 골짜기로 다닐지라도 해를 두려워하지 않을 것은 주께서 나와 함께 하심이라 주의 지팡이와 막대기가 나를 안위하시나이다"(시 23:4)

하나님의 지팡이는 기적과 능력의 지팡이였습니다. 우리도 하나님의 말씀과 기도로 능력의 지팡이를 들어야 합니다. 모세는 불기둥을 바라보았습니다. 모세는 성령의 인도하심을 받았습니다. 모세는 예수 그리스도의 영, 성령의 능력의 역사와 함께 믿음으로 나아갔습니다. 성령의 감화, 감동, 변화의 영, 성령 충만함으로 그 어떤 위기도 이겨야 합니다. 종말론적이란? 오늘 내가 마지막을 산다는 말입니다. 그러므로 오늘 우리는 어떻게 살까?

이 위기 앞에서 어떻게 할까? "오늘 주님이 오시리라." "오늘 주님께 나아가야 하리라." 그러므로 오늘 믿음으로 살아야 합니다. 오늘 기도함으로 살아야 합니다. 오늘 담대하게 살아야 합니다. 오늘 은혜, 성령 충만하여 살아야 합니다. 오늘 감사하며 살아야 합니다. 오늘 하나님을 신앙고백적 인생을 살아야 합니다. 이 엄청난 총체적인 위기를, 종말적인 위기 상황 중에서도 오직 믿음으로 신앙인다운 삶으로 살아야 합니다. 우리 하나님께서 이 어려운 상황을 이기게 하는 역사로 축복하여 주시기를 기원합니다. 다같이 기도합시다.

23. 너희 기쁨을 충만하게 하려 함이니라
(요한복음 15장 1-16절)

2022. 09.04
춘천동부교회 주일예배

요한복음 15:1-16

1. 나는 참포도나무요 내 아버지는 농부라
2. 무릇 내게 붙어 있어 열매를 맺지 아니하는 가지는 아버지께서 그것을 제거해 버리시고 무릇 열매를 맺는 가지는 더 열매를 맺게 하려 하여 그것을 깨끗하게 하시느니라
3. 너희는 내가 일러준 말로 이미 깨끗하여졌으니
4. 내 안에 거하라 나도 너희 안에 거하리라 가지가 포도나무에 붙어 있지 아니하면 스스로 열매를 맺을 수 없음 같이 너희도 내 안에 있지 아니하면 그러하리라
5. 나는 포도나무요 너희는 가지라 그가 내 안에, 내가 그 안에 거하면 사람이 열매를 많이 맺나니 나를 떠나서는 너희가 아무 것도 할 수 없음이라
6. 사람이 내 안에 거하지 아니하면 가지처럼 밖에 버려져 마르나니 사람들이 그것을 모아다가 불에 던져 사르느니라
7. 너희가 내 안에 거하고 내 말이 너희 안에 거하면 무엇이든지 원하는 대로 구하라 그리하면 이루리라
8. 너희가 열매를 많이 맺으면 내 아버지께서 영광을 받으실 것이요 너희는 내 제자가 되리라
9. 아버지께서 나를 사랑하신 것 같이 나도 너희를 사랑하였으니 나의 사랑 안에 거하라
10. 내가 아버지의 계명을 지켜 그의 사랑 안에 거하는 것 같이 너희도 내 계명을 지키면 내 사랑 안에 거하리라
11. 내가 이것을 너희에게 이름은 내 기쁨이 너희 안에 있어 너희 기쁨을 충만하게 하려 함이라
12. 내 계명은 곧 내가 너희를 사랑한 것 같이 너희도 서로 사랑하라 하는 이것이니라
13. 사람이 친구를 위하여 자기 목숨을 버리면 이보다 더 큰 사랑이 없나니
14. 너희는 내가 명하는 대로 행하면 곧 나의 친구라
15. 이제부터는 너희를 종이라 하지 아니하리니 종은 주인이 하는 것을 알지 못함이라 너희를 친구라 하였노니 내가 내 아버지께 들은 것을 다 너희에게 알게 하였음이라
16. 너희가 나를 택한 것이 아니요 내가 너희를 택하여 세웠나니 이는 너희로 가서 열매를 맺게 하고 또 너희 열매가 항상 있게 하여 내 이름으로 아버지께 무엇을 구하든지 다 받게 하려 함이라

할렐루야! 우리 하나님께 감사드리며, 교우 여러분에게 감사드립니다. 저는 지난 3개월간, 뉴질랜드에 갔다가 며칠 전에 귀국을 하여 오늘 함께 예배를 드리게 되어 기쁨을 금할 수 없습니다.

이 시간 말씀을 전하면서 11절 말씀을 제목으로 하여 은혜를 받으려고 합니다. 본문 말씀에 보면 다음과 같습니다.

"나는 포도나무요, 내 아버지는 농부라. 무릇 내게 붙어 있어 열매를 맺지 아니하는 가지는 아버지께서 그것을 제거해 버리시고, 무릇 열매를 맺는 가지는 더 열매를 맺게 하려 하여 그것을 깨끗하게 하시느니라."(1-2절)

"너희가 열매를 많이 맺으면 내 아버지께서 영광을 받으실 것이요. 너희는 내 제자가 되리라... 내가 아버지의 계명을 지켜 그의 사랑 안에 거하는 것 같이 너희도 내 계명을 지키면 내 사랑 안에 거하리라. 내가 이것을 너희에게 이름은 내 기쁨이 너희 안에 있어 너희 기쁨을 충만하게 하려 함이라."(8, 10-11절)

포도나무 가지가 나무에 잘 붙어 있으면서 열매를 잘 맺으면 농부 하나님 아버지께서 영광을 받으시는 것과 같이 우리도 주님의 사랑의 계명을 잘 받아 준행하면, 주님의 기쁨이 나의 기쁨이 되고 우리의 기쁨이 된다고 말씀하였습니다. 이 기쁨은 온전한 기쁨, 참된 기쁨이며 영원한 기쁨입니다. 우리 하나님 아버지의 기쁨, 주님의 기쁨, 믿는 자의 기쁨은 곧, 온전한 기쁨, 영원한 기쁨이 됩니다.

바울 사도는, 빌립보에 사는 교인들에게 이렇게 권면하였습니다.

"주 안에서 항상 기뻐하라. 내가 다시 말하노니 기뻐하라. 아무것도 염려하지 말고, 다만 모든 일에 기도와 간구로 너희 구할 것을 감사함으로 아뢰라. 그리하면, 모든 지각에 뛰어난 하나님의 평강이, 그리스도 예수 안에서 너희 마음과 생각을 지키시리라."(빌 4:4-7)

"내가 주 안에서 크게 기뻐함은 너희가 나를 생각하던 것이 이제 싹이 남이니… 너희가 내 괴로움에 함께 참여하였으니 잘하였도다."(빌 4:10, 14)

"데살로니가에 있을 때에도 너희가 한 번뿐 아니라 두 번이나 나의 쓸 것을 보내었도다… 이는 향기로운 제물이요 하나님을 기쁘시게 한 것이라."(빌 4:16, 18)

교우 여러분! 바울 사도와 사도 요한이 강조한 요지는 무엇입니까? 계명의 요지는 무엇입니까? 우리 예수님께서 몸소 행하신 하나님의 계명, 곧 사랑의 말씀은 십자가에서 죽으시기까지 하신 사랑. 구원하신 사랑의 역사입니다. 그러므로 주님의 몸 되신 교회, 주님의 가지들이 계명대로, 주님의 사랑을 따라 살아야 한다는 것입니다. 과연 그렇습니다. 계명의 요지는 주님의 사랑입니다. 사랑의 삶의 열매는 포도 열매 같이 주님을 기쁘시게 하는 것이며, 사랑의 열매는 수고의 일, 희생적인 사랑의 수고로 된다는 것을 깨닫게 하신 말씀임을 알아야겠습니다.

빌립보서 4장14절에는 "너희가 내 괴로움에 함께 참여하였으니 잘하였도다.", 요한복음 15장13절에서는 "사람이 친구를 위하여 목숨을 버리면 이보다 더 큰 사랑이 없나니"라고 하였습니다. 우리 주님께서는 우리를 십자가 사랑으로 친구 삼아 주셨습니다. 교우 여러분! 여러분은 십자가 사랑의 친구가 있습니까? 여러분의 친구가, 과연 십자가 사랑의 친구입니까?

어느 날 친구가 아프다는 소식을 듣고 서울에서 춘천까지 왔습니다. 초, 중, 고등학교, 군대생활까지 같이한 이 친구는 그림을 너무 잘 그리고 붓글씨도 아주 잘 쓰고 조각 예술 작품에도 아주 뛰어나게 잘하여 전국 최우수상을 받기도 하였습니다. 이 친구가 너무 아파서 누워 있는 모습을 보며 어떻게 할 수가 없어

"미안해. 어떻게 할 힘이 없구나. 내가 믿는 하나님께 기도할께. 앞으로 철야 기도, 금식 기도할께."

라고 말하였습니다. 지금까지 신앙생활을 같이 하자고 적극적으로 말하지 못한 나 자신이 부끄러웠습니다. 늦었지만 이제라도 진정 내가 할 수 있는 능력은 없지만 하나님께 도움을 구할 길밖에 없었습니다. 서울로 와서 가정교사로 받는 용돈을 이 친구의 치료에 힘이 되도록 1년 동안 조용히 보냈습니다. 그런데 이 친구가 서울까지 저를 만나러 와서 몸이 건강하게 좋아졌다는 것입니다. 기도하며 많은 사랑을 하여 준 덕분이고 하나님께서 고쳐주셔서 감사드린다고 하였습니다. 그리고 지금부터는 교회에도 잘 다니고 신앙생활을 잘하기로 마음을 굳게 정했다는 것입니다. 지금까지 신앙생

활을 안 하고 못 하였는데 열심히 하리라고 합니다. 그리고 카드사를 서울 을지로 2가에 사무실을 정하고 시작하려는데. 기도하여 달라고 합니다. 이 친구가 시작한 카드사는 그 유명한 바른손카드입니다.

여러분에게 사진을 보여드리겠습니다. 첫 번째 사진은 70년 전에 아버님께서 저에게 주신 성경책입니다. 두 번째 사진은 성경책이 너무 낡아져서 겉 가죽을 다시 새것으로 한 성경인데 50년 전에 만들었습니다. 마지막 세 번째 사진 파란색 성경 찬송은 은퇴 후에 선물로 받은 것입니다. 이 중에 70년 전에 선물 받은 성경책이 너무 낡게 되며 새 가죽을 입히려고 친구를 찾아가서 부탁을 했습니다. 새 가죽을 입히고 글씨를 잘 쓰고 도장을 파서 성경전서 찬송가 글자를 금속 도장 글자로 나오게 찍어 달라고 하였습니다. 이 친구는 가만히 생각하더니, 기도하여 달라며 정성으로 잘 써서 도장을 잘 파서 금속도장 글자로 찍어 주겠다고 했습니다.

두 달 후에 너무 잘하였습니다. 저는 너무나 좋아서 그다음 날, 대한성서공회에 가서 앞으로 모든 성경 찬송가는 이렇게 하여 보급하면 좋겠다고 신청했습니다. 대한성시공회에서는 심의 위원회를 열고 이사회를 열어서 잘 정하고 금속 글자도장을 찍어 보급하기 시작하였습니다. 지금 우리가 가지고 있는 성경전서 찬송가 글씨는 바른손카드사, 박영조 사장의 기도와 믿음과 기술과 헌신적 수고로 시작되었습니다. 한국교회의 놀라운 역사이며, 하나님께 영광을 드높이는 일이며 믿음 증거에 한몫이 되는 역사이며 결실의 기쁨이 되는 줄 믿습니다.

저는 목회를 하면서 기도의 응답, 전도와 봉사, 십자가 친구 사랑, 희생과 수고의 열매가 과연 어떤 결과를 얻게 되는지를 비로소 깨달아 알게 되었습니다. 주님의 제자가 되면 그 어떤 역사로 말미암아 분명 신기한 열매를 맺고 주님을 기쁘시게 합니다. 주님의 은혜를 입으면 주님의 기쁨이 되는 길로 나아가게 됨을 믿습니다. 과연 그렇습니다. 하나님의 말씀, 주님의 계명을 잘 믿고 기도하며 행하며 살 때 기쁨의 열매를 맺게 됩니다.

가끔 어려운 교회, 약한 교회, 개척교회에 가서 예배를 드리며 말씀을 전하고 올 때가 있습니다. 그런데 이런 교회에 가려고 할 때에는 설교를 하는 것 이상 중요한 일이 있습니다. 교회의 형편을 잘 살피고, 잘 알아보고, 과일, 떡, 음료수, 점심식사 등 준비를 해야 합니다. 우리 주변에는 상상 이상, 어려운 교회들이 있습니다. 노인요양병원교회, 농어촌이나 빈민도시교회, 미자립교회, 개척교회. 얼마나 힘들게 신앙생활을 하는지 마음이 아플 때가 많이 있습니다. 제 경우에는 대접을 받는데 익숙한 목회현장에서 있었기 때문에 뒤늦게라도 부끄러움이나 미숙한 모습을 떨쳐버리고, 비록 어설픈 모습이지만, 비록 작지만, 도와주자. 익숙하지 못하지만 섬겨 주자. 십자가 사랑의 봉사 수고를 한 번 만이라도 해야겠다고 생각하고 있습니다.

포도나무의 열매는 주님께서 먼저 십자가 사랑의 희생, 피와 땀과 눈물로 하심으로 저와 우리에게 기쁨이 되었음을 결코 잊어서는 안 됩니다. 우리도 십자가 사랑, 십자가 희생, 수고를, 한 번, 두 번, 행할 때에 은혜가 되며 기쁨이 됩니다. 십자가 사랑, 수고의 열정이 있어야 전도, 기쁨, 감사가 있습니다. 우리 교회가 십자가 사랑의 수고와 헌신을 하므로 비로소 좋은 교회, 건강한 교회, 기쁨을 주는 교회, 복된 교회. 아름다운 교회가 됩니다.

오래전 전도사로 일할 때였습니다. 서울 청계천 하류, 빈민 판자촌 동네에 있는 집사님 집에서 연탄가스 중독사고가 있었습니다. 중학생 딸 둘만 살고, 아버지, 어머니, 남자아이 세 식구는 그만 세상을 떠났습니다. 목사님은 부흥사경회 인도 차 멀리 부산에 가셨습니다. 경험도 없는 제가 이 어려운 장례하는 일을 해야 합니다. 기도드리다가 울고, 성경을 읽다가도 울고, 무슨 말을 할 수가 없었습니다. 하나님 아버지! 어떻게 합니까? 도와주세요. 이 두 아이들 어떻게 삽니까? 도와주세요. 그 후에 교회에 말씀드려서 여러 면으로 온 교회가 잘 살아가도록 이끌어 주었습니다. 오랜 후에 서울 마장동에 있는 교회에 청년부흥회 첫날 예배를 마치고 나오는데

"임 목사님! 저의 부모님과 동생 장례하시는 수고를 하시면서 눈물로 기도를 하여주셨지요. 그리고 너무 많이 도와주시고, 사랑하여 주시고, 기도하여 주셨지요. 지금은 집사로 봉사합니다. 남편은 내년에 장로 임직을 받게 됩니다."

이 말을 듣고 저는 또 눈물을 흘리며 기도하였습니다. 감사합니다. 하나님 감사합니다. 청계천 판자촌 어려운 교회의 교인들이 하나같이 십자가 사랑, 수고, 봉사를 함께 하여 열매를 보게 한 기쁨의 장면이었습니다.

교우 여러분! 교우 여러분이 잘 아시는 대로 저는 설교를 잘 못하는 목사입니다. 말을 잘 못하는 자입니다. 인물도 별로입니다. 그런데 하나님께서

불쌍히 여겨주셨습니다. 하나님의 은혜로 이렇게 지내고 있습니다. 교우 여러분! 사랑은 돈만으로 하는 것이 아닙니다. 십자가 사랑은 힘만으로 하는 것이 아닙니다. 가슴으로, 마음으로, 믿음으로 수고를 합니다. 말 그대로 사랑으로 합니다. 눈물로 합니다. 기도로 합니다. 수고로 합니다. 헌신으로 합니다. 그렇습니다. 모두 함께 하나님을 기쁘시게 살아야 합니다. 십자가 사랑의 봉사로 살아야 합니다. 헌신의 수고로 살아야 합니다. 농부 하나님께서 원하시는 일입니다.

얼마 전에 우리 교회 장학사업으로 교우 여러분의 기도와 후원 헌금으로, 신학교에 가서 공부를 하고 목사가 되어 목회를 하며, 또 신학교 교수로 일하고 있는 춘천동부교회 출신 목사 여러 명이 제 사무실에 왔습니다. 얼마나 반갑고, 기뻤는지. 감격을 금할 수가 없었습니다. 저들은 하나같이 하나님께 감사하며, 춘천동부교회에, 교우들에게, 감사 감사하면서 이제 저희들이 할 일은 보답하는 마음으로 하나님께서 원하시는 일을 잘하는 것뿐이라고 하였습니다. 그렇습니다. 모두 함께 하나님을 기쁘시게, 십자가 사랑의 봉사 헌신으로 살아야 합니다. 농부 하나님께서 원하시는 것입니다.

교우 여러분! 포도나무는 우리 눈으로 볼 때에 아름답지 않습니다. 포도나무 가지, 꽃, 잎새는 볼품이 없습니다. 그러나 열매, 포도송이는 탐스럽고 너무 좋아 보입니다. 포도송이, 포도주, 포도즙은 생명을 살리는 것입니다. 그래서 "나는 포도나무이며, 너희는 가지라." 십자가 사랑, 십자가 구원을 포도열매로 말씀하셨습니다. 십자가의 역사, 십자가의 구원, 사랑은 복음 기쁜 소식 기쁨의 열매입니다. 이 놀라운 은혜 수고와 함께하는 사랑과 기쁨이 여러분께 우리 교회에 충만하시기를 축원합니다.

다같이 찬송 458장을 부르겠습니다. 1,3절은 다같이. 2절은 성가대원들이 부르겠습니다.

1. 너희 마음에 슬픔이 가득할 때
　　주가 위로해 주시리라.
　　아침 해같이 빛나는 마음으로
　　너 십자가 지고 가라.

(후렴) 참 기쁜 마음으로 십자가 지고 가라.
　　　네가 기쁘게 십자가 지고 가면
　　　슬픈 마음이 위로 받네

2. 때를 따라서 주시는 은혜로써
　　갈한 심령에 힘을 얻고
　　주가 언약한 말씀을 기억하고
　　너 십자가 지고 가라

3. 네가 맡은 일 성실히 행할 때에
　　주님 앞에서 상 받으리.
　　주가 베푸신 은혜를 감사하며
　　너 십자가 지고 가라.

오늘 말씀을 읽고 듣고 기도드리며 십자가 사랑의 열매를 맺으며 살라고 다짐한 여러분에게 주님의 기쁨이 충만하시기를 축원합니다. 다같이 기도드리겠습니다.

"사랑이 많으신 하나님 아버지! 이 시간, 말씀을 읽고 듣게 하심을 감사드립니다. 주님의 신실한 제자가 되어서 말씀대로 믿고, 십자가 사랑의 봉사자로 헌신하며 살려고 하오니, 약해지지 않도록 도와주시옵소서. 진정 십자가 사랑의 봉사로 진정 수고와 헌신의 삶을 살면서, 복음을 전하여 복음의 열매, 기쁨의 결실, 하나님을 기쁘시게 하는 교회, 교인들이 다 되게 하여 주시옵소서. 주 하나님, 이렇게 기도하며 기쁨을 구하는 교우들, 한 분 한 분에게 건강과 평강의 축복을 항상 내려 주시옵소서. 기쁨과 구원의 주 되신 예수 그리스도의 이름으로 기도드리옵나이다. 아멘."

24. 감동을 주는 그리스도인
(로마서 12장1-13절)

2009. 08.23
성남교회

로마서 12:1-13

1. 그러므로 형제들아 내가 하나님의 모든 자비하심으로 너희를 권하노니 너희 몸을 하나님이 기뻐하시는 거룩한 산 제물로 드리라 이는 너희가 드릴 영적 예배니라
2. 너희는 이 세대를 본받지 말고 오직 마음을 새롭게 함으로 변화를 받아 하나님의 선하시고 기뻐하시고 온전하신 뜻이 무엇인지 분별하도록 하라
3. 내게 주신 은혜로 말미암아 너희 각 사람에게 말하노니 마땅히 생각할 그 이상의 생각을 품지 말고 오직 하나님께서 각 사람에게 나누어 주신 믿음의 분량대로 지혜롭게 생각하라
4. 우리가 한 몸에 많은 지체를 가졌으나 모든 지체가 같은 기능을 가진 것이 아니니
5. 이와 같이 우리 많은 사람이 그리스도 안에서 한 몸이 되어 서로 지체가 되었느니라
6. 우리에게 주신 은혜대로 받은 은사가 각각 다르니 혹 예언이면 믿음의 분수대로,
7. 혹 섬기는 일이면 섬기는 일로, 혹 가르치는 자면 가르치는 일로,
8. 혹 위로하는 자면 위로하는 일로, 구제하는 자는 성실함으로, 다스리는 자는 부지런함으로, 긍휼을 베푸는 자는 즐거움으로 할 것이니라
9. 사랑에는 거짓이 없나니 악을 미워하고 선에 속하라
10. 형제를 사랑하여 서로 우애하고 존경하기를 서로 먼저 하며
11. 부지런하여 게으르지 말고 열심을 품고 주를 섬기라
12. 소망 중에 즐거워하며 환난 중에 참으며 기도에 항상 힘쓰며
13. 성도들의 쓸 것을 공급하며 손 대접하기를 힘쓰라

조금 전에 읽은 말씀은 예수님을 믿는 우리들에게 헌신의 삶을 살라고 당부한 말씀입니다. 1절에서 "너희 몸을 하나님이 기뻐하시는 거룩한 산 제사로 드리라"라고 하시고 이어서 각 사람에게 나누어주신 믿음의 분량대로 지혜롭게 생각하며, 섬기는 일로, 가르치는 일로, 헌신의 삶을 살아야 한다고 하셨습니다. 그리고 결론의 말씀으로 사랑과 우애와 존경하며 살되 부지런하며, 게으르지 말고, 열심을 품고 주님을 섬기라고 하였습니다.

그다음 중요한 말씀으로 소망 중에 즐거워하고 환난 중에 참고, 항상 기도에 힘쓰며, 섬김의 삶을 살아야 한다고 분부하셨습니다. 우리 기독교 교리에서 중요하게 명심하여야 할 것이 있다면 이원론적인 삶을 용납하여서는 안됩니다. 무슨 말입니까? 마음 따로 몸 따로, 말 따로 행동 따로가 아니라는 것입니다. 생각이나 말 그리고 행동이 하나같이 같아야 합니다. 그러므로 성경에서 중요한 교훈과 권면의 말씀을 보면, 마음을 다하여, 뜻을 다하여, 힘과 목숨을 다하여 하나님과 이웃을 사랑하는 삶을 살아야 한다는 말씀입니다.

하나님 아버지께서는 우리들을 구원하실 생각을 하시고 말씀을 하시다가 친히 세상에 오셔서 온몸을 드려 십자가 희생의 사랑을 실천하셨습니다. 교우 여러분! 가장 가치 있는 고귀한 삶이 무엇입니까? 구원의 주 하나님, 사랑과 축복의 하나님을 기쁘시게 하는 삶입니다. 이렇게 모든 이들에게 유익과 기쁨을 주는 삶인 것입니다. 그러므로 중요한 문제는 어떤 삶을 사느냐입니다.

오늘 본문 말씀 처음에 '너희 몸을 하나님이 기뻐하시는 거룩한 산 제사로 드려야 한다'라고 하셨는데 그렇다면 '우리의 몸을 어떻게 드려야 하는가?'입니다. 구약적으로는 몸을 각을 떠서, 온전히 죽여서, 불태워서 제사를 드려야 했지만 예수님께서는 우리를 위하여 친히 오셔서, 대신 제물이 되어 십자가에서 죽으셨기 때문에 예수 믿는 우리들은 예수 그리스도의 이름으로 우리의 몸을 산 제사로 드리는 삶을 살아야 하는 것입니다.

그러면 몸을 산 제사로 드리는 삶이 과연 어떤 것입니까? 주님을 위하여 헌신의 삶으로 살아야 하는 것입니다. 주님의 몸 된 교회를 위하여 헌신의 삶을 살아야 한다는 것입니다. 주님께서 사랑하시는 뭇 심령들을 위하여 헌신의 삶을 살아야 하는 것입니다. 헌신은 몸과 마음을 온전히 드리는 것입니다. 예수 그리스도의 이름으로 내 몸을 하나님께서 기뻐하시는 뜻을 따라 산 제사의 삶으로 헌신해야만 합니다.

'하네스 발렐' 목사님은 늘 말씀을 증거 하시면서 '헌신하라', '헌신하라'라고 하셨는데 어느 날 무디라는 젊은이가 돈이 없어서 헌금 시간에 종이에 "하나님 아버지! 내 몸을 온전히 하나님께 드립니다."라고 적어 드렸습니다. 발렐 목사님이 이 종이를 보시면서 읽으셨습니다. 저는 오랜 전 '미국에 꼭 한 번 가야 한다, 시카고 무디 센터에 꼭 가서 보고 체험하는 학습을 하고 와야 한다'라고 생각했습니다. 그리고 마침내 하나님께서 기회를 주셔서 시카고 무디 센터에 갔습니다. 큰 도시처럼 채플, 연수소, 도서실, 성경학원, 신학교, 전도, 훈련 체험 활동센터가 있는 엄청난 센터였습니다. 구두 수선공이었던 무디는 바울 이후 최대의 전도자가 되어 헌신한 자로 자신의 몸을 드려 헌신하였습니다.

　사랑하는 교우 여러분! 우리 주님께서 오늘 우리에게 무엇으로 어떻게 헌신을 하여야 하는가를 물으실 때에 우리는 모두 마음을 다하여 뜻을 다하여 힘을 다하여 내 몸을 드려 헌신의 삶으로 살아야만 합니다. 너의 생각을 드려야, 너의 시간을 드려라, 너의 재능을 드려라, 너의 물질을 드려야, 너의 모든 것을 다하여 십자가 사랑으로 헌신의 삶을 드리라고 하시는 음성에 귀를 기울이시기를 바랍니다.

　우리의 믿음의 분량대로, 받은 은사를 따라, 재능을 따라 하나님께서 원하시는 뜻을 따라 헌신의 삶을 살아야 합니다. 가르치는 교사의 은사와 재능으로, 받은 물질의 복을 섬겨주는 일에, 노래를 잘하면 찬양하며 하나님께 영광을 돌리는 삶에 힘을 다하여 헌신적으로 살아야 합니다.

　희미하여서는 안됩니다. 차지도 덥지도 않아서는 안됩니다. 적극적이어야 합니다. 열정적이어야 합니다. 온전히 헌신해야 합니다. 복음을 전하는 일에 열정을 다하여야 합니다. 섬기는, 봉사하는 일에, 십자가 희생적이어야 합니다.

　내 몸을 산 제사로 헌신하는 삶을 살 때에 어떤 역사가 나타나게 되겠습니까? 한 마디로 답하면 감동 감화의 역사가 나타납니다. 감동 감화 다음에는 변화의 역사가 있게 됩니다. 우리가 신앙생활을 하면서 여러 가지를 받습니다. 하나는 하나님의 사랑을 받습니다. 또 하나는 우리가 주님을 더 사랑함으로 은혜를 받습니다. 주님을 사랑하고 주님께 헌신하고 주님을 기쁘시게 하는 은혜를 받습니다. 주 하나님의 마음을 감동시키고 또한 사람들의 마음을 감동시키는 삶을 살 때에 은혜를 받고, 또한 축복을 받는 것임을 알아야 합니다.

어린아이는 부모님의 사랑을 받음으로 은혜를 받고, 부모나 교사들은 어린아이들을 사랑하므로 은혜를 받습니다. 성숙한 그리스도인들은 주님을 위하여, 교회를 위하여, 사랑으로 섬기는 헌신의 삶을 살 때에 은혜를 받고 축복을 받습니다. 우리 예수님께서도 십자가 희생으로 하나님께 헌신 순종하심으로 감동 감화, 변화의 역사를 주셨습니다.

사랑하는 교우 여러분! 여러분은 하루하루의 삶에서 누구를 감화케 하였습니까? 말 한마디, 행동 하나에서 식구들에게, 교회에 감동 감화케 하십니까? 주 하나님을 감동케 하십니까? 주 하나님을 감동케 하십니까? 작은 어린아이들에게 어떤 감동이 되게 하였습니까?

나 위하여 십자가를 지시고 부활하신 주님께서 구원하여 주시고 축복하여 주시는 주님께서 네가 내 죽음을 안다면, 내 십자가 헌신을 진정 알고 믿는다면, 너는 누구를 감동케 하며 사는가? 오늘 이 시간 물으십니다.

그러므로 우리는 찬양, 열정을 다하여 찬송해야 합니다. 몸을 드려 봉사, 열정을 다하여 겸허히 섬겨야 합니다. 물질을 드리는 때에는 인색하지 말아야 하고 온전히 감사함으로 드려야 합니다. 가르친다면 열정을 다하여 성의를 다하여야 합니다. 내 양심에 부끄럽게 되어서는 안 됩니다.

성경에 나오는 사람들 중에서 열정을 다하여 헌신의 삶을 산 사람들을 보면 모두 행복한 사람들이었습니다. 스데반 집사님은 죽으면서도 주님을 감동시켰습니다. 마리아의 헌신은 옥합을 깨트리며 주님을 감동케 하였습니다. 아브라함, 에녹, 야곱, 요셉, 모세, 한나, 예레미야, 히스기야, 백부장, 베드로, 스데만, 바울 실라... 모두 하나님을 감화 감동시키는 모든 이들은 감화케 하는 삶을 보여주었습니다.

교회 역사에서도 그렇습니다. 손양원 목사님, 주기철 목사님, 도산 안창호, 백범 김구, 슈바이처, 웨슬리, 무디, 루터, 한경직 목사님, 모두 주 하나님을 감동케 하였습니다. 모든 이들을 감화 감동케 하는 삶을 다하였습니다.

이제는 나 자신을 바라보아야 합니다. 그리스도인으로 부름을 받고 응답한 신앙인다운가? 어떤 삶을 살고 있는가?를 깊이 생각하여야 합니다. 이 시간 하나님 앞에서, 부족함을 통감하면서 주님께 헌신하는 믿음의 사랑, 사랑의 사랑으로 회개와 헌신을 하여야 하겠습니다.

직업이나 일에 대하여 말할 때에 하나님과 관계가 된 말이 있습니다. 첫째는 calling입니다. 부르라 부르셨다는 뜻입니다. 목사로 교사로, 장로 집사로 calling에 응답하는 것이 중요합니다.

둘째는 vocation입니다. 라틴어 vocare는 소리, 음성입니다. 하나님의 음성을 듣는 것입니다. 하나님께서 부르시는 음성(소리)을 듣고 대답하고 헌신합니다. 소명입니다.

셋째는 profession입니다. 'profess'는 서원하다는 뜻입니다. 고도의 지식과 훈련을 통하여 전문인이 되는 것을 말합니다. 누구와 서원할까요? 하나님과 서원합니다. 가장 고귀하고 영광스러운 일을 위하여 부족한 나를 불러 맡기시니 감사 감격하여, 성실하게 전심전력을 다하여 일하겠다는 서약을 합니다. 그러나 중요한 것은 이 일은 전문인으로 해야 한다는 것입니다. 고도의 지식과 최상의 훈련으로 전문인이 되어야만 합니다. 의사, 각종 기능사, 교사, 목사 등등...

저는 자격증이 세 개 있습니다. 학교교사 자격증서, 목사 자격증서, 운전면허증. 여러분! 하나님이 부르심, calling에 응답하셨습니까? 하나님의 음성, vocare에 감동 감화 변화로 소명을 받은 자입니까? 하나님의 일에 대한 서원, 사명자로서 합당한 훈련, 교육, 전문인이 되어 봉사합니까? 여러분의 일에 profession 합니까?

집안 청소는 자격증이 없어도 할 수 있습니다. 그러나 하수도 청소는 자격증이 있어야만 할 수 있습니다. 나 혼자 찬송하는 것은 자격증이 없어도 할 수 있습니다. 그러나 찬양대원은 자격증이 있어야만 합니다. 찬양대원을 하려면 심사를 받고 하셔야 합니다. 집에서 아이들을 가르치는 일은 자격증이 없어도 됩니다. 그러나 학교 교사, 교회학교 교사는 자격증이 있어야 함을 아셔야 합니다.

교회의 직분은 존귀한 직분입니다. 감사와 감격으로 해야만 합니다. 중요한 것은 직분을 주신 하나님께 제대로 해야 합니다. 자격 있는 봉사자로 profession한 능력 있는 봉사자로 섬겨야 합니다. 존경받을 자로 봉사로 섬겨야 합니다.

미국 오하이오와 주 웨스트 브로우치 작은 마을 아주 작은 시골 교회 교회학교 교사 한 분이 마을마다 다니면서 전도를 하였습니다. 주일날 교회당에 와서 한 시간만 예배를 드리면 10센트를 준다고 하였습니다. 아이들이 주일날 1명, 2명, 5명이 오게 되었습니다. 몇 주 후에는 오후에 우리 집에 와서 Bible study를 1시간만 하면 맛있는 것도 주고, 또 10센트를 준다고 하였습니다. 그 후 1년, 2년, 3년 후부터는 도시로 나가서 공부를 하게 되었습니다. 오랜 시간이 흘렀습니다. 여러 해 후에 1932년 전도를 했던 선생님이 학교교사 퇴임식을 하게 되었습니다. 이 퇴임식이 여러 곳에 알려졌습니다. 그런데 퇴임식에 참석 못한 사람들이 축전을 보냈습니다. 사회자가 축전을 읽었습니다.

1. 선생님, 주일날 10센트씩 받은 학생이었는데, 교사 퇴임식에 참석 못하여 죄송합니다. 축하합니다. 건강하세요. 미국 연방은행 총재 OOO

2. 선생님, 주일날 10센트씩 받은 학생이었는데, 교사 퇴임식에 참석 못하여 죄송합니다. 축하합니다. 건강하세요. 미국 국무장관 OOO

3. 선생님, 주일날 10센트씩 받은 학생이었는데, 교사 퇴임식에 참석 못하여 죄송합니다. 축하합니다. 건강하세요. 중국 선교사 000

4. 선생님, 주일날 10센트씩 받은 학생이었는데, 교사 퇴임식에 참석 못하여 죄송합니다. 축하합니다. 건강하세요. 미국 대통령 후버(1929-1933)

교우 여러분! 하나님을 감동시키는 헌신적인 삶의 결과 열매가 무엇이겠습니까? 감동 감화 변화의 역사임을 믿으시기를 바랍니다.

10년 전에 가을, 포항제일교회 전도 부흥회 강사로 가서 3일 동안 집회를 인도하였습니다. 둘째 날 오후에 시간을 내어서 한동대학교 부총장 원동연 박사실에 초대를 받고 갔습니다. 원 박사님께서는 초등학교 2학년 때 주일학교 학생 어린이였는데, 제가 담임교사였습니다. 원 박사님이 임 목사님, 교회학교 유년부 선생님 하실 때에 성경 말씀, 기도, 사랑 잊을 수가 없습니다. 또 짜장면 사 주신 것, 평생 잊을 수가 없습니다. 지금 한동대학교 부총장인데, 내년에는 몽골국제 대학교 총장으로 가서 선교사역을 하게 됩니다. 저는 부족하지만, 교회 장로로서, 대학교 교수이지만 선교기 제1사역으로 알고 최선을 다하려고 합니다. 어릴 때의 신앙 교육으로 하나님께 감사하고 있다는 이야기를 듣고 얼마나 기뻤는지 모릅니다.

사랑하는 교우 여러분! 헌신하면 복이 됩니다. 몸을 드려 산 제사의 삶을 살면 복이 됩니다. 시간을 드려 살면 복이 됩니다. 재물을 온전히 드려 헌신할 때에 복이 됩니다. 재능을 다하여 헌신하면 복이 됩니다. 기도와 섬김,

사랑과 헌신으로 감화 감동 변화의 열매를 보는 여러분이 되시기를 바랍니다.

항상 간절하게 기도하시는 여러분, 잘 준비하여 봉사하시는 여러분, 믿음과 사랑으로 힘써 일하시는 여러분, 열정을 다하여 헌신하시는 여러분, 하나님께 감동, 모든 이들에게 감동하게 하시는 여러분 한 분 한 분에게 은혜와 복이 충만하시기를 기원합니다.

25. 염려를 주님께 맡겨라
(마태복음 6장25-34절)

2015. 10. 18
춘천영광교회

마태복음 6:25-34

25. 그러므로 내가 너희에게 이르노니 목숨을 위하여 무엇을 먹을까 무엇을 마실까 몸을 위하여 무엇을 입을까 염려하지 말라 목숨이 음식보다 중하지 아니하며 몸이 의복보다 중하지 아니하냐
26. 공중의 새를 보라 심지도 않고 거두지도 않고 창고에 모아들이지도 아니하되 너희 하늘 아버지께서 기르시나니 너희는 이것들보다 귀하지 아니하냐
27. 너희 중에 누가 염려함으로 그 키를 한 자라도 더할 수 있겠느냐
28. 또 너희가 어찌 의복을 위하여 염려하느냐 들의 백합화가 어떻게 자라는가 생각하여 보라 수고도 아니하고 길쌈도 아니하느니라
29. 그러나 내가 너희에게 말하노니 솔로몬의 모든 영광으로도 입은 것이 이 꽃 하나만 같지 못하였느니라
30. 오늘 있다가 내일 아궁이에 던져지는 들풀도 하나님이 이렇게 입히시거든 하물며 너희일까보냐 믿음이 작은 자들아
31. 그러므로 염려하여 이르기를 무엇을 먹을까 무엇을 마실까 무엇을 입을까 하지 말라
32. 이는 다 이방인들이 구하는 것이라 너희 하늘 아버지께서 이 모든 것이 너희에게 있어야 할 줄을 아시느니라
33. 그런즉 너희는 먼저 그의 나라와 그의 의를 구하라 그리하면 이 모든 것을 너희에게 더하시리라
34. 그러므로 내일 일을 위하여 염려하지 말라 내일 일은 내일이 염려할 것이요 한 날의 괴로움은 그 날로 족하니라

중국 열자전에 보면, 기우라는 말이 나오는데. 무익한 염려를 기우라고 하였습니다. 기 나라에 어떤 사람이 공연한 걱정을 합니다. "만일 하늘이 무너지면 큰일이구나. 어디로 피하여야 하나?" 매일 근심하고 걱정을 하며 나날을 보내며 삽니다.

오늘 읽은 본문 말씀은 공연한 일로 "염려하지 말라" 6차례나 말씀합니다. 염려한다는 말은 걱정과 두려움과 슬픔의 의미가 있습니다. 정신을 분열시킨다, 이해력을 말살시킨다, 감수성을 파괴시킨다는 뜻입니다. 그러므로 "목숨을 위하여 무엇을 먹을까 무엇을 마실까? 몸을 위하여 무엇을 입을까. 염려하지 말라"는 주님의 말씀은 염려함으로는 그 어떤 호전적인 변화를 가져올 수 없다는 것을 강조하신 말씀입니다.

주님께서는 복음으로 인하여 총독과 임금 앞에 끌려가게 된다고 할지라도 무엇을 말할까 염려하지 말라고 하셨습니다. 왜냐하면 그때에 무슨 말을 어떻게 말할 것인지를 성령께서 알려 주신다는 것입니다. 우리 인간은 하나님의 능력이 아니면 아무 일도 할 수 없습니다. 공중의 새도 하나님께서 키우십니다. 딱딱한 땅에서 연한 싹이 나오는 일도 하나님의 역사입니다 그러므로 지극히 작은 일 하나라도 하나님께서 도와주시고 함께하여 주셔야만 이룰 줄 믿고, 하나님께 맡기면서 하나님과 함께 역사하여야만 합니다.

맡긴다는 것이 무엇입니까? 믿음입니다. 맡기는 믿음의 행위는 곧 기도입니다. 그러므로 우리 믿음으로 사는 자의 삶은 그 어떤 일에도 염려하지 말고. 오직 모든 일에 기도와 간구로 모든 것을 감사함으로 하나님께 아뢰어야 한다고 사도 바울은 권면하였습니다.

영어로 worry라는 말은 웨겐에서 나온 말인데, "물어뜯는다"는 뜻입니다. 사나운 맹수가 날카로운 이와 사나운 발톱으로 약한 짐승의 목과 온몸을 물어뜯고 할퀴어서 질식시켜 죽이는 것을 뜻합니다. 우리가 근심하게 될 때에 길어지게 되면 우리를 질식시켜 죽게 만든다는 것을 말해줍니다. 염려, 근심이 죽게 하는 것입니다. 염려하는 동안은 의식하지 못하겠지만 계속 죽게 만들고 있다는 것입니다.

어느 심리학자는 염려는 느린 형태의 자살이라고 했습니다. 우리는 자살이 죄라고는 알고 있지만 근심과 걱정, 염려와 탄식과 낙심이 스스로를 죽이고 있다는 사실은 전혀 생각하지 않고 있습니다. 염려와 근심을 주 하나님께 맡기지 못하고 있는 것은 곧 불신이기 때문에, 하나님 앞에서 죄인 것입니다. 그러므로 작은 일이든 큰 일이든 개인의 일, 가정의 일, 일터의 일이든, 교회의 일이든, 나라와 세계의 모든 역사를 믿음으로 맡기고 하나님께서 선하게 역사하여 주시기를 바라서 기도해야 합니다. 믿음으로 맡기지 않고 기도하지 않는다는 것은 믿음이 없거나, 약한 상태이며 불신앙적이거나 영적인 질병에 있는 상태임을 알아야 합니다.

워싱턴 대학교 토마스 홀프 박사는 "마음이 불안하고 초조한 사람과 차분하게 안정된 사람 중에 누가 쉽게 질병에 걸리게 되는가? 불안하고 초조한 사람이다."라고 했습니다. 홉킨스 대학교의 에드워드 돈드스키 교수는 치료를 받고 퇴원하는 환자들을 유심히 보면, 마음의 안정을 찾은 사람이 병원으로 다시 오는 경우는 10% 정도이고, 마음의 안정을 찾지 못한 상태의 사람들은 1년도 못 되어 70% 정도가 다시 병원으로 온다고 하였습니다. 그러므로 근심과 걱정은 마음의 문제요. 마음의 문제는 곧 육체의 문제와 함께 한다는 것입니다.

성경에는 "염려하지 말라, 기뻐하라."라는 말씀이 무려 550번이나 있는데 한마디로 말하면, "오직 믿음으로 살아야 한다"는 말씀입니다 예나 지금이나 사람 사는 세상은 복잡하기 그지없습니다. 그러므로 우리 인간들은 하나같이 근심과 걱정과 염려로 살아갈 수밖에 없습니다. 현대 의학자들에 의하면, 고혈압, 류머티즘, 감기, 당뇨병, 신장염, 관절염, 골다공증, 신경성 위장병, 각종 암 등 질병의 70%가 염려, 근심, 걱정, 불안, 초조, 공포 때문에 생긴다고 합니다. 우리가 염려하고 있는 동안 그만큼 우리의 생명은 매우 위태합니다. 그만큼 우리의 생명은 무의미하게 소진한다는 것을 알아야 합니다. 염려와 근심이 많아지면 원망과 불평과 불만이 터져 나오게 되고, 그다음 단계로 신경질과 탄식과 낙심이 나오게 되는 것입니다. 염려와 근심이 많은 사람치고 성공한 사람은 거의 없습니다.

사랑하는 교우 여러분! 마음속에 염려와 근심과 불안이 있습니까? 하나님의 말씀을 믿는 믿음으로, 하나님의 능력과 사랑을 믿는 믿음으로 다 떨쳐 버리시길 바랍니다. 전능하신 하나님, 나를 도와주시는 사랑의 주님을 믿지 못하기 때문에 근심하고 염려하게 되는 것 아닙니까? 염려는 불신앙적인 죄가 됨을 아시기 바랍니다.

"너희 중에 누가 염려하므로 그 키를 한 자나 더할 수가 있느냐?"
"너희 염려를 다 주께 맡겨 버리라. 이는 저가 너희를 권고하심이니라"

근심하고 걱정하고, 염려하고 탄식하면 될 일도 안 되고, 감사하고 기뻐하며 감격으로 충만하면 안 될 일도 잘되는 것입니다. 염려는 습관이 되는 질병입니다. 습관은 고칠 수가 있습니다. 질병도 치료할 수가 있습니다. 우리를 불행하게 하는 온갖 염려를 단호하게 떨쳐 버리는 믿음의 결단을 하고 하나님께 기도하시기를 바랍니다. 잠깐 동안 염려할 수 있고 걱정을 할 수는 있습니다. 그러나 주님을 생각하면서 하나님의 도우심과 능력과 사랑을 믿고, 주님의 나라와 의를 구하시는 여러분이 되시기를 바랍니다.

폴 터니어 박사는 염려를 물리치는 지침 7가지를 이렇게 제시하였습니다.

① 하나님께 영광을 돌리는 것을 삶의 목적으로 하고 매일매일을 즐겁게 산다. 주님을 위하여 열심히 일하며 사는 사람은 염려할 것이 전혀 없다는 것입니다.
② 하나님의 말씀을 매일 묵상하고 그 말씀을 적용하기를 힘써라. 하나님의 말씀은 생명의 에너지요, 치료하는 능력이라는 것입니다.
③ 내 마음속에 있는 쓴 물을 없애 버려라. 원한이나 유감 그리고 자신에 대한 실망을 십자가에 못 박아야 한다는 것입니다.
④ 가족과 친구들과 좀 더 친밀하게 살도록 힘써라. 대부분의 염려와 걱정은 가정 문제에서 비롯되는데 서로 미워하지 않아야 된다는 것입니다.

⑤ 되도록이면 잘 믿는 이웃들과 정기적으로 만나라. 신앙생활을 잘하는 행복한 사람들과 늘 교제를 하면 나도 모르는 사이에 행복해진다는 것입니다.

⑥ 일상적인 작은 일에 충실하면서 만족하며 사는 자세를 가져라. 평범한 일을 통하여 하나님께 영광을 돌리는 것이 하나님을 닮아가는 모습이 된다는 것입니다.

⑦ 며칠에 한 번씩이라도 좋으니 다른 사람에게 선을 베풀어라. 남을 섬길 때에 행복하여진다는 것입니다.

교우 여러분! 우리는 하나님을 믿는 사람 신앙인입니다. 구원의 주님을 믿는 사람, 그리스도인입니다. 신앙인, 그리스도인이라고 하여 외계에서 사는 자들이 아닙니다. 이 세상에서 육신을 가지고 살기 때문에 근심과 걱정, 두려움과 염려되는 문제는 없을 수가 없습니다. 비바람이 종종 있듯이 항상 때때로, 걱정이 되는 문제, 염려스러운 일들이 있는 것입니다. 그러나 이 모든 일들은 더 좋은 날이 되게 하는 시험이요, 더 좋은 신앙인이 되게 하는 터널과 같은 것입니다. 그러므로 하나님께 맡기고 기도하여 더 좋은 역사, 하나님의 축복을 받으시길 바랍니다.

우리는 외로움도 초조함도 다 떨쳐 버리고 사는 자입니다. 믿음으로 평화의 주님을 바라보며 사는 신앙인들입니다. 걱정과 근심, 염려와 두려움을 다 떨쳐 버리고 사는 자입니다. 위로와 능력의 주님을 바라보며 사는 신앙인들입니다. 복음 찬송, "괴로울 때, 주님의 얼굴 보라" 다 같이 부르시겠습니다.

1. 괴로울 때 주님의 얼굴 보라 평화의 주님 바라보아라
세상에서 시달린 친구들아 위로의 주님 바라보아라

(후렴) 눈을 들어 주를 보라 네 모든 염려 주께 맡겨라
슬플 때에 주님의 얼굴 보라 사랑의 주님 안식 주리라

2. 힘이 없고 네 마음 연약할 때 능력의 주님 바라보아라
주의 일에 이르는 모든 자들 힘주시고 늘 지켜주시네

(후렴) 눈을 들어 주를 보라 네 모든 염려 주께 맡겨라
슬플 때에 주님의 얼굴 보라 사랑의 주님 안식 주리라.

1세기경에 기록된 초대 교회에 관한 문서들을 보면, 구원의 주님을 진실로 사랑하며 믿고 따르다가 순교까지 하면서 헌신한 사람들에게서 공통된 엄숙한 사실 하나가 있습니다. 이들은 하나같이 자신의 이름 앞에- 디테디오스라는 명칭을 붙인 것입니다. 디테디오스 요한, 디테디오스 마가, 디테디오스 바울. 디테디오스라는 말은 헬라 말인데 "결코 염려하지 않는 자" "결코 두려워하지 않는 사람"이라는 뜻입니다. 주 예수님을 구주로 믿고 나서 제일 먼저 세상의 염려, 온갖 걱정으로부터 자유하게 되었다는 것입니다. 이들은 모두 위대한 신앙고백적인 삶을 사는 자들이었습니다.

지금 우리 안에 자유와 평강이 있느냐, 없느냐? 이는 우리 안에 하나님께서 계신가, 아니 계신가로 결정됩니다. 염려는 하나님을 온전히 신뢰하지

않고 자신의 지식이나 경험만을 의지하려고 할 때에 생기는 것입니다 그러므로 예수님께서는 "염려하지 말라. 믿음이 작은 자들아"라고 하시면서 통분하셨습니다. 나의 존재에 대한 염려, 나의 온갖 문제에 대한 걱정, 부모, 자녀, 가족에 대한 걱정과 염려, 사회를 향한 걱정 나라와 민족에 대한 염려와 걱정, 우리 교회에 대한 걱정과 염려는 당연히 있는 것입니다. 염려스럽습니다. 걱정이 됩니다. 염려해야 합니다. 걱정해야 합니다.

그러나 여러분! 언제까지 염려만 하고 걱정만 해야 하겠습니까? 이제 믿음으로 주님께 다 맡기고 주 하나님께 기도함으로 하나님께서 주시는 은혜와 복을 받아야 합니다. 기도하지 않는 것이 문제입니다. 기도의 힘이 점점 약해진다는 것이 문제입니다. 더 큰 염려, 더 엄청난 걱정이 오기 전에 맡기고 기도하고 믿음으로 기도하고 열정을 다하여 기도함으로 모든 염려들이 평강이 되고 은혜가 되고 축복이 되시기를 축원합니다.

다같이 찬송 337장을 부르겠습니다. 내 모든 시험 무거운 짐을 주 예수 앞에 아뢰이면, 3절은 찬양대원들이 부르세요.

  1. 내 모든 시험 무거운 짐을 주 예수 앞에 아뢰이면
    근심에 싸인 날 돌아보사 내 근심 모두 맡으시네

  (후렴) 무거운 짐을 나홀로 지고 견디다 못해 쓰러질 때
    불쌍히 여겨 구원해 줄 이 은혜의 주님 오직 예수

2. 내 모든 괴롬 닥치는 환난 주 예수 앞에 아뢰이면
　　주께서 친히 날 구해주사 넓으신 사랑 베푸시네

(후렴) 무거운 짐을 나홀로 지고 견디다 못해 쓰러질 때
　　불쌍히 여겨 구원해 줄 이 은혜의 주님 오직 예수

3. 내 짐이 점점 무거워 질 때 주 예수 앞에 아뢰이면
　　주께서 친히 날 구해주사 내 대신 짐을 져 주시네

(후렴) 무거운 짐을 나홀로 지고 견디다 못해 쓰러질 때
　　불쌍히 여겨 구원해 줄 이 은혜의 주님 오직 예수

4. 마음의 시험 무서운 죄를 주예수 앞에 아뢰이면
　　예수는 나의 능력이 되사 세상을 이길 힘주시네

(후렴) 무거운 짐을 나홀로 지고 견디다 못해 쓰러질 때
　　불쌍히 여겨 구원해 줄 이 은혜의 주님 오직 예수.

나의 모든 시험 무거운 짐을, 나의 모든 괴로움 닥치는 환란을, 마음의 시험 무서운 죄까지도 다 주님께 맡기고 아뢰시길 바랍니다. 사랑하는 자녀들의 간절한 기도를, 우리의 간구를 응답하여 주시는 주 하나님의 사랑과 능력을 체험하고 감사하는 축복이 있으시길 축원합니다.

26. 섬기기를 잘하는 그리스도인
(디모데후서 1장15-18절)

2016. 01. 10
대월교회

디모데후서 1:15-18

15. 아시아에 있는 모든 사람이 나를 버린 이 일을 네가 아나니 그 중에는 부겔로와 허모게네도 있느니라
16. 원하건대 주께서 오네시보로의 집에 긍휼을 베푸시옵소서 그가 나를 자주 격려해 주고 내가 사슬에 매인 것을 부끄러워하지 아니하고
17. 로마에 있을 때에 나를 부지런히 찾아와 만났음이라
18. 원하건대 주께서 그로 하여금 그 날에 주의 긍휼을 입게 하여 주옵소서) 또 그가 에베소에서 많이 봉사한 것을 네가 잘 아느니라

여러분과 저는 예수님을 믿는 사람입니다. 구원의 주 하나님을 믿고 사는 사람입니다. 구원받은 사람입니다. 은혜받은 사람입니다. 가장 큰 축복을 받은 사람입니다. 그런데 구원받은 자와 구원하여 준 자는 아주 다릅니다. 구원받은 자는 수고, 노력, 희생이 없었습니다. 그러나 구원하여 준 자는 많은 수고와 희생의 대가를 치르셨습니다.

예수님은 이 땅에 왜 오셨습니까? 우리를 구원하시려고 오셨습니다. 누구를 구원하시려고 오셨습니까? 나를 구원하시려고 오셨습니다. 어떻게 구원하셨습니까? 우리의 죄를 다 담당하시고, 십자가 지시고, 죽으시는 예수님은 세상에 오셔서 더러운 발을 닦아주시고, 배고픈 자를 먹여 주시고, 병든 자를 고쳐 주시고, 고통받는 자를 위로해 주시고, 소외되고, 고독한 자의 친구가 되어 주시고, 죄인에게 용서, 자유를 주시고 구원, 영생의 축복을 주셨습니다. 한 마디로 섬겨 주셨습니다. 우리를 섬겨 주셨습니다. 구원하여 주셨으며, 자유케 하여 주셨으며 은혜와 평강의 축복을 주셨습니다. 그러므로 우리의 주님이십니다. 나의 주님이십니다. 나와 우리의 멘토(Mentor)이십니다.

Mentor는 호머의 서사시 오디세우스에 나오는 사람 이름입니다. 타이카라는 작은 나라 국왕인, 오디세우스가 군대를 이끌고 트로이전쟁에 출정하게 되었는데 어린 아들이 걱정이 되어서 깊이 생각해 보았습니다. 그리고 가장 친한 친구를 찾아가서 내 어린 아들을 잘 보살펴달라고 부탁하였습니다. 그 오디세우스의 친구 이름이 바로 Mentor입니다. Mentor는 친구 오디세우스의 어린 아들을 자기 아들처럼 사랑하며 잘 보살펴줍니다. 선생님이 되기도 하고, 부모처럼 되기도 하고, 친한 친구가 되기도 하며 잘 돌보아줍니다. 10년 후 어느 날 오디세우스가 돌아왔습니다. 사랑하는 아들을 만나게 됩니다. 늠름하게 잘 자란 모습을 보고 깜짝 놀랍니다. 키, 얼굴빛, 마음가짐, 인격이 모두 잘 자란 모습이었습니다. 오디세우스는 친구인 Mentor에게 감사를 하고 후한 대접을 하였습니다.

Mentor의 사전적인 뜻은 경험과 신용이 있는 자, 매사에 현명하게 조언을 하여주는 자, 훌륭하게 도와주고 이끌어 주는 자를 말합니다. 요즘 우리가 사용하고 있는 mentor의 의미는 모든 일에 좋은 본을 보이며 지식만 아니라 인격적으로 훌륭한 영향력을 주는 자를 말합니다. 강한 지도력으로, 올바르게 이끌어 주는 자, 잘 가르쳐 주는 자를 말합니다. 그러므로 훌륭한 선생님, 탁월한 지도자, 위대한 꿈을 주는 자, 지대한 영향력을 준 분을 mentor라고 합니다.

그러면, 여러분의 mentor는 누구입니까? 저의 mentor는 초등학교 때는 6학년 담임선생님이었으며, 고등학교 때는 국어 선생님이었으며, 목사가 되었을 때는 이춘방 목사님이었습니다. 우리는 종종 청소년들에게 "너만은 Mentor가 되어라"라고 당부합니다. 이 시대의 mentor는 과연 누구입니까? 오늘을 살아가는 이 시대에서 우리의 mentor는 누구입니까? 하나님을 경외하는 우리, 예수 믿고 살아가는 우리, 한 사람 한 사람은 가정에서, 사회에서, 교회에서 Mentor의 삶을 사는 자가 되어야 합니다.

오늘 본문은 두 종류의 사람을 보여줍니다. 부겔로와 허모게네는 바울을 버린 사람들이었으나 오네시보로는 자주 격려해 준 사람이었습니다. 바울이 고난과 핍박 가운데 있을 때에 용기를 주고, 격려해주고, 기쁘게 하여 주고 즐겁게 하여 준 자입니다. 바울은 오네시보로에 대하여 '사슬에 매인 것을 부끄러워 아니하고 부지런히 찾아주었고'-사랑으로 믿음으로 섬겨 주었다는 것. '에베소에서도 많이 봉사한 것을 네가 잘 아느니라.' - 봉사를 많이 하여 주었다는 것입니다. 보통 때에는, 평범할 때에는 가까이하며 대하던 사람인데, 어려울 때에는, 병들고 가난하게 될 때에는 떠나는 사람이 있습니다. 참 친구, 참 형제는 어려워졌을 때에 알 수 있습니다. 주님을 믿고 교회를 봉사하는 사람도 어려울 때에 잘 알 수가 있습니다.

성경에는 선한 목자와 삯꾼 목자가 있습니다. 선한 목자는 양의 주인인 목자이며, 자식같이 양을 사랑합니다. 그러나 삯꾼 목자는 돈을 받고 일해 주는 목자이며 어려움이 없을 때는 양을 돌보지만 어려움이 닥치거나 위급할 때에는 양을 버리고 도망가는 목자입니다. 양에게는 삯을 받는 목자가 아닌 주인 목자가 필요합니다. 이는 사랑과 믿음의 문제입니다.

예수님은 우리의 선한 목지입니다. 우리를 구원히시기 위하여 십지기 고난을 받으셨습니다. 주님은 죽으시고 우리를 살려주셨습니다. 섬겨주셨습니다. 오네시보로는 격려하여 준 자입니다. 유쾌하게 하여 준 자입니다. 고난을 부끄러워하지 아니하고 섬겨 준 자입니다. 옥에 갇혀 어려움 당한 자를 자주 찾아준 자입니다. 자신을 희생시켜 가며 봉사하여 준 자입니다. 오늘 제목처럼 봉사를 잘한 사람, 섬기기를 잘한 사람입니다.

이 세상에서 섬기기를 가장 잘한 자가 누굽니까? 예수님이십니다. 예수님의 섬김, 봉사, 사랑은 찬송가의 내용 그대로 입이 만 개가 있어도 다 감사할 수 없는 주님의 사랑, 은혜입니다. 그러므로 우리 성도들은 예수님을 어떻게 믿고 따라야 합니까? 주님의 사랑을 믿고, 주님의 삶을 따라 섬기는 삶을 살아야 합니다. 우리 모두는 주님의 사랑과 구원을 믿고 섬기기를 잘할 때에 전도가 되고 우리 교회는 부흥하게 될 줄을 믿습니다.

요즘은 말로 전도가 되지 않습니다. 전도지를 주는 것으로 전도가 되지 않습니다. 예전에는 전도지 한 장만 줘도 전도할 수 있었습니다. 몇 마디 신중하게 말하면 전도할 수 있었습니다. 그런데 요즘은 엄청난 것을 해도 전도할 수 없습니다. 왜 그렇습니까? 세상이 너무 복잡하여졌습니다. 사람들의 마음이 너무 딱딱하여졌고, 너무 까다로워졌습니다. 그러면 어떻게 해야 되겠습니까? 섬기고 섬겨주어야 합니다. 잘 도와주고 도와주어야 합니다. 봉사의 본을 보여야 합니다. 씨를 뿌리기 전에 밭을 갈고, 돌이나 잡초를 없애고 거름을 주고 비료를 넣어주고 땅을 부드럽게 한 다음에 씨를 뿌려야 합니다. 복음의 씨를 뿌리기 전에 딱딱한 마음을 열게 해야 합니다. 열린 마음에 복음의 씨를 뿌려야 합니다. 무엇으로 어떻게 해야 마음을 열게 할 수 있겠습니까? 섬겨주어야 합니다. 잘 도와주어야 합니다. 봉사하는 삶을 잘해야 합니다. 그 어떤 대가를 바라지 않고, 끝까지 섬기고 섬겨줄 때에 복음의 열매를 기대할 수가 있다는 것을 믿으시길 바랍니다.

모든 교회는 하나같이 섬기기를 잘하는 교회가 되어야 합니다. 예수 믿는 우리 성도들은 하나같이 섬기기를 잘해야 합니다. 그런데 우리는 엄청난 봉사, 큰 봉사만을 생각합니다. 작은 봉사를 생각하시기를 바랍니다. 어린 아이 하나를 잘 돌봐주면 그 아이가 나를 따릅니다. 병든 사람을 잘 섬겨드리면 진정 고마워합니다. 어려움을 당한 친구나 이웃을 위로하면 참으로 감사하게 됩니다. 어린아이에게, 연세가 높은 분에게, 병들어 고생하는 분에게, 가난한 사람에게, 갑자기 시험을 당하여 눈물을 흘리는 분에게. 특히 어려움 가운데서 힘들게 살아가는 분에게 진정성을 가지고 섬겨드리면, 믿음과 사랑으로 섬기면, 그 영향력은 대단하게 됨을 믿으시길 바랍니다. 이와 같은 삶을 사는 자가 Mentor입니다. 돈을 받고 간병하는 일은 감동을 주는 삶은 아닙니다. 일당을 받고 아이를 봐주는 일 역시 감동을 주는 삶은 아닙니다. 일당을 받고 물건을 가져다주는 일도 감동을 주는 삶은 아닙니다. 그런 일은 없지만 돈 받고 철야 기도를 드리면, 역사가 아닌 웃기는 일입니다.

충청북도 청주 옆에 시골 교회에서 어려움을 당한 교인 가정을 위하여 몇 안 되는 교인이 순번으로 돌아가며 기도하고 찾아가 위로하고 봉사하였는데, 믿지 않는 동네 사람들까지 감동을 받고 교회가 부흥하게 되었습니다. 몇 해 전까지만 해도 한국 교회는 전도에 대한 관심이 높았는데 요즘은 봉사하는 교회, 섬기기를 잘하는 교회로 달라지고 있습니다. 섬기는 일을 잘하기 위해 프로그램을 만들고 실천하는 교회가 많아지고 있습니다. 여러분 한 분 한 분이 섬기기를 잘하시므로 교인들이나 이웃이 기쁨의 삶으로 달라졌다고 생각하여 보시길 바랍니다. 여러분의 간절한 기도, 헌신적인 섬김, 희생과 사랑에 의하여 가족이나 친구나 이웃이 기뻐하게 되고 복된 삶이 되었다고 생각해보시기 바랍니다.

다 같이 찬송 331장을 부르겠습니다.

1. 영광을 받으신 만유의 주여 우리가 명령을 따르리다
　베푸신 은혜를 감사히 알고 진실한 맘으로 섬기겠네

(후렴) 구주의 은혜 주시는 대로 영원히 받들어 섬기겠네
　찬송하겠네 찬송하겠네 생명을 주시는 구주로다

2. 구주를 높이고 잘 공경하여 온유한 맘으로 섬기리다
　주 예수 안에서 즐거워하며 충성을 다하여 섬기겠네

(후렴) 구주의 은혜 주시는 대로 영원히 받들어 섬기겠네
　찬송하겠네 찬송하겠네 생명을 주시는 구주로다

3. 예수를 믿고서 늘 사랑하여 기쁜 맘으로 섬기리다
　온 맘을 드리고 늘 순종하며 구주를 영원히 섬기겠네

(후렴) 구주의 은혜 주시는 대로 영원히 받들어 섬기겠네
　찬송하겠네 찬송하겠네 생명을 주시는 구주로다

교우 여러분! 지금까지 잘하셨겠지만, 섬기는 일을 앞으로 더 잘하시기를 바랍니다. 작은 일부터 섬기기를 잘하시기를 바랍니다. 나 한 사람부터 더 잘하시기를 바랍니다. 우리 안팎에 어렵게 살아가는 분들이 많습니다.

우리 교회에도 잘 살펴보면 육체적인 고통, 경제적인 가난, 마음고생을 하시는 분들이 많이 있습니다. 여러분 한 분 한 분 모두 섬기는 일에 mentor가 되시기를 바랍니다. 모두 봉사의 mentor가 되시기를 바랍니다. 기쁨을 주고, 유쾌하게 하여 주는 mentor가 되시기를 바랍니다. 우리 주님의 사랑으로, 우리 주님의 섬김으로 온 마음과 정성을 다하여 섬기고 섬길 때에 섬기는 나도 기쁘고, 섬김을 받는 자도 기뻐하게 될 줄은 믿습니다.

이제부터, 오늘부터 잘 섬겨야 합니다. 아는 사람에게도, 모르는 사람에게도 섬겨야 합니다. 먼저 구원받은 내가 섬기기를 잘해야 합니다. 직분 가진 내가 먼저 섬기기를 잘해야 합니다. 어른이 아이를 섬겨야 합니다. 가진 자가 없는 자를 섬겨야 합니다. 건강한 자가 약한 자를 섬겨야 합니다. 배운 자가 배우지 못한 자를 섬겨야 합니다. 힘 있는 자가 연약한 자를 섬겨야 합니다. 잘 사는 자가 어렵게 사는 자를 섬겨야 합니다. 목사님이 교인을 잘 섬겨야 합니다. 장로님, 권사님이 교인들을 잘 섬겨야 합니다. 믿음과 사랑의 공동체인 대월교회가 주변의 마을, 동네 사람들을 섬기는 교회가 돼야 합니다.

27. 가장 고귀한 삶, 가장 고귀한 일
(요한복음 3장16절, 마태복음 28장18-20절)

2021. 02.22
하남수동교회 창립1주년 주일예배

요한복음 3:16

16. 하나님이 세상을 이처럼 사랑하사 독생자를 주셨으니 이는 그를 믿는 자마다 멸망하지 않고 영생을 얻게 하려 하심이라

마태복음 28:18-20

18. 예수께서 나아와 말씀하여 이르시되 하늘과 땅의 모든 권세를 내게 주셨으니
19. 그러므로 너희는 가서 모든 민족을 제자로 삼아 아버지와 아들과 성령의 이름으로 세례를 베풀고
20. 내가 너희에게 분부한 모든 것을 가르쳐 지키게 하라 볼지어다 내가 세상 끝날까지 너희와 항상 함께 있으리라 하시니라

먼저, 하나님 아버지께 감사를 드립니다. 그리고 교회 창립 1주년을 맞이하여 하나님께 예배를 드리시는 교우 여러분, 한 분 한 분에게 주님의 은혜와 축복이 가득하시기를 축원합니다. 특별히 교회를 개척하여 기도로, 물질로, 힘써 후원하시는 수동교회 목사님과 장로님들, 제직들과 온 교우들에게 복의 근원되신 우리 하나님께서 많은 축복을 주시기를 기원합니다.

지난 1년 동안 얼마나 어려웠습니까? 엄청난 어려움 중에서도 수백 가지의 일들을 하시느라 많은 수고를 하신 김석환 목사님과 사모님께 오늘 우리 주님께서 위로와 함께 놀라운 은혜를 베풀어 주시기를 기원합니다.

오늘 말씀드릴 제목을 다같이 저를 따라 하시기를 바랍니다.

"가장 고귀한 삶", "가장 고귀한 일"

가장 고귀한 일은 무엇입니까? 가장 값진 일, 가장 좋은 일, 가장 아름다운 일, 가장 복된 일, 가장 기쁘고 즐거운 일, 가장 감사한 일은 무엇입니까? 병든 자였는데 건강하게 되었습니다. 새 생명이 태어났습니다. 아이들 잃어버려 헤매며 다니는데 찾게 되었습니다. 죽은 줄로 알았는데 살았습니다. 이는 놀라운 일입니다. 얼마나 기쁩니까? 감격스러운 역사입니다.

우리 모두는 다 건강해야 합니다. 육신도 건강하고 정신도 온전하고 영혼도 강건하여야만 합니다. 영과 혼과 육이 다 건강해야만 참 사람인 것입니다.

한국 역사에서 가장 훌륭한 한글 학자로 존경받는 최현배 선생님이 1894년에 태어나서 호주 선교사님들이 세운 울산 병영교회 유년 주일학교, 교회 야간 학교에 다니며 믿음으로 잘 자랐습니다. 후에 한글 학회장, 연세대학교 교수로 국어사전을 집필하였는데 최현배 선생님은 어디에서나 누구에게나 강연을 하면 꼭 하시는 말씀이 있었습니다. "사람이면 다 사람이냐 사람다워야 사람이지!" 무슨 말입니까? 신앙과 인격이 올바르게 되어 사는 사람이 참 사람이라는 말입니다.

주님께서 가르쳐 주신 기도, 주기도문에 죄라는 말이 나옵니다. 죄는 히브리어로 하말티아로, 마땅히 할 것을 안 한 것이 하말티아 곧 죄입니다. 반대도 마찬가지입니다. 마땅히 안 할 것을 한 것이 하말티아 곧 죄입니다. 모든 인간은 죄인이며 영 죽을 자로 멸망의 지옥에 이르게 됩니다. 그런데 하나님 자신이 세상에 오셔서 모든 인간의 죄를 다 담당하시고, 다 짊어지시고 십자가에 죽으셨습니다. 나 대신, 우리 대신 형벌을 받으시고 구원하여 주셨습니다. 우리를 살리시고 주님은 죽으시고 놀라운 사랑, 그 크신 은혜, 구원과 생명, 영생을 주셨습니다.

요한복음 3장 16절에 말씀하십니다.

"하나님이 세상을 이처럼 사랑하사 독생자를 주셨으니 이는 그를 믿는 자마다 멸망하지 않고 영생을 얻게 하려 하심이라"

우리는 우리의 구원자가 되시는 예수님을 믿음으로 구원을 받았습니다.

구원받은 자, 복된 자, 은혜받은 자가 되었습니다. 가장 고귀한 삶을 살게 된 자가 되었습니다. 은혜 받은 감격, 감사로 살게 되었습니다. 그러므로 오직 은혜로, 오직 신앙으로, 오직 고귀하게 살아야 합니다.

어떻게 고귀하게 살아야 합니까? 이제는 나만 구원을 받고, 나만 복되며, 나만 기쁨으로 사는 삶이 아닙니다. 이제는 내 가족도 구원하며, 내 친구도 구원하며, 내 이웃도 구원하고, 내 민족도 구원하여 모든 사람들을 다 구원해야 합니다.

어떻게 이 구원의 복된 소식을 전해야 합니까? 복음전파는 나팔을 분다는 뜻입니다. 복음 전도는 짊어지고 가서 구원을 받게 해야 한다는 뜻입니다. 복음을 외치는 자가 되고 복음을 전하여 주는 자가 되어야 합니다. 이것이 가장 고귀한 삶입니다.

언제 해야 합니까? 복음 전도에는 시급성과 긴급성이 있습니다. 내일은 없습니다. 다음은 없습니다. 오늘입니다. 오늘해야 합니다. 복음 전도는 가장 중요한 일입니다. 왜냐하면 생명을 살리는 일이기 때문입니다. 하루, 100년 만 살게 하는 것이 아니라 영원히 온전하게 살리는 것입니다. 죽음 다음에는 소용이 없습니다. 지나간 다음에는 소용이 없습니다.

그러므로 오늘 가야 합니다. 오늘 전해야 합니다. 오늘 가서 만나서, 오늘 전해야 합니다. 오늘 믿게 해야 합니다. 오늘 구원받고 사는 자가 되도록 해야 합니다.

여러분! 종말론적인 신앙이 무슨 말입니까? 오늘 주님께서 오심을 믿고 사는 신앙생활입니다. 오늘 내가 혹 죽을 수도 있음을 알고 사는 것입니다. 오늘 저녁에 주님 오실 수 있다고, 내가 주님께로 갈 수도 있다는 것을 깨달아야 합니다. 그러므로 오늘 이 시간을 가장 고귀한 삶으로 살아야 합니다. 그러므로 항상, 매일매일 종말적인 신앙으로 살아야 합니다.

그러므로 신앙인은 항상 오늘 기도하고, 오늘 사랑하고, 오늘 전도하고, 오늘 봉사하고, 오늘 헌신해야 합니다. 내일 내일 하다가는 오늘 망합니다. 오늘 죽습니다. 오늘 다 빼앗깁니다. 오늘 지옥에 갑니다.

교우 여러분!
오늘 이 시간부터 고귀한 삶을 사시기를 축원합니다.
오늘 이 시간부터 고귀한 일을 하시기를 바랍니다.
오늘 이 시간부터 복음 구원의 주님을 전하고 믿게 하시기를 축원합니다.

다같이 찬송 518장 '기쁜 소리 들리니'를 부르겠습니다.

1. 기쁜 소리 들리니 예수 구원하신다.
   만민에게 전하라 예수 구원하신다.
   주님 명령하시니 산을 넘고 물 건너
   온 세상에 전하라 예수 구원하신다.

2. 바다들아 외쳐라 예수 구원하신다.
   모든 죄인들으라 예수 구원하신다.
   모든 섬아 일어나 메아리쳐 울려라
   복음 중의 복음은 예수 구원하신다.

3. 환난 중에 하는 말 예수 구원하신다.
   다시 살아나시어 예수 구원하신다.
   지은 죄로 인하여 슬픈 맘이 있어도
   숨질 때에 내할 말 예수 구원하신다.

4. 바람들아 외쳐라 예수 구원하신다.
   기뻐하라 나라들 예수 구원하신다.
   구원하는 복음을 산과 들에 전하라
   우리들의 승전가 예수 구원하신다.

오래전 영국의 한 젊은이가 결혼을 며칠 앞두고 마음 설레며 결혼 준비를 하고 있었는데 사랑하는 신부 될 아가씨가 갑사기 사고를 당하여 세성을 떠나게 되었습니다. 이 청년은 엄청난 충격으로 가슴을 찢으며 낙담하며 슬피 눈물을 쏟다가 더 이상 영국에서 살 수가 없어서 모든 것을 다 뒤로하고 멀리 캐나다로 갔습니다. 캐나다에 와서도 어찌할 수가 없어서 나이아가라 폭포 상류에서 작은 배를 타고 약을 먹고 밧줄을 끊었습니다. 조금만 더 내려가면 폭포 아래로 떨어집니다. 이때에 경비 구조원들이 발견하고 힘들게 구조를 하여 병원으로 옮겼습니다. 며칠 후에 병원 옆에 있는 교회 전도대원들이 병원에 늘 와서 전도를 하다가 청년을 만나 전도를 하였습니다. 청년은 다 뿌리치고 죽겠다고 말합니다. 그러나 매일 찾아와서 위로하고, 섬겨주며, 사랑으로 믿음과 소망을 전합니다. 얼마 후에 이 청년은 함께 기도를 하기 시작합니다. 성경말씀을 듣고, 믿음을 갖게 됩니다. 청년은 퇴원하여 자신을 전도하여 준 사람들의 교회에 나가서 예배를 드립니다. 하루는 영국에 계신 어머니에게 편지를 써서 보냈습니다.

편지 뒷면에는 편지 내용을 요약하여 시를 썼습니다. 이 시를 10여 년 후에 훌륭한 작곡가가 노래를 만들었습니다. 작사는 스크리븐 청년이 1855년에 썼는데 작곡은 콘버스 작곡가가 13년 뒤에 1868년에 만들었습니다. 이 노래가 찬송가에 실렸습니다. 찬송가 369장입니다.

1. 죄짐 맡은 우리 구주 어찌 좋은 친군지
   걱정 근심 무거운 짐 우리 주께 맡기세
   주께 고함 없는 고로 복을 받지 못하네
   사람들이 어찌하여 아뢸 줄을 모를까

   시험걱정 모든 괴롬 없는 사람 누군가
   부질없이 낙심 말고 기도드려 아뢰세
   이런 진실하신 친구 찾아 볼 수 있을까
   우리 약함아시오니 어찌 아니 아뢸까

   근심걱정 무거운 짐 아니진자 누군가

> 피난처는 우리 예수 주께 기도드리세
> 세상 친구 멸시하고 너를 조롱하여도
> 예수 품에 안기어서 참된 위로 받겠네

교우 여러분! 농촌 작은 교회의 전도대원들의 전도로 스크리븐이 예수를 믿고 구원받고 이 고귀한 일로 세계 수많은 사람들이 가장 많이 부르는 찬송이 나오게 되었습니다. 전도는 생명을 살리는 일이며, 놀라운 역사를 이루며, 고귀한 삶을 갖게 합니다. 여러분 한 분 한 분 모두는 가장 고귀한 삶을 사시기를 바랍니다. 가장 고귀한 일을 하시기를 바랍니다. 복음으로 생명을 살리는 온전히 살게 하는, 영원히 살게 하는 일로 쓰임을 받으시기를 바랍니다.

우리 주 하나님께 영광을 돌리시고 우리 주님을 가장 기쁘시게 하시기를 축원합니다. 가장 고귀한 삶을 사시는 여러분에게 주님께서 항상 함께 하시며 복되게 하시기를 축원합니다.

28. 오직 감사하는 신앙
(하박국 3장16-19절)

2016. 06. 15
홍천은평교회

하박국 3:16-19

16. 내가 들었으므로 내 창자가 흔들렸고 그 목소리로 말미암아 내 입술이 떨렸도다 무리가 우리를 치러 올라오는 환난 날을 내가 기다리므로 썩이는 것이 내 뼈에 들어왔으며 내 몸은 내 처소에서 떨리는도다
17. 비록 무화과나무가 무성하지 못하며 포도나무에 열매가 없으며 감람나무에 소출이 없으며 밭에 먹을 것이 없으며 우리에 양이 없으며 외양간에 소가 없을지라도
18. 나는 여호와로 말미암아 즐거워하며 나의 구원의 하나님으로 말미암아 기뻐하리로다
19. 주 여호와는 나의 힘이시라 나의 발을 사슴과 같게 하사 나를 나의 높은 곳으로 다니게 하시리로다 이 노래는 지휘하는 사람을 위하여 내 수금에 맞춘 것이니라

'요즘 어떻게 지내십니까?' 하고 인사하면 '예, 잘 지냅니다.', '예, 그럭저럭 지내지요.', '아, 죽지 못해 삽니다.' 그러나 누구 덕에 사는가? 생각해 보면... 부모님 덕에 사는 사람, 하나님 덕에 사는 사람, 영감 덕에 사는 사람, 처가 덕에 사는 사람들이 있습니다. 그러나 이스라엘 사람들은 하나님의 은혜로 삽니다. 우리 성도들은 주님 은혜, 주님 덕분에 살고, 성령의 도우심으로 삽니다. 다 같이 따라서 하시기를 바랍니다. 누구의 은혜로 삽니까? 하나님의 은혜로 삽니다. 누구의 덕분으로 삽니까? 주님 덕분으로 삽니다. 누구의 도움으로 삽니까? 성령의 도우심으로 삽니다. 이렇게 대답하며 사는 사람들은 감사하며 살게 됩니다.

하나님의 은혜를 감사하며 삽니다. 주님의 도우심, 성령의 인도하심에 감사하며 삽니다. 평안할 때에도 감사하지만 어려울 때에도 감사합니다. 좋을 때에도 감사하지만 안 좋을 때에도 감사합니다. 건강할 때에도 감사하지만 약할 때에도 감사합니다. 주의 능력과 사랑을 믿고 기도하며 감사하는 자로 삽시다.

조금 전에 읽은 **말씀**에 보면, 하박국이라는 사람의 훌륭한 신앙을 보게 됩니다. 하박국이라는 사람은 본래 농사를 하고 살던 사람이었습니다. 그런데 나라가 매우 어려운 때였습니다. 사회가 혼란하게 되는 때였습니다. 나라와 사회의 지도자들은 더욱더 부패하여지고, 백성들은 가난 속에서 힘들게 살면서도 모두 우상을 섬기고 살아가고 있는 것입니다. 패망 직전에 있는 나라와 백성들의 모습을 바라보며 하나님께 기도하던 하박국이라는 사람이 잠시 농사일을 접고 거리에 나아가서 외치기를 시작합니다.

"우리가 이렇게 살아서는 안 됩니다. 우상을 버리고 하나님을 의지하고 믿음으로 살아야 합니다. 부정과 부패를 청산하고 의롭게 살아야 합니다. 잠시 어렵지만 모두 하나님을 신뢰하며 오직 믿음으로 살아야 합니다. 사람이 사람답게 사는 길은 하나님 신뢰에 있습니다. 하나님께서 우리를 도우십니다. 하나님이 우리의 힘이 되십니다."

이렇게 매일매일 외치고 기도하고 외치고 기도합니다. 오늘 읽은 말씀은 하박국의 기도입니다. 하박국의 신앙을 보게 됩니다. 하박국의 훌륭한 믿음, 과연 하박국은 어떤 믿음을 가진 자인가를 알게 됩니다. 모든 사람들이 하나같이 하나님을 버리고 우상을 따라 살며 세상 욕망을 따라 살지만, 나는 구원의 하나님만을 신뢰하며 구원의 하나님만을 믿고 기뻐하며 살리라. 구원의 하나님만 믿고 즐거워하며 살겠습니다. 하나님이 나의 힘이 되시기 때문입니다. 하나님이 승리하게 하시고 하나님께서 나를 선하게 인도하셔서 높은 곳에 세우십니다. 그러므로 하나님의 은혜, 하나님의 도우심, 하나님의 축복을 믿고 기뻐하며 감사하며 사는 자가 본문의 하박국입니다. 하박국의 신앙은 어떠한 신앙입니까? '비록 무화과나무가 무성하지 못해도, 포도나무에 열매가 없어도, 감람나무에 소출이 없어도, 밭에 식물이 없어도, 양의 우리에 양이 없어도, 외양간에 소가 없어도 나는 여호와 하나님으로 즐거워하며 나는 구원의 하나님으로 인하여 기뻐하리로다.'라고 하는 것입니다. '주 여호와는 나의 힘이시라. 나의 발을 사슴과 같게 하사 높은 곳에 다니게 하시리로다.' 기뻐할 수 없는 상황인데 기뻐하고 즐거워할 형편이 아닌데 즐거워하고 낙심하고 분하고 한탄할 수밖에 없는 형편인데 오히려 감사하며 살았다고 합니다.

성경에 보면 매우 어려운 상황인데 오히려 감사하는 신앙인이 있습니다. 그럼에도 불구하고 감사하는 신앙인이 있습니다.

첫째, 요셉의 감사가 있습니다. 요셉은 형들의 미움을 받아 애굽으로 팔려갔습니다. 바로 왕 시위대장 집에 종으로 팔려갔습니다. 보디발 부인의 요청을 거절하여 감옥에 들어갔습니다. 그러나 요셉은 원망하지 않았습니다. 불평하지 않았습니다. 자기의 일에 성실하고 충실하였습니다. 감옥에서 두 관원장의 꿈을 해석하고 바로 왕의 꿈을 해석하였습니다. 애굽의 총리가 되어 풍년과 흉년을 거쳐 온 나라를 구합니다. 부모 형제를 구합니다. 온갖 불행이 있었음에도 불평하지 않고 오히려 감사하였습니다. 하나님 신앙은 믿음, 인내, 소망의 신앙이며 하나님의 축복하심이 있습니다.

둘째, 룻의 감사가 있습니다. 룻은 이방 나라의 모압 여인이었습니다. 엘리멜렉과 나오미의 자부였습니다. 그런데 갑자기 남편, 시부, 시동생이 다 죽고 나오미와 두 자부만 살아남게 되었습니다. 여자 셋만 남았습니다. 나오미는 두 며느리를 다 보내고 고향 베들레헴으로 가는데 룻은 끝까지 어머니를 따라 어머니 가시는 곳에 나도 가고 어머니의 백성이 나의 백성이었습니다. '어머니의 하나님이 나의 하나님이었고, 어머니 죽으시는 곳에서 나도 죽어야겠노라' 하였습니다. 이후 베들레헴에 와서 시어머니를 모시고 하나님 신뢰하므로 성실하게 살 때에 보아스를 만났습니다. 큰 축복이었습니다. 다윗과 예수님의 족보에 오른 이방 여인이 되었습니다. 오직 하나님 신뢰하므로 감사하며 성실하게 살 때에 큰 복을 받게 되었습니다.

셋째, 욥의 감사가 있습니다. 욥에게 갑자기 엄청난 시련과 고난이 엄습하여 수많은 소 떼와 양 떼, 나귀들을 다 뺏기고 많은 종들을 다 빼앗기고 갑자기 10남매 자녀들이 다 죽고 몸에 병이 들어 아내마저 집을 나가버렸습니다. 욥은 그럼에도 불구하고 하나님을 원망하지 아니하고 오히려 인내하며 하나님 신뢰하므로 삽니다. 하나님은 욥의 곤경을 복으로 바꾸어 주십니다. 갑절의 축복으로 소와 양과 나귀들을 주십니다. 이후 자손 4대를 보며 140년을 살았습니다.

넷째, 바울의 감사가 있습니다. 바울은 예수 믿는 사람들을 핍박하고 죽이던 자였습니다. 그러나 주님을 만나 예수 믿고 복음 전도자가 됩니다. 신약 성경 중 13개의 서신을 기록하고 소아시아에 70여 개의 교회를 세우고 오직 구원의 복음을 전하는 전도자로 살았습니다. 십자가 예수 외에는 다 배설물로 여기고 세상 부귀영화 다 버리고 감당하기 힘든 핍박 속에서 오히려 주님을 믿는 신앙을 가지고 전도하고 감사하였습니다. 자신을 복음에 빚진 자, 죄인 중의 괴수, 만삭 되지 못하여 난 자라고 하였습니다. 모든 것을 은혜로 감사하고 큰 축복으로 여겼습니다.

마지막으로 저에게도 감사가 있습니다. 부족한 이 종은 부유한 가정이었지만 6.25로 모든 것을 잃어버렸습니다. 그러나 주님 신뢰하므로 공부하며 춘천에서는 신문을 팔고, 구두를 닦으면서 공부하고 목사가 되었고, 다시 춘천에 와서 목회를 하였습니다. 오히려 감사하며 삽니다.

오늘 말씀은 하박국의 감사입니다. 남유대 말기 요시야 왕, 여호와김 왕

시대에 이 농부는 선지자로 활약하였습니다. 북이스라엘이 앗수르에 망하고 남유다가 바벨론의 포로가 되어 잡혀가기 전, 부패 타락한 백성들에게 회개를 촉구하고 하나님 말씀을 외친 선지자입니다. "의인은 믿음으로 살리라." 본문은 하박국의 감사에 대해 말하고 있습니다. 심판하실 하나님께 대한 감사와 찬양. 환란 후 구원과 축복에 대한 믿음과 감사, 하나님 신앙에 대한 다짐, 감사, 찬양이 있습니다. 무화과나무, 포도나무, 감람나무에 열매가 없고, 소와 양이 없어도 구원의 하나님께 감사와 찬송을 드립니다. 그럼에도 불구하고 감사와 찬송을 드립니다. 오히려 감사와 찬송을 드립니다.

오늘 예배드리시는 홍천 은평교회 교우 여러분! 한 분 한 분에게 오히려 감사하는 신앙이 있으시기를 바랍니다. 요셉의 감사하는 신앙이 있으시기를 바랍니다. 룻의 감사하는 신앙이 있으시기를 바랍니다. 욥의 감사하는 신앙이 있으시기를 바랍니다. 바울의 감사하는 신앙이 있으시기를 바랍니다. 하박국의 감사하는 신앙이 있으시기를 바랍니다. 우리가 사는 삶에 비바람이 항상 있을지라도. 온갖 고난, 질고가 개인과 가정, 사회, 나라, 교회에 있을지라도, 그러나 풍랑을 잠잠하게 하시는 하나님 신앙이 있습니다. 비를 그치게 하고 햇빛을 주시는 하나님 신앙이 있습니다. 마른 나뭇가지에 열매를 맺게 하시는 하나님 신앙이 있습니다. 없는 기운도 있게 하여 주시는 하나님 신앙이 있습니다. 화를 복이 되게 하여 주시는 하나님 신앙이 있습니다.

항상 기도하며 인내하며 오직 감사하며 승리하는 삶을 살아가시기를 바랍니다. 전능하신 하나님이 함께 하시면, 구원의 주 하나님이 함께 하시면,

선한 목자 되신 하나님께서 도우시고 인도하시면 믿음으로 사는 여러분을 복되게 하실 줄 믿습니다. 오히려 감사하며 사는 여러분들을 복되게 하실 줄 믿습니다.

29. 오직 하나님 신앙
(하박국 1장 1-4절, 3장 17-19절)

2011. 08. 14
토론토 영락교회

하박국 1:1-4

1. 선지자 하박국이 묵시로 받은 경고라
2. 여호와여 내가 부르짖어도 주께서 듣지 아니하시니 어느 때까지리이까 내가 강포로 말미암아 외쳐도 주께서 구원하지 아니하시나이다
3. 어찌하여 내게 죄악을 보게 하시며 패역을 눈으로 보게 하시나이까 겁탈과 강포가 내 앞에 있고 변론과 분쟁이 일어났나이다
4. 이러므로 율법이 해이하고 정의가 전혀 시행되지 못하오니 이는 악인이 의인을 에워쌌으므로 정의가 굽게 행하여짐이니이다

하박국 3:17-19

17. 비록 무화과나무가 무성하지 못하며 포도나무에 열매가 없으며 감람나무에 소출이 없으며 밭에 먹을 것이 없으며 우리에 양이 없으며 외양간에 소가 없을지라도
18. 나는 여호와로 말미암아 즐거워하며 나의 구원의 하나님으로 말미암아 기뻐하리로다
19. 주 여호와는 나의 힘이시라 나의 발을 사슴과 같게 하사 나를 나의 높은 곳으로 다니게 하시리로다 이 노래는 지휘하는 사람을 위하여 내 수금에 맞춘 것이니라

할렐루야! 7년 전 겨울 수요일 저녁 여전도회 헌신 예배를 드릴 때에 말씀을 전하였는데 오늘 여러분과 함께 예배를 드리게 되었습니다. 몇 주 전에는 한국에 오신 송 목사님 내외분을 만나 좋은 교제를 나누면서 한국 교회의 근황을 말씀드리고는 선교와 봉사를 아주 잘하고 있는 평촌에 있는 한 교회로 안내하여 보여드리면서 유익한 시간을 가졌습니다. 이 시간 조금 전에 함께 읽으신 하박국 1장, 3장 말씀으로 오직 하나님 신앙이라는 제목의 말씀을 전하면서 은혜를 받으려고 합니다.

지금으로부터 120년 전, 평양신학교 초대 교장이신 마포삼열 선교사님께서 저의 고향 평안남도 순천군 자산면에 오셔서 전도집회를 하실 때에 저의 할머니와 할아버지께서 예수님을 믿게 되었습니다. 그때에 저의 아버지가 3살 때였다고 합니다. 오랜 후에 저의 아버지는 평양신학교에 입학하여 공부하시고 6.25 전쟁 나던 해에 졸업하신 후 피난으로 부산에 오신 후 목사로 임직 받고 46년 간 복음을 전하며 목회를 하셨습니다. 그 후 저도 목사가 되고 저의 아이들도 목사가 되었습니다. 고향에 있는 많은 땅과 기와집을 다 놓아두고 오직 하나님 신앙, 예수님을 잘 믿으려고 피난을 왔는데 돌이켜 보면 복된 삶으로 살게 된 줄로 믿고 감사드리고 있습니다.

믿음으로 사느냐? 불신으로 사느냐? 하나님 신앙으로 사느냐? 우상 신앙으로 사느냐? 하나님 신앙은 구원의 주님을 믿는 믿음으로 사는 복된 삶입니다. 우상 신앙은 불신과 욕심으로 저주와 멸망으로 사는 불행한 삶입니다. 성경 말씀은 하나님 신앙, 복된 삶에 대하여 말씀하셨으며 또한 우상 신앙은 멸망의 삶이라고 말씀하셨습니다.

여러분! 8.15 해방의 기쁨이 오래오래 계속되지 못하고, 6.25 전쟁이 터졌습니다. 6.25 전쟁 때에 저는 8살이었습니다. 오늘 우리에게도 언제 어떻게 변화의 사건이 생기게 될지 누구도 예측하기 어렵습니다. 가난이 언제 찾아오게 될지 모릅니다. 질병이 언제 나에게, 우리에게 올지도 모릅니다. 어떤 환경으로 바뀔지 그 누구도 모릅니다. 그러므로 우리는 항상 종말론적인 신앙으로 살아야만 합니다. 종말론적인 신앙이란 언제 주님께서 오실지, 오늘, 내일 주님께서 오실 수 있다는 신앙입니다. 종말론적인 신앙이란 우리가 언제 주님의 부르심을 받게 될지, 오늘 혹 내일 주님께로 가게 될지 알 수 없다는 신앙입니다. 그러므로 항상 매일 하나님 신앙으로 항상 매일 예수님을 잘 믿고 기도하며 전도와 봉사를 잘하며 살아야 합니다.

우리의 인생은 한 번 밖에 없는 인생임을 분명히 알고 믿고, 기억하며 살아야만 합니다. 두 번, 세 번 있다면 한 번쯤은 아무렇게나 살아도 될 법합니다. 그러나 짧게나 길게나 한 번 살아야 하는 존재입니다. 그러므로 오직 하나님 신앙입니다. 주 하나님, 구원의 주 예수님을 잘 믿고 살아야만 합니다.

잘 아시는 대로 우리는 모두 죄인입니다. '죄'라는 말은 헬라어로 '하말티아'인데 하말티아의 뜻은 마땅히 할 것을 안 한 것, 마땅히 안 할 것을 한 것이라는 것입니다. 하나님 신앙은 마땅히 하여야만 하는 것을 말합니다. 그러나 우상 신앙은 마땅히 안해야 할 것인데 하는 것입니다. 그러므로 우리는 모두 오직 하나님 신앙 주 예수님을 잘 믿는 믿음으로 살면, 하나님께서 항상 함께 하십니다. 믿음으로 살면 영원히 복된 삶을 살게 됩니다. 그러나 우상 신앙으로 살면 멸망하는 자인 것입니다. 우상 신앙으로 살면, 가장 불행한 자인 것입니다.

이스라엘 사람들은 하나님을 부를 때에 엘, 엘로힘, 엘 샤다이, 야웨라고 각각 부릅니다. 엘은 전능자, 엘로힘은 초월자, 엘 샤다이는 젖을 주는 자, 양식을 주시는 자, 필요를 공급하여 주시는 자, 야웨는 스스로 있는 자, 그러므로 구원자입니다. 하나님을 부를 때에 각각 엘- 전능자 하나님, 엘로힘- 초월자, 어디에서나 계신 자 하나님, 엘 샤다이- 젖을 주는 자, 양식을 주시는 자, 필요를 공급해 주시는 하나님, 야웨-스스로 계신 하나님, 스스로 계셔서 구원하여 주시는 하나님이라고 말합니다. 이 하나님께서 나의 힘이 되십니다. 이 하나님께서 전능자로 필요를 공급하여 주시고, 스스로 계셔서 구원을 하여 주십니다. 그러므로 하나님을 이렇게 믿고 부르며 사는 자에게는 나의 아버지 하나님, 나의 구원자 하나님이 되십니다. 이 하나님을 전지전능하신 하나님, 창조주 하나님, 생사회복을 주시는 하나님으로 믿고 살기 때문에 하나님께서 항상 함께 하시며, 사랑하시며, 복되게 하여 주십니다.

여러분! 나를 구원하여 주시고, 필요를 공급하여 주시고, 복된 삶으로 살게 하시는 하나님을 믿는 자, 오직 하나님 신앙을 늘 고백하는 신앙인 되시기를 바랍니다.

여러분은 예수님을 어떤 분으로 믿습니까? 하나님으로 믿습니다. 구원의 하나님으로 믿습니다. 사랑의 하나님으로 믿습니다. 항상 함께 하여 주시는 하나님으로 믿습니다. 예수님께서 세상에 오실 때에 '그 이름을 예수라 하라'라고 마태복음 1장에 말씀하셨습니다. 그리고 '이는 자기 백성을 죄에서 구원할 자', '그 이름을 임마누엘이라 하라', '이는 하나님이 우리와 함께 함이라'라고 했습니다. 예수, 죄에서 구원하실 자, 구원하는 자, 구원자, 구주 주님이시라는 뜻입니다. 임마누엘은 하나님이 우리와 항상 함께 하여 주신다는 말입니다.

여러분! 누구를 구원하십니까? 자기 백성을 구원하십니다. 누구와 함께 하십니까? 믿는 자와 항상 함께 하십니다.

여러분!
"나는 예수를 믿습니다"
"나는 임마누엘을 믿습니다"
"나는 구원자 하나님을 믿습니다"
"나는 구원의 하나님의 함께 하심을 믿습니다"

오늘 본문 말씀에서 하박국이라는 사람의 신앙이 기록되어 있는데, '하박국'은 농사를 하던 사람이었습니다. 그런데 나라가 너무 혼란하고 사람들은 하나같이 불신앙, 거짓, 욕심, 타락으로 살아가는 모습을 보면서 하나님께 기도합니다. '하나님, 오직 믿음으로 살아야 합니다. 하나님, 이제 이 백성들이 구원의 하나님 신앙으로 살게 깨우치는 사명의 길로 가려 합니다. 사람이 사람답게 사는 길은 오직 하나님 신앙인줄 믿습니다. 민족과 나라가 잘 사는 길은 오직 하나님 신앙인 줄 믿습니다'라고 부르짖으며 나아가서 외치기를 시작하였습니다.

본문의 말씀은 하박국의 기도입니다. 하박국의 신앙고백입니다.

"나는 하나님으로 인하여 즐거워하며 나의 구원의 하나님으로 인하여 기뻐하리라"
"주 여호와는 나의 힘이시라 나의 발을 사슴과 같게 하사 높은 곳에 다니게 하시리로다"

하박국은 곳곳에 다니며 외칩니다. 백성들을 깨우칩니다. 그런데 백성들은 하나같이 등을 돌립니다. 말씀을 듣지 않습니다. 그러나 하박국은 계속 곳곳에 다니며 외치고 외칩니다. 하박국은 기도하는 시간을 갖고 하나님께 간절히 기도드립니다. 이때에 기도드린 내용이 오늘 본문 말씀입니다.

여러분! 시대시대마다 전도와 복음을 위하여 나라와 민족을 위하여 온 힘을 다하여 열정적으로 외치며 증거한 사람들을 보면 하박국의 모습이었습니다. 오직 하나님 신앙, 구원의 하나님 신앙이었습니다.

여러분 잘 아시나요? 이곳 토론토 대학을 졸업하고 신학교에 입학하여 공부를 하고 졸업한 한 청년이 한국에 선교사로 파송을 청원하고 캐나다 장로교회 총회에서 허락받고 배를 타고 한국에 와서 전도를 하기 시작하였습니다. 알마 농촌의 한 청년이 알마 교회에서 오직 하나님 신앙, 구원의 신앙으로 사명의 길을 따라 머나먼 한국까지 와서 특히 젊은이들에게 전도를 열심히 하였습니다. 선교사 게일, 한국 YMCA를 창설한 자, 한영사전을 첫 출판한 자입니다.

교우 여러분! 오직 하나님 신앙으로, 항상 구원하신 주님만을 잘 믿고, 이 복음만을 증거하며 살아가시기를 바랍니다.

누가 전도 못합니까?
전도를 안 하는 사람입니다.
누가 기도를 못합니까?
기도를 안 하는 사람입니다.
누가 봉사를 못합니까?
봉사를 안 하는 사람입니다.

여러분은 전도를 하는 사람, 기도를 항상 하는 사람, 봉사를 잘하는 사람으로 살아가시기를 바랍니다. 구원의 하나님 신앙생활을 잘하는 사람은 예배를 잘 드리는 사람입니다. 기도 생활을 잘하며 사는 사람입니다. 봉사를 잘하며 사는 자입니다. 전도를 열심히 하며 사는 사람입니다.

교우 여러분! 오직 하나님 신앙으로 열심히 훌륭하게 살아가시므로 하나님을 기쁘시게 하는 자들이 다 되시기를 축원합니다. 오직 하나님 신앙으로 하나님께 영광을 돌리시는 여러분 한 분 한 분을 우리 하나님께서 항상 함께 하시며 복되게 인도하여 주시기를 축원합니다.

30. 그리스도인의 자랑
(고린도전서 9장 11-17절, 고린도후서 1장 13-14절)

2012. 03.25
뉴질랜드 한우리교회 주일예배

고린도전서 9장 11-17절

11. 우리가 너희에게 신령한 것을 뿌렸은즉 너희의 육적인 것을 거두기로 과하다 하겠느냐
12. 다른 이들도 너희에게 이런 권리를 가졌거든 하물며 우리일까보냐 그러나 우리가 이 권리를 쓰지 아니하고 범사에 참는 것은 그리스도의 복음에 아무 장애가 없게 하려 함이로다
13. 성전의 일을 하는 이들은 성전에서 나는 것을 먹으며 제단에서 섬기는 이들은 제단과 함께 나누는 것을 너희가 알지 못하느냐
14. 이와 같이 주께서도 복음 전하는 자들이 복음으로 말미암아 살리라 명하셨느니라
15. 그러나 내가 이것을 하나도 쓰지 아니하였고 또 이 말을 쓰는 것은 내게 이같이 하여 달라는 것이 아니라 내가 차라리 죽을지언정 누구든지 내 자랑하는 것을 헛된 데로 돌리지 못하게 하리라
16. 내가 복음을 전할지라도 자랑할 것이 없음은 내가 부득불 할 일임이라 만일 복음을 전하지 아니하면 내게 화가 있을 것이로다
17. 내가 내 자의로 이것을 행하면 상을 얻으려니와 내가 자의로 아니한다 할지라도 나는 사명을 받았노라

고린도후서 1:13-14

13. 오직 너희가 읽고 아는 것 외에 우리가 다른 것을 쓰지 아니하노니 너희가 완전히 알기를 내가 바라는 것은
14. 너희가 우리를 부분적으로 알았으나 우리 주 예수의 날에는 너희가 우리의 자랑이 되고 우리가 너희의 자랑이 되는 그것이라

미국 오페라계에서 대단하게 활약한 힐리니 할버튼이라고 하는 유명한 가수가 있었습니다. 어느 날 어린 아들과 이웃집 아이가 놀면서 주고받는 대화를 듣게 되었는데, 이웃집 아이가 아들 아이를 보고 말하기를 우리 아버지는 시장님을 잘 아신다라고 자랑을 하니까 그 말을 들은 아들 아이가 이웃집 아이를 보면서 금방 우리 아버지는 하나님을 잘 아셔라고 대답하더랍니다. 아들의 말을 듣는 순간, 할버튼은 눈에서 눈물이 나기 시작해서 서재로 들어가 실컷 울었다는 것입니다. 할버튼은 무엇 때문에 그렇게 감격하여 울었을까요? 눈물의 의미가 과연 어디에 있었을까요? 할버튼은 하나님을 잘 아신다는, 자기 아빠를 떳떳하게 자랑할 줄 아는 어린 아들의 모습이 너무나 자랑스러웠기 때문이었습니다. 아들은 아버지를 떳떳하게 자랑했고, 아버지는 아들이 너무나 자랑스러웠습니다.

교우 여러분! 우리 자녀들은 우리의 어떤 점, 어떤 모습을 자랑스럽게 생각하고 있다고 여기십니까? 우리가 하나님을 아는 것을 자랑할 수가 있어야 하지 않겠습니까? 우리가 하나님을 잘 믿는 것을 자랑할 수 있어야 하지 않겠습니까? 우리가 하나님께 줄을 대고 살아가는 사람이라는 것을 자랑할 수 있어야겠습니다.

우리가 하나님을 아버지라고 부르고, 구원의 주로 믿고 살아가는 사람임을 자랑할 수 있어야겠습니다. 자기 아버지가 시장님에게 줄을 대고 살아가는 것을 자랑하기보다는 하나님께 줄을 대고 살아가는 것을 자랑할 수 있어야 한다는 말씀입니다. 중요한 것은 아이에게 어떻게 보이는 모습인가가 중요합니다.

하나님께서는 우리에게 여러 가지 자랑거리를 주셨습니다. 그러나 스스로에게 주어진 자랑거리가 무엇인지를 모르기 때문에 때로는 비굴해지기도 하고, 때로는 자신감을 잃어버리게 되는 경우가 있습니다. 마치 자기 밭에 보화가 묻혀 있음에도 그것을 모르는 경우로 비유할 수 있을 것입니다. 그렇다면 우리 그리스도인들에게 물어야 할 말씀이 있습니다. 신앙인으로서 주 하나님을 믿고 사는 그리스도인으로서 어떤 자랑과 자긍심을 가지고 살아오셨습니까?

성경에는 우리에게 두 가지 종류의 자랑이 있음을 말씀하고 있습니다. 세상적인 자랑과 신령한 자랑입니다. 그런데 우리는 어리석게도 거짓된 것을 자랑할 때가 종종 있습니다. 자랑할 만한 것이 못되는데도 자랑합니다.

야고보서 1장9절 이하에 보면, '허탄한 자랑은 풀의 꽃과 같이 지나간다'고 했습니다. 그렇다면 여기서 말하는 허탄한 자랑이란 어떤 것입니까? 건강을 자랑하고, 젊음을 자랑하고, 미모를 자랑하고, 머리가 좋음을 자랑하고, 지식을 자랑하고, 물질이 많음을 자랑하고, 높은 지위를 자랑하고, 그러나 세월이 지나가면 이런 것들이 얼마나 어리석은 자랑거리였나를 깨닫게 됩니다. 얼마나 온전한 것이었는가? 얼마나 영원한 것이었는가? 어리석고 허탄한 세상적인 자랑거리들이 언젠가는 사라질 때가 있는가 하면, 언젠가는 자랑하던 내가 사라질 때가 있다는 것입니다.

그러면 참된 자랑은 무엇이라고 생각하십니까? 바울은 고린도후서 1장 12절에서 이렇게 말씀합니다.

"우리가 세상에서 특별히 너희에 대하여 하나님의 거룩함과 진실함으로 행하되, 육체의 지혜로 하지 아니하고, 하나님의 은혜로 행함은 우리 양심이 증언하는 바니 이것이 우리의 자랑이라"

그러므로 다른 어떤 부연설명이 필요하겠습니까? 가령, 우리가 돈을 많이 벌었다고 해도 정직함을 잃어버렸다면 그것이 무슨 자랑이 되겠습니까? 우리가 크게 출세를 하였다고 해도, 의가 뒷받침되지 않았다면, 그 또한 무슨 자랑거리가 되겠습니까? 비록 세상적으로 성공은 하지 못하였다고 해도, 의롭게, 바르게, 최선을 다하는 삶이었다면 이것이 우리의 자랑이 되는 것입니다.

이런 점에서 바울 사도야말로 자랑이 무엇인지를 정확하게 알고 있는 분임을 인정하게 됩니다. 사실 바울은 자랑거리가 많은 사람이었습니다. 세상적으로 인간적으로 자랑거리가 많은 분이었습니다.

빌립보서 3장4절 이하에 보면, 바울은 태어난 지 8일 만에 할례를 받은 유대인이요, 베냐민 지파로서 로얄패밀리입니다. 그리고 당대의 저명한 랍비였던 가말리엘의 문하생이요, 율법에 정통한 자, 엘리트 중의 엘리트입니다. 그런데 당시 예수 믿는 사람들을 핍박하는 일에 사명감을 가지고 앞장섰던 전력의 소유자였습니다.

그러나 그는 자신감과 함께 자부심으로 엄격하게 살아왔으나 놀랍게도 엄청난 변화가 생기게 되었습니다. 그렇게도 자랑스러웠던 모든 것들이 한

순간 분토와 같이 여겨지게 되었다고 고백하게 된 것입니다. 배설물처럼 여겨지게 되었다고 말하였습니다.

어떻게, 무엇이 이런 변화를 가능하게 한 것입니다. 우리는 가끔 극과 극은 통한다는 말을 합니다. 바울은 다메섹 길에서 부활하신 주님을 만나게 되었습니다. 주님의 음성을 듣게 되었습니다. 죄인을 구원하시는 주님, 예수님을 보게 되었습니다. 이때부터 다른 사람으로 변화를 갖게 되었습니다. 거듭나는 삶으로 달라지게 되는 것입니다. 하나님의 영, 성령의 역사로 감화, 감동, 변화의 역사가 시작된 것입니다.

바울의 생각과 믿음, 가치관과 인생관, 신앙관이 인정하기 어려울 정도로 바뀌게 되었다고 표현하는 것이 옳을 것입니다. 이제는, 예수님께서 나를 위하여 십자가에 못 박히신 것이, 나를 구원하시기에 분명하고 충분한 것임을 알게 되고 믿게 되었기에 부활하신 예수 그리스도 외에는 아무것도 알지 아니하기로 작정하였다고 고백했습니다. 무슨 말입니까? 예수 그리스도의 십자가와 부활하심 외에는 자랑할 것이 없다는 위대한 신앙의 경지에 입문하게 되었음을 말합니다. 예수 그리스도만이 복음 중에 복음이며, 가치 중에 최고의 가치이며 자랑 중에 자랑임을 알고 믿게 되었다는 것입니다.

오늘 본문 말씀 15절에서 바울은 "내가 차라리 죽을지언정 누구든지 내 자랑하는 것을 헛된 데로 돌리지 못하게 하리라"라고 말합니다. 무슨 뜻입니까? 그 어떤 경우라도 이 자랑만은 지켜 나가겠다는 것입니다. 그 어떤 경우라도 오직 그리스도를 위하여, 복음을 위하여, 주님의 종이 되겠다고 하는 긍지만은 지켜 살겠다는 신념인 것입니다. 그리고 그 누구든지 이와 같은 나의 신념, 나의 자랑을 결코 헛된 데로 돌리지 못한다고, 또한 나 자신의 이같은 이 자랑만은 소중히 여기겠다는 분명한 고백인 것입니다.

바울은 오늘 본문 앞부분에서 자신이 사도이기에 누릴 수 있는 권리와 권한을 열거했습니다. 그러나 이것이 복음 전하는 일에 어떤 대가를 바라는 마음으로 오해가 될 우려가 있기 때문에 다 포기한다고 말합니다. 그러므로 자신의 권리와 권한 그리고 자신의 자랑에 대하여는 다 포기하고, 또 자랑할 것이 없다고 합니다. 이 말은 복음을 전함으로 인하여 생긴 모든 일들은 개인적인 영광과 개인적인 자랑과는 무관하다는 뜻입니다. 예수 그리스도께서 전한 하나님의 복음, 그 자체는 세상 모든 사람에게 널리 전파되어야 할 것으로서 우리 모두의 자랑이며 영광입니다.

그러나 간혹 미련한 우리들은 복음의 영광을 이 복음을 전하는 자에게 돌리기도 하며 때로는 전파하는 자신이 영광 받는 자 되기를, 그렇게 되기를 바라는 경우가 있는 것입니다. 그런데 복음 전도자 바울은 본문 말씀과 같이 복음 선하는 일이 개인적인 자랑거리가 될 수 없을 분명히 하고 있습니다. 특히 목회자와 더불어 교회를 많이 봉사하는 분일수록 귀담아 들어야 합니다.

이런 일이 있었습니다. 바울과 바나바가 전도 여행을 하고 있을 때에 놀라운 능력을 보게 된 이방인들이 바울을 신으로 모시려고 하자 바울은 옷을 찢으면서 아니 될 일이라고 한 적이 있었습니다. 베드로가 고넬료에게 복음을 전하려고 갔을 때에 고넬료가 무릎을 꿇고 영광을 돌리려고 하자 베드로가 단호하게 거절한 일이 있었습니다.

예수님의 말씀 중에 누가복음 17장9-10절에 보면

"명한대로 하였다고 종에게 사례하겠느냐 이와 같이 너희도 명령받은 것을 다 행한 후에 이르기를 우리는 무익한 종이라 우리의 하여야 할 일을 한 것 뿐이라 할찌니라"

라는 말씀이 있습니다. 종이 이런 일 저런 일로 수고를 하였어도, 마땅히 할 일을 한 것일 뿐 보상이나 칭찬을 바랄 수가 없다는 말씀입니다. 그러므로 바울은 "내가 부득불 할 일을 함이니라"라고 했습니다. 주님의 십자가를 생각하면서 늘 감사한 마음으로 일하였다고, 늘 기쁜 마음으로 섬겼다고 했습니다.

왜 그렇게 생각한 것입니까? 극렬하게 핍박하던 이 죄인을 구원의 주님께서 만나주셨습니다. 극적으로 구원받아 온전하게 살도록 하여 주셨습니다. 그런데 이렇게 생각하고 살아가는 바울에게 매우 힘든 아픔도 있었습니다. 바울에게는 육체의 가시라고 말한 대로, 질병이 있었습니다. 항상 아픔을 견디며 살았습니다. 그럼에도 바울은 심하게 아플 때마다 육신의 아픔이 저를 찌르고 채찍질할 때마다 주님의 십자가를 생각하며 주님의 모습을 바라보며 기도하였습니다. 바울은 종종 "내가 연약할 때에 곧 강함이라"라고 했습니다. 무슨 뜻입니까? 자신의 연약함을 오히려 자랑했습니다. 약할 때마다 엘이신 하나님, 강하신 하나님을 찾았습니다.

바울은 또한 능욕받음을 자랑했습니다. 세상에서 능욕을 당함으로 하나님의 찬란한 영광을 얻을 수가 있다는 사실을 믿었습니다. 또한 궁핍함을 자랑했습니다. 궁핍할 때에 엘 샤다이 하나님, 필요를 아시고, 채워 주시는 하나님을 찾으며 기도할 때에 채워주심을 경험하였습니다. 바울은 고난당함도 자랑했습니다. 복음과 함께 고난 받음이 곧 하나님의 능력과 기적을 체험하는 기회라는 사실을 알고 오히려 자랑하였습니다.

교우 여러분! 하나님의 자녀가 되었다는 이유로 남모르게 어려움을 당하십니까? 주의 일을 하는 이유 때문에, 교회를 위하여 열심히 봉사하는 것 때문에, 혹 어려움을 겪는 분이 계십니까? 남들보다 열심히 기도하거나 더 봉사하는 이유로 시비를 받는 분이 계십니까? 이 눈치 저 눈치 받아가면서도 기도하거나 봉사를 하거나 열심히 신앙생활을 한다면 오히려 마음속으로 감사하며 자랑할 수 있기를 바랍니다.

시련과 고통은 신앙 없는 사람들에게는 부끄러운 것이 되고 절망의 늪이 되지만 우리 신앙인들에게는 삶의 재창조를 할 수 있는 원동력이 됨을 자랑할 수가 있습니다.

지난날이나 혹 현재나 억지로 십자가를 졌든지 좋은 마음으로 십자가를 졌든지 이 모두는 축복이 아닐 수가 없다는 것을 아시기 바랍니다. 하나님께서는 힘겹고 어렵지만 이런저런 무거운 십자가를 지게 하셨지만 감당할 수 있게 도와주셨습니다.

교우 여러분! 모든 일들이 하나님께서 나에게 베푸신 은혜임을 알고 감사하며 사는 사람, 자기 자랑을 다 잃어버린 사람, 자기에 대하여 할 말이 없는 사람, 업적이 있지만은 자랑이 없고 칭찬을 받으나 오히려 부끄러워하는 사람은 진실로 행복한 사람이요, 하나님께서 대신 자랑하여 주시는 사람인 줄 믿습니다.

우리 인간은 본능적인 모습에서 어쩔 수 없는 부분이 있습니다. 어린 아이들은 별 것 아닌 것이라도 자랑합니다. 젊음이들은 야심찬 마음으로 특별한 것들을 드러내며 자랑을 합니다. 나이가 많아지면 어떻습니까? 저의 경우도 비슷합니다. 지나간 세월, 이것저것 자랑을 한참동안 하다보면 부끄러움을 느끼곤 합니다. 사실 어른 대접을 받으려면 조용하면 좋을 듯합니다.

교우 여러분! 여러분의 자랑은 무엇입니까? 우리 교회, 한우리교회의 자랑은 무엇입니까? 바라기는 오직 예수 그리스도의 이름이 우리 신앙인의 자랑이 되시기를 바랍니다. 오직 구원의 복음, 기쁨과 능력의 복음이 우리 신앙인의 자랑이 되시기를 바랍니다. 오직 그리스도와 함께 고난 받는 것을 마음속으로 자랑하시기를 바랍니다. 그리고 주님의 몸 된 교회를 위하여 묵묵히 봉사함은 믿지 않는 사람, 이방인을 위하여, 전도하며 봉사함을 속마음으로 자랑하며, 진정 감사하시기를 바랍니다.

우리의 아름다운 입술에서 불평, 불만, 짜증의 말이 결코 아니 나오기를 기도하시기를 바랍니다. 은연중에라도 시비와 조소, 거짓과 추한 냄새의 말이 아니 나오기를 기도하시기를 바랍니다. 원하기는 주님의 일을 위하여 수고하는 분들을 격려하며 자랑하며, 기도하시기를 바랍니다. 구원의 주님, 예수님을 찬양하며, 자랑하는 소리로 하나님께 영광을 돌리시기를 바랍니다.

다같이 찬송 102장을 부르겠습니다.

1. 주 예수 보다 더 귀한 것은 없네
   이 세상 부귀와 바꿀 수 없네
   영 죽을 내 대신 돌아가신 그 놀라운 사랑 잊지 못해

후렴) 세상 즐거움 다 버리고
   세상 자랑 다 버렸네
   주 예수 보다 더 귀한 것은 없네 예수 밖에는 없네

2. 주 예수보다 더 귀한 것은 없네
   이 세상 명예와 바꿀 수 없네
   이 전에 즐기던 세상 일도 주 사랑하는 맘 뺏지 못해.

3. 주 예수보다 더 귀한 것은 없네
   이 세상 행복과 바꿀 수 없네
   유혹과 핍박이 몰려와도 주 섬기는 맘 변치 않아

교우 여러분! 한 분 한 분 모두 훌륭한 신앙인으로 복음을 자랑하며 주의 이름을 자랑하며 기도와 찬양과 증거와 봉사로 헌신하시기를 바랍니다. 우리 교회, 한우리교회를 자랑하며 묵묵히 열심히 기도하며, 봉사하며, 섬기시는 교역자들과 장로님, 권사님, 집사님들과 교우들을 자랑하며 함께 헌신하시기를 바랍니다. 본문 말씀 그대로

"너희는 우리의 자랑이라"라는 축복의 사람들이 되시기를 축원합니다.

31. 섬겨 주신 예수님
(마가복음 10장45절, 11장1-10절)

2012. 04.02
시드니 온누리교회

마가복음 10:45

45. 인자가 온 것은 섬김을 받으려 함이 아니라 도리어 섬기려 하고 자기 목숨을 많은 사람의 대속물로 주려 함이니라

마가복음 11:1-10

1. 그들이 예루살렘에 가까이 와서 감람 산 벳바게와 베다니에 이르렀을 때에 예수께서 제자 중 둘을 보내시며
2. 이르시되 너희는 맞은편 마을로 가라 그리로 들어가면 곧 아직 아무도 타 보지 않은 나귀 새끼가 매여 있는 것을 보리니 풀어 끌고 오라
3. 만일 누가 너희에게 왜 이렇게 하느냐 묻거든 주가 쓰시겠다 하라 그리하면 즉시 이리로 보내리라 하시니
4. 제자들이 가서 본즉 나귀 새끼가 문 앞 거리에 매여 있는지라 그것을 푸니
5. 거기 서 있는 사람 중 어떤 이들이 이르되 나귀 새끼를 풀어 무엇 하려느냐 하매
6. 제자들이 예수께서 이르신 대로 말한대 이에 허락하는지라
7. 나귀 새끼를 예수께로 끌고 와서 자기들의 겉옷을 그 위에 얹어 놓으매 예수께서 타시니
8. 많은 사람들은 자기들의 겉옷을, 또 다른 이들은 들에서 벤 나뭇가지를 길에 펴며
9. 앞에서 가고 뒤에서 따르는 자들이 소리 지르되 호산나 찬송하리로다 주의 이름으로 오시는 이여
10. 찬송하리로다 오는 우리 조상 다윗의 나라여 가장 높은 곳에서 호산나 하더라

본문 마가복음 11장1-10절 말씀은 종려주일에 많이 읽는 말씀입니다. 예수님께서는 십자가를 지시기 위하여 예루살렘으로 가시던 중 감람산 벳바게와 베다니에 이르러서 제자 두 명을 불러 맞은편 마을로 가면 나귀 새끼가 있는 것을 볼 터인데 줄을 풀어 끌고 오라고 하셨습니다. 혹시 누가 왜 이리하느냐고 물으면 "주가 쓰시겠다 하라 그리하면 즉시 이리로 보내리라"라고 하였는데 제자들이 가서 나귀 새끼가 매여 있는 것을 보고 줄을 푸는데, 어떤 이들이 "나귀 새끼를 풀어 무엇 하려느냐" 하니 예수님께서 이르신 말씀대로 말한대 허락을 받게 되었습니다.

제자들이 나귀 새끼를 끌고 와서 주님을 태우려고 겉옷을 벗어 나귀 등에 깔고 예수님을 타시게 하였습니다. 예수님은 나귀 새끼를 타시고 예루살렘을 향하여 가십니다. 이때에 많은 사람들이 자기들의 겉옷과 나뭇가지를 길에 펴며 앞에서 가며 또 뒤를 따르면서 소리치되 "호산나 찬송하리로다 주의 이름으로 오시는 이여 찬송하리로다 오는 우리 조상 다윗의 나라여 가장 높은 곳에서 호산나"라고 외쳤습니다.

이 말씀을 자세히 살펴보면 예수님께 하나같이 섬기는 모습으로 기록되어 있음을 알 수 있습니다.

제자들은 예수님의 말씀을 순종하여 나귀 새끼를 끌고 와서 자기들의 겉옷을 벗어 나귀 등에 깔고는 예수님을 타시게 했습니다.

나귀 주인은 주님께서 쓰시겠다는 말씀에 순종하여 나귀 새끼를 예수님께서 타시도록 선뜻 내어드립니다.

많은 무리들은 자기들의 겉옷을 벗어서 길에 깔고 또 나뭇가지를 주님께서 가시는 길에 잘 펼쳐 놓으며 호산나 찬송하리로다 소리 높여 찬송하면서 환영합니다.

더 중요한 메시지는 아무 말도 못 하는 나귀 새끼도 주님을 등에 타시도록 하고 예루살렘을 향해 힘들지만 묵묵히 걸어갑니다. 예수님의 제자들, 나귀 주인, 많은 무리들, 그리고 나귀 새끼까지 모두 주님을 위하여 봉사합니다. 주님을 섬겨드립니다. 십자가를 지시려고 또 자기 목숨까지 내어 드리려고 가시는 주님께 먼저 섬겨 드리는 모습을 보게 하는 본문 말씀입니다.

여러분! 섬기는 일은 쉬운 일이 아닙니다. 봉사하는 일, 섬기는 일은 어려운 일입니다. 희생하는 일입니다. 손해 보는 일입니다. 오늘 본문 말씀 앞에 있는 마가복음 10장45절에 보면 예수님께서 이 땅에 왜 오셨는가를 분명히게 말씀하여 주셨습니다.

"인자가 온 것은 섬김을 받으려 함이 아니라 도리어 섬기려 하고 자기 목숨을 많은 사람의 대속물로 주려 함이니라"(막 10:45)

예수님은 하나님이십니다. 하나님께서 사람의 몸으로 이 세상에 오셨습니다. 왜 오셨습니까? 섬기려고 오셨습니다. 누구를 섬기려고 오셨습니까?

죄인인 우리를, 나를 섬기려고 오셨습니다. 어떻게 섬기셨습니까? 내가 져야 할 십자가를 대신 져 주셨습니다. 내가 받을 고난을 대신 받으셨습니다. 내가 죽을 것을 대신 죽어주셨습니다. 구체적으로 말씀을 드리면 우리가 지은 죄값으로, 우리가 십자가를 져야 하고, 우리가 고난을 받아야 하고, 우리가 죽어야 하고, 우리가 지옥 불에 던져져야 하는데 우리 주님, 예수님께서 우리 대신 십자가를 지시고 고난 받으시고, 우리 대신 가시에 찔리시고, 피 흘리시고 죽으셨습니다. 그러므로 예수님 때문에 우리는 살게 된 것입니다.

예수님께서 섬겨주셨습니다. 온전히 섬겨주셨습니다. 죽기까지 섬겨주셨습니다. 그러므로 예수님께서 섬겨 주셨기 때문에 예수님께서 십자가를 져 주셨기 때문에 그 은혜로 우리는 살게 된 것입니다. 우리는 구원받아 영원히 살게 되었습니다. 여러분과 저는 섬겨주신 주님, 구원의 주 하나님 예수님을 믿고 사는 가장 큰 은혜, 가장 큰 복을 받은 자인 것입니다.

교우 여러분! 구원받은 자와 구원해 주는 자는 아주 다릅니다. 구원해 준 자는 엄청난 수고와 희생의 값을 치렀습니다. 구원받은 자는 값없이, 수고 없이, 선물을 받은 자입니다. 그러므로 구원하여 준 자는 섬겨준 자입니다. 구원받은 자는 섬김을 받은 자입니다. 그런데 우리가 섬김을 받을 만한 자입니까? 아닙니다. 부끄러운 인간들입니다.

그럼에도 하나님께서 우리를 섬겨주셨습니다. 주님께서 우리를 섬겨주셨습니다. 만입이 있어도 다 감사할 수 없는 일인 것입니다. 우리를 섬겨주신 주님, 우리를 구원하여 주신 주님, 그러므로 예수님은 나의 주님이십니다.

　우리 주님은 하나님의 말씀으로, 몸으로, 십자가로, 섬겨주심으로 믿음과 사랑, 희생과 헌신의 십자가로 섬겨주심으로 우리를 거듭나게 하신 분이십니다. 새 사람 되게 구원하여 주신 분이십니다. 영생의 축복을 주신 분이십니다. 그러므로 우리의 주님이 되십니다. 우리의 선한 목자이십니다. 양은 선한 목자의 인도를 받아야만 축복의 존재가 됨을 아시기 바랍니다.

　성경에 보면 선한 목자, 삯꾼 목자 이야기가 있습니다. 선한 목자는 자기 양을 기르는 목자입니다. 삯꾼 목자는 주인 양을 맡아 기르는 목자입니다. 삯을 받고 길러주는 목자입니다. 무엇이 다릅니까?

　우리 예수님은 나의 선한 목자이십니다. 더러운 발을 닦아 주셨습니다. 배고플 때 먹여주셨습니다. 병들었을 때에 찾아주셨고 고쳐주셨습니다. 눌리고 고통받고 있을 때에 찾아오셔서 위로해 주셨습니다. 죄인인 나를 용서하여 주시고, 구원과 영생을 주셨습니다. 섬겨 주셨습니다. 십자가를 지시며 죽으시기까지 하셨습니다. 끝까지 섬겨 주셨습니다. 그러므로 나의 주님이십니다. 나의 선한 목자이십니다. 나의 영원한 멘토이십니다.

　이제는 우리가 섬길 차례입니다. 우리가 섬겨야만 합니다. 이제부터는 우리가 주님의 몸 된 교회를 섬겨야 합니다. 주님께서 섬기기를 바라시는 가난하고 병든 이들을 섬겨야 합니다. 소외된 고독한 이들을 섬겨야 합니다. 주님을 모르는 이방인들을 섬겨야 합니다. 우리가 이들을 잘 섬기면 저들이 우리처럼 은혜받고 구원받는 축복이 있게 될 줄 믿습니다.

요즘은 말로는 전도가 잘되지 않습니다. 오래전, 예전에는 말로, 전도지로, 전도가 잘되었습니다. 그러나 사람들의 마음이 너무 복잡해졌고 딱딱해졌습니다. 그러면 어떻게 해야, 무엇으로 전도를 잘할 수가 있겠습니까? 섬겨주어야 합니다. 봉사해야 합니다. 도와주어야 합니다. 잘 섬겨 주면, 끝까지 섬기면, 전도가 좀 쉽게 될 수가 있습니다. 돈을 받고 섬긴다면 감동, 감화, 변화는 없습니다. 돈 받고 아이를 돌봐주는 일, 누구나 할 수 있습니다. 돈 받고 물건을 나르는 일, 누구나 할 수 있습니다. 그러나 감동적인 일은 아닙니다. 그러나 값이나 보상을 바라지 않고 봉사하고 섬겨주는 일은 감동적인 일입니다. 예수님을 믿는 우리가 주님처럼 이웃에게 섬김의 삶을 잘하면 십자가를 지는 삶으로 섬기면, 우리가 믿는 주님을 저들도 믿으려고 할 줄 믿습니다.

미국 캘리포니아 주 로스 알토스 교회가 있습니다. 예배당이 낡아서 수리해야 하는데 경비가 1만 불 정도 예상되었습니다. 너무 작은 교회, 약한 교회라 헌금으로는 이 일을 감당할 수 없었습니다. 목사님은 기도 중에 달란트 비유처럼 교인들에게 15불씩 나누어주며 6주 후에 가져오시라고 하였습니다. 교회를 위하여 열심히 섬깁시다라고 하였습니다. 교인들은 이 돈으로 무엇을 할까? 생각하였습니다. 초콜릿, 레몬에이드, 케이크, 커피, 등 장사를 하여서 6주 후에 어른 아이 모두 5배, 10배, 100배로 예배당을 수리하고도 1만불이 넘게 남는 역사가 일어났습니다. 주님을 위하여 봉사하면 이처럼 놀라운 역사가 일어납니다.

예수님을 등에 태우고 섬김의 참모습을 상기시킨 어린 나귀의 길을 따라서 우리도 주님을 섬기며, 주님께서 섬겨주기를 바라는 가난하고 병든 이들을, 절망과 포기의 인생들을, 죄로 죽게 되는 영혼들을 섬겨 줄 수 있기를 바랍니다. 오직 섬김의 삶을 잘 감당하시기를 바랍니다. 주님의 은혜와 축복이 섬김의 삶을 살아가실 여러분 한 분 한 분에게 충만하시기를 기원합니다.

32. 장로(목사)들에게 권면하노니
(베드로전서 5장1-4절, 에베소서 4장11-12절)

2018. 04. 17
강원노회 개회 예배

베드로전서 5:1-4

1. 너희 중 장로들에게 권하노니 나는 함께 장로 된 자요 그리스도의 고난의 증인이요 나타날 영광에 참여할 자니라
2. 너희 중에 있는 하나님의 양 무리를 치되 억지로 하지 말고 하나님의 뜻을 따라 자원함으로 하며 더러운 이득을 위하여 하지 말고 기꺼이 하며
3. 맡은 자들에게 주장하는 자세를 하지 말고 양 무리의 본이 되라
4. 그리하면 목자장이 나타나실 때에 시들지 아니하는 영광의 관을 얻으리라

에베소서 4:11-12

11. 그가 어떤 사람은 사도로, 어떤 사람은 선지자로, 어떤 사람은 복음 전하는 자로, 어떤 사람은 목사와 교사로 삼으셨으니
12. 이는 성도를 온전하게 하여 봉사의 일을 하게 하며 그리스도의 몸을 세우려 하심이라

강원노회 개회 예배를 드리시는 노회원 여러분과 함께 베드로전서 5장과 에베소서 4장 말씀으로 은혜를 받으려고 합니다. 본문 말씀은 장로(목사)들에게 주시는 권면의 말씀입니다. 장로, 목사는 예수님의 고난에 대한 증인이며, 주님께서 나타나실 때에 영광에 참예할 자입니다. 그러므로 하나님의 양무리를 치되, 부득이 함으로 하지 말고 오직 하나님의 뜻을 좇아 자원함으로 하며, 더러운 이를 탐하지 말고 오직 즐거운 뜻으로 하며, 맡은 자들에게 주장하는 자세로 하지 말고 오직 양무리의 본이되라는 말씀을 잘 받아야 합니다.

주님께서는 어떤 사람은 사도로, 어떤 이는 선지자로, 어떤 자는 복음 전하는 자로, 또 어떤 이는 목사와 교사로 삼으셨습니다. 이는 성도들을 온전하게 하며 봉사의 일을 하게 하며 또 그리스도의 몸을 세우게 하심이라고 하였습니다. 우리는 주님의 권면을 잘 듣고 준행하여야만 합니다. 좋은 주인의 권면의 말씀을 잘 듣고 일해야만 합니다. 그러므로 우리는 모두 주님의 종 된 자라고 스스로 말하는 자인데 우리 주님께서 우리에게 어떤 권면을 하십니까? 장로, 목사는 그리스도의 고난에 대한 증인이며, 앞으로 나타날 영광에 참예할 지로 알고, 믿고, 행하여야 한다는 것을 잊어서는 안 됩니다.

우리는 장로(목사)로 부르심을 받은 자입니다. 이 막중한 소명을 받고 사명을 다하는 자로 응답하였습니다. 이 시간 나 자신을 깊이 생각하며 살펴보아야 합니다. 나는 과연 하나님의 양무리인 교인들을 제대로 가르칠 수 있는 자인가? 하나님의 말씀을 잘 대언할 수 있는 자인가? 교인(교회)을 감독할 수 있는 자인가? 목사, 장로라면 그리스도를 봉사하는 종인데, 양들을 깨우치며, 감독하는 자로 모범이 되는 자인가? 구원의 복음에 합당한 자로서 하나님의 도를 맡은 청지기인가?

과연 무흠한가? 진실한가? 자격자인가? 교수 능력이 있는가? 계속 공부하며 기도하는 자인가? 복음에 합당한 자인가? 희생의 삶을 사는 자인가? 가정을 잘 다스리는 자인가? 존경을 받기에 합당한 자인가? 부모, 형제, 자식, 내 양심에게 존경을 받을 자인가? 장로는 영어에서 Elder(엘더)라고 하는데, '앞장서는 자'라는 뜻입니다. 예배 모범에 앞장서는 자, 기도 생활에 앞장서는 자, 섬기는 삶에 앞장서는 자입니다. 헌금, 헌신에 앞장서는 자, 복음 전하는 일에, 은혜로운 말을 하는 자로 앞장서는 자, 모든 삶에서 우수한 모습으로 앞장서는 자로 사는가? 아니면 교만, 고집, 인색함, 분쟁, 욕심, 못된 갑질 행세에 앞장서는 자로 낙인 된 자인가를 살펴야 합니다. 명설교를 한다고 해도, 은혜스럽게 기도를 한다고 해도, 겸손한 모습처럼 보인다고 해도 하나님 보시기에 과연 합당치 않으면 되돌아가야만 합니다.

저의 할머니와 할아버지는 평양 신학교 초대 교장 선생님이신 마포삼열 선교사님의 전도로 예수를 믿게 되셨는데 이때에 저의 아버지는 3살 때였다고 합니다. 3살 어린 나이에 할머니 등에 업혀서 교회에 다녔는데 33년 후에는 평양신학교에 입학하여 공부하고 6.25 전쟁이 나던 해에 졸업하고 목사님이 되셨습니다. 아버지께서 목사 안수를 받으시고 목회를 하실 때에 저는 8살이었습니다. 6.25 전쟁 이후에 말할 수 없는 어려움의 날들 중에서도 오직 주님의 복음을 전하는 일을 위하여 온몸을 드리신 아버지의 전도, 봉사의 목회를 보면서 그리고 세계 봉사 대상을 받으신 아버지를 감히 말씀드립니다.

저는 분명히 알고 있습니다. 진실한 목사, 욕심이 없는 목사, 십자가를 지는 목사, 그리스도의 고난의 증인 되는 목사, 나타날 영광에 참예할 목사, 오직 복음을 전하는 일에만 열정을 다하는 목사, 개인의 집은 없지만 주님의 집, 교회를 25개 처나 세우시고 은행 통장은 하나도 없지만, 주머니를 다 털어 헌금하시며 눈을 감으시는 목사, 오늘을 살아가고 있는 우리들에게는 찾아볼 수 없습니다.

저는 유명한 목사는 못되어도 부끄러운 목사는 아니어야 한다. 위대한 목사는 못되어도 더티한 목사는 아니 되어야 한다고 다짐하였습니다. 목회의 시작도 중요하지만 목회의 마지막 모습이 매우 아름다워야만 합니다. 저는 은퇴할 때에 이렇게 하리라고 생각하였습니다. 목회를 마치면 춘천을 멀리 떠나 살아야겠다. 시무하던 교회에 대하여는 일체 관여, 간섭하지 아니하리라. 65세에 조기 은퇴하리라. 은퇴 목사, 주제가로 "꼭꼭 숨어라, 머리 기락 보인다"로 하리라…

여러분! 우리 한국 교회에서 요즘 어려운 일이 있는 경우가 많이 생깁니다. 병들어서 괴롭게 되는 교회가 생깁니다. 부끄러운 교회들이 많아집니다. 세상 사람들까지 비난하게 되는 교회들이 많습니다.

무엇 때문입니까? 누구 때문입니까? 교인 때문입니까? 집사, 권사 때문입니까? 아닙니다. 목사, 장로 때문입니다. 목사의 욕심, 장로의 인격 파탄, 분쟁으로 인한 본이 안 되는 것들로 인해서입니다.

교인 한 사람의 잘못으로 한 사람, 두 사람이 실족됩니다.
장로 한 사람의 잘못으로 10 사람이 실족됩니다.
목사 한 사람의 잘못으로 100 사람, 1000 사람이 실족됩니다.

목사, 장로는 예수 그리스도에 대한 증인들임을 분명히 아셔야 합니다. 목사, 장로는 나타날 영광에 참예하여야 하는 자입니다. 목사, 장로는 그리스도의 몸(교회)을 세우는 자입니다. 그런데 왜 병들게 합니까? 왜 깨어지게 합니까? 왜 비탄과 지탄을 받게 하는 것입니까?

성경에 보면 병든 교회가 있습니다. 또한 성경에 보면 건강한 교회가 있습니다. 에베소 교회, 버가모 교회, 두아디라 교회, 사데 교회, 라오디게아 교회, 고린도 교회는 병든 교회였습니다. 그러나 서머나 교회, 빌라델비아 교회, 마가의 다락방 예루살렘 교회는 건강한 교회였습니다. 교회가 병들었다는 말은, 목사, 장로 교인이 병들었다는 말입니다. 교회가 건강하다는 말은 목사, 장로 교인이 건강하다는 말입니다.

"교회 컨설팅"이라는 말을 들어 보셨습니까? 미국에는 교회 컨설팅 회사, 전문기관이 여러 군데 있습니다. 교회 컨설턴트가 300여 명이나 있습니다. 교회를 진단하는 전문기관이며, 전문가들입니다. 교회의 질환을 진단하고 발견하여 건강하게 하도록 전문가 입장에서 조언하고 방법을 제시하며 도와줍니다. 교회의 질병 원인을 찾아내고 치유하도록 하는 일이 얼마나 중요합니까! 최적의 프로그램을 제시하고 중장기 발전 계획까지 수립하도록 도움을 주며 영적 시스템을 개선하고 구축하도록 하고 M.T.S 평신도 양육 시스템을 도입하게 하고, 교육, 봉사, 선교, 헌금 등 구체적인 프로그램을 만들고 목사, 장로의 영적 건강, 인격적인 리더쉽을 개선하도록 도와주는 일, 참으로 필요한 일입니다.

건강한 교회는 사도성이 강해야 합니다. 예배가 역동적이어야 합니다. 봉사, 선교 지향적이 되어야만 합니다. 하나님의 소원이 최우선인가를 평가하여야 합니다. 능력 있는 비전이 있는 교회가 되어 더 쉽게 말씀드린다면 교회의 지도자, 목사, 장로는 영적인 리더쉽이 있어야 한다는 것입니다.

몇 가지 더 자세히 말씀드린다면 욕심이 없어야 합니다. 나태하지 말아야 합니다. 자만이나 교만하지 말아야 합니다. 내가 하는 말, 즉 기도하는 말, 설교하는 말, 가르치는 말이 나의 삶으로, 나의 생활로 내 모습으로 잘 나타나야만 됩니다. 좋으면 어떤 반응으로 나타나겠습니까? 과연 목사님이십니다. 과연 장로님이십니다. 이렇게 우리 가족들이, 우리 교인들이, 우리 주변의 가까운 이웃이 존경하며 따를 것입니다. 나의 목자로, 나의 목사님으로 나의 장로님으로 말하며 따르게 되기를 바랍니다.

"장로(목사)들에게 권면하노니"

고난의 증인으로, 나타날 영광의 참예할 자로 합당한 자들이 되기를 바랍니다.

 오늘 본문 말씀, 오늘 제목의 말씀이 여러분에게 들려지는 말씀, 합당하게 준행케 되는 말씀으로 응답하시기를 간절히 바랍니다. 섬기시는 교회와 가정에 여러분에게 은혜와 평강이 충만하시기를 기원합니다.

33. 이제는 우리가 섬겨야 합니다
(마가복음 10장45절, 11장1-10절)

2016. 05. 19
세계지도력 개발원

마가복음 10:45

45. 인자가 온 것은 섬김을 받으려 함이 아니라 도리어 섬기려 하고 자기 목숨을 많은 사람의 대속물로 주려 함이니라

마가복음 11:1-10

1. 그들이 예루살렘에 가까이 와서 감람 산 벳바게와 베다니에 이르렀을 때에 예수께서 제자 중 둘을 보내시며
2. 이르시되 너희는 맞은편 마을로 가라 그리로 들어가면 곧 아직 아무도 타 보지 않은 나귀 새끼가 매여 있는 것을 보리니 풀어 끌고 오라
3. 만일 누가 너희에게 왜 이렇게 하느냐 묻거든 주가 쓰시겠다 하라 그리하면 즉시 이리로 보내리라 하시니
4. 제자들이 가서 본즉 나귀 새끼가 문 앞 거리에 매여 있는지라 그것을 푸니
5. 거기 서 있는 사람 중 어떤 이들이 이르되 나귀 새끼를 풀어 무엇 하려느냐 하매
6. 제자들이 예수께서 이르신 대로 말한대 이에 허락하는지라
7. 나귀 새끼를 예수께로 끌고 와서 자기들의 겉옷을 그 위에 얹어 놓으매 예수께서 타시니
8. 많은 사람들은 자기들의 겉옷을, 또 다른 이들은 들에서 벤 나뭇가지를 길에 펴며
9. 앞에서 가고 뒤에서 따르는 자들이 소리지르되 호산나 찬송하리로다 주의 이름으로 오시는 이여
10. 찬송하리로다 오는 우리 조상 다윗의 나라여 가장 높은 곳에서 호산나 하더라

할렐루야! 우리 하나님께 먼저 감사를 드립니다. 그리고 세계 지도력 개발원 후원자 모임으로 먼저 하나님께 예배를 드리시는 여러분 한 분 한 분에게 주님의 은혜와 평강이 가득하시기를 기원합니다.

37년 전에 영락교회 부목사로, 그리고 갈보리 교회 부목사로 목회를 배우며 일을 하였는데 존경하는 박조준 목사님의 사랑과 은혜를 너무 많이 받았기에 감히 어떻게 표현을 하며 다 말할 수가 없기 때문에 감사 감사할 뿐입니다. 지금은 춘천동부교회를 시무 은퇴한 원로목사이며 한국 복음주의 신학교 목회신학 교수로 강의를 하고 있습니다. 다같이 저를 따라 하시기 바랍니다.

"이제는 우리가 섬겨야 합니다"

본문 말씀 마가복음 10장, 11장 말씀으로 지금까지는 섬김을 받고 살았는데 '이제는 우리가 섬겨야 합니다'라는 제목으로 말씀을 전하면서 함께 은혜를 받으려고 합니다.

저도, 여러분도 모두 지금까지 많은 사랑을 받으며 살았습니다. 많은 은혜를 받고 살았습니다. 섬겨 주신 자에 의하여, 사랑을 베풀어 주신 자에 의하여 섬김을 받고 살았습니다. 사랑을 받고, 살았습니다. 하나님의 사랑을 받았습니다. 부모님의 사랑을 받았습니다. 사랑을 주신 분, 은혜를 입혀 주신 분, 도움을 주신 분들이 많이 계십니다. 고마운 분들이 계십니다.

그런데 이제는 우리가 섬겨야 합니다. 이제는 내가 섬겨야 합니다. 내가 도와야 하며, 내가 후원하여야 합니다. 여러분! mentor라는 말을 아시지요? 멘토는 훌륭한 선생님, 탁월한 지도자, 위대한 꿈을 실현시켜 준 자, 지대한 영향력을 준 자, 항상 부모님처럼 섬겨주신 자, 많은 사랑으로 섬겨주신 자를 말합니다. 저는 초등학교 6학년 담임 선생님이 멘토였습니다. 고등학교 때에는 국어 선생님이 멘토였습니다. 목사로 일하면서는 존경하는 박 목사님이 멘토입니다. 이제 우리는 인생을 많이 살았습니다. 예수님을 믿고 신앙생활을 10년, 30년, 50년 하였습니다. 이제부터는 우리가 섬기는 자로 사랑하리라고 결단하여야 할 것입니다.

마가복음 10장45절에서 예수님께서는 이 세상에 오신 목적을 분명하게 말씀하셨습니다. 예수님께서는 말씀과 같이 섬기는 자로 삶을 사셨습니다. 병든 자를 섬기셨습니다. 가난한 자들을 섬기셨습니다. 배고픈 자들을 섬기셨습니다. 갇힌 자를 섬기셨습니다. 매 맞은 자를 섬기셨습니다. 넘어진 자를 섬기셨습니다. 죽은 자까지도 섬기셨습니다. 먹이시고, 입히시고, 돌보시고, 고쳐 주시고, 살려주셨습니다. 죄인 된 나를 위하여 십자가를 대신 지셨습니다. 생명을 주시며 살려주셨습니다. 섬겨주셨습니다. 구원하여 주셨습니다.

마가복음 11장1-10절에서 예수님과 제자들이 예루살렘으로 가시는데 벳바게와 베다니에서 두 제자에게 예수님이 말씀하셨습니다.

"마을로 가서 나귀를 끌고 오라"

제자들은 나귀 주인이 허락하여 나귀를 끌고 왔습니다. 제자들이 겉옷을 나귀 등에 얹어 놓고 예수님을 타시게 하였습니다. 예수님이 나귀 등에 타시고 가시는데 많은 무리들이 겉옷과 나뭇가지를 길에 펴고 또 나뭇가지를 양손에 잡고 흔들면서 호산나 찬송을 부릅니다. 이 말씀을 보면 모두 섬기는 모습들입니다. 제자들은 예수님의 말씀에 순종하여 섬깁니다. 나귀 주인은 나귀를 내어 줍니다. 많은 무리들은 길가에 겉옷과 나뭇가지를 펴고, 깔고 호산나 찬송을 부릅니다.

예수님은 나귀를 타시고 예루살렘에 가셔서 많은 고충을 받으시며, 십자가를 지시고, 죽으십니다. 모두 섬기는 것입니다. 사실 우리를 이렇게 섬겨 주셨음을 깨닫게 하셨습니다. 섬김 중에 섬김은 생명을 살려주는 섬김입니다. 죽을 자를 살리는 일보다 더 급하고 더 값진 일이 어디 있겠습니까? 하나님께서는 우리를 온전히 살리시려고 세상에 오셨습니다. 십자가를 대신 져주셨습니다. 생명까지 드리셨습니다. 나를 섬겨 주셨습니다. 나를 구하여 주셨습니다.

그래서 하나님께서는 예수님을 세상에 보내실 때에 "그 이름을 예수라 하라", 이는 죄에서 구하여 주시는 자, 구원하여 주는 자, 구원자로 예수님 이름의 뜻입니다. 이름대로 오셔서 이름대로 사셨습니다. 여러분과 저는 "예수"를 믿습니다. 한글로 말하면 "나는 구원자를 믿습니다"입니다.

"나는 구원하여 주시는 하나님을 믿습니다"
"나는 구원하여 주신 주 하나님을 믿습니다"

"나는 구원의 주, 예수, 구원자를 믿습니다"입니다.

사실 우리는 섬김을 받을 자가 아닙니다. 섬김을 받을 자격, 공로가 있습니까? 없습니다. 그런데 섬김을 받고 구원을 받았습니다. 우리가 임마누엘, 하나님의 함께 하심을 받고 사는 자가 되었는데 만 입이 있어도 다 감사할 수가 없습니다.

그러므로 이제는 우리가 섬겨야 합니다.
이제는 내가 섬겨야 합니다.
이제는 우리가 주님께서 기뻐하시는 일을 마땅히 하여야 합니다.
이제는 우리가 복음을 위하여 섬기고 섬겨야만 합니다.
이제는 우리 주님께서 기뻐하시는 그리고 원하시는 일을 위하여 섬기고 섬겨야 합니다.

몸과 시간으로 항상 후원하며 섬겨야 합니다. 기도를 힘써 드리며 후원하며 섬겨야 합니다. 물질을 온전히 드리며 후원하며 섬겨야 합니다. 온 삶을 다하여 더 훌륭히게 섬겨야만 합니다.

마가복음 14장에 보면 유월절 이틀 전, 대제사장과 서기관들이 예수님을 죽이려고 의논합니다. 베다니 문둥이 시몬의 집에서 예수님과 제자들이 식사를 하시는데 한 여자가 값진 향유를 예수님 머리에 부어 드렸습니다. 사람들이 이 값비싼 향유를 허비한다고 말합니다. 이때에 예수님께서 말씀하셨습니다.

"내게 좋은 일을 하였느니라"
"내 몸에 향유를 부어 장사를 미리 준비하였느니라"
"천하에 어디서든지 복음이 전파되는 곳에서는 이 여자의 행한 일이 말하여 저를 기념하리라"

디모데후서 1장에 보면 두 종류의 사람이 나옵니다. 부겔로, 허모게네와 오네시보로입니다. 부겔로와 허모게네는 바울 사도가 고난, 핍박을 받을 때에 버리고 도망을 갔습니다. 그러나 오네시보로는 바울 사도가 고난과 핍박을 받을 때에 용기를 주고 격려하고, 기쁘게 하며 즐겁게 하여 주었다는 말씀입니다.

여러분, 한 분 한 분은 모두 주님께 좋은 일을 하시는 자가 되시기를 바랍니다. 유쾌하게 하여 주는 자들이 되시기를 바랍니다. 이제는 여러분이 섬기셔야 합니다.

세계 지도력 개발원은 교회도 감당하기 어려운 일을 하는 특별한 기관입니다. 주님께서 가장 기뻐하실 일을 섬기는 특별한 기관입니다. 박 목사님이 아니면, 감히 감당할 수 없는 기관입니다. 오늘 함께 예배드리며 말씀을 받으시는 여러분의 아낌없는 후원으로 하나님께 영광을 온전히 돌리시기를 바랍니다. 후원자 여러분에게 많은 은혜와 복이 가득하시게 되기를 기원합니다.

34. 건강한 교회
(로마서 12장1-13절, 요한계시록 2장1-10절, 3장7-22절)

2011. 11.15
복음주의 신학교 신대원

로마서 12:1-13

1. 그러므로 형제들아 내가 하나님의 모든 자비하심으로 너희를 권하노니 너희 몸을 하나님이 기뻐하시는 거룩한 산 제물로 드리라 이는 너희가 드릴 영적 예배니라
2. 너희는 이 세대를 본받지 말고 오직 마음을 새롭게 함으로 변화를 받아 하나님의 선하시고 기뻐하시고 온전하신 뜻이 무엇인지 분별하도록 하라
3. 내게 주신 은혜로 말미암아 너희 각 사람에게 말하노니 마땅히 생각할 그 이상의 생각을 품지 말고 오직 하나님께서 각 사람에게 나누어 주신 믿음의 분량대로 지혜롭게 생각하라
4. 우리가 한 몸에 많은 지체를 가졌으나 모든 지체가 같은 기능을 가진 것이 아니니
5. 이와 같이 우리 많은 사람이 그리스도 안에서 한 몸이 되어 서로 지체가 되었느니라
6. 우리에게 주신 은혜대로 받은 은사가 각각 다르니 혹 예언이면 믿음의 분수대로,
7. 혹 섬기는 일이면 섬기는 일로, 혹 가르치는 자면 가르치는 일로,
8. 혹 위로하는 자면 위로하는 일로, 구제하는 자는 성실함으로, 다스리는 자는 부지런함으로, 긍휼을 베푸는 자는 즐거움으로 할 것이니라
9. 사랑에는 거짓이 없나니 악을 미워하고 선에 속하라
10. 형제를 사랑하여 서로 우애하고 존경하기를 서로 먼저 하며
11. 부지런하여 게으르지 말고 열심을 품고 주를 섬기라
12. 소망 중에 즐거워하며 환난 중에 참으며 기도에 항상 힘쓰며
13. 성도들의 쓸 것을 공급하며 손 대접하기를 힘쓰라

사랑하는 여러분! 교회는 무엇입니까? 교회는 하나님을 믿는 사람들의 모임입니다. 전능하신 하나님, 창조주 하나님, 생사화복을 섭리하시는 하나님, 구원의 하나님을 믿는 사람들의 모임입니다. 예수님을 구원의 주님으로 믿는 사람들의 모임입니다. 하나님의 말씀을 믿는 사람들의 모임입니다. 그러므로 교회는 믿음의 공동체이며, 구원받은 하나님의 자녀들의 모임이며, 사랑의 공동체입니다.

교회에는 특별한 몇 가지 중요한 일이 있습니다. 예배와 친교와 교육과 전도와 봉사(선교)입니다. 이 다섯 가지가 교회의 중요한 일입니다. 이 다섯 가지가 교회에서 행하여야 되는 일입니다.

또한 교회에는 일꾼이 있습니다. 예배의 일꾼, 교육하는 일꾼, 다스리는 자, 긍휼을 베푸는 자, 복음을 전하는 자들입니다. 모든 일꾼은 봉사자라는 것을 알아야 합니다. 예배 봉사자, 교육 봉사자, 전도, 선교 봉사자, 헌금 봉사자, 관리 봉사자입니다.

그런데 이러한 일꾼은 선택된 사람들입니다. 하나님의 은혜로 충성되이 여기셔서 선택하셨습니다. 죄인을 하나님의 자녀로, 일꾼으로 삼으셨습니다. 그러므로 이는 감사하고 감격스러운 일입니다.

하나님의 부르심, 곧 그분의 선택에 관하여 영어로는 세 가지로 말할 수 있습니다. 첫째, calling입니다. 이는 부르심이며, 하나님께서 특별한 일을 위하여 부르심을 뜻합니다. 둘째, vocation입니다. 이는 소리, 음성입니다.

하나님의 부르심에 응답하는 소명입니다. 셋째, profession입니다. 이는 고도의 지식, 훈련, 전문인의 자격자입니다. 하나님의 부르심을 받은 자는 자신의 일에 전문가가 되어야 합니다.

훌륭한 교회의 일꾼들은 감사와 감격함이 있어야 합니다. 자신의 부르심을 존귀하게, 영광스럽게, 자랑스럽게 여겨야 합니다. 그러므로 온전한 헌신을 해야 하며 모든 일에 협력과 조화를 잘 이루어야 합니다.

성경에는 여러 교회들의 모습들이 있는데, 건강한 교회가 있고 병든 교회가 있습니다. 병든 교회들은 처음 사랑을 저버린 에베소 교회, 행음과 우상숭배의 발람의 교훈을 받은 버가모 교회, 행음과 우상숭배의 자칭 선지자 이세벨을 용납한 두아디라 교회, 살았다고 하나 실상은 죽은 자들인 사데 교회, 차지도 아니하고 뜨겁지도 아니한 라오디게아 교회, 분파, 분쟁이 있었던 고린도 교회였습니다.

그러나 이와 같이 병든 교회만 있었던 것은 아닙니다. 건강한 교회도 있습니다. 환난과 궁핍에도 믿음을 지킨 서미나 교회, 작은 능력이시만 믿음을 지켜 예수 이름을 배반하지 않은 빌라델비아 교회, 성령 충만, 전도 봉사에 열심하고 사람들에게 칭찬을 받고, 부흥, 성장한 예루살렘 교회, 믿음의 역사, 사랑의 수고, 소망의 인내의 데살로니가 교회, 충성된 일꾼이 있는 교회이며, 금식기도를 하며 선교사를 파송하였던 안디옥 교회, 헌신된 일꾼들이 있으며, 선교하는 교회, 헌금과 구제에 열심하였던 빌립보 교회가 있습니다.

그럼 현대 교회는 어떠합니까? 병든 교회입니까? 건강한 교회입니까? 오늘날 교회 안에는 외적 성장주의, 물량주의, 권위주의가 가득합니다. 그러므로 먼저 교회에 대한 진단을 명확하게 하여야 할 것입니다.

건강한 교회가 되기를 원합니까? 건강한 교회는 은혜로운 말씀이 능력 있게 선포되는 교회입니다. 은혜받고 감사 감격이 넘치는 교회입니다. 간절히 기도하고, 응답을 받는 교회입니다. 믿음과 성령이 충만하여 복음을 열심히 전하는 교회입니다. 열정을 다하여 봉사하는 교회입니다. 하나님과 사람에게 존귀히 여김을 받는 교회입니다. 좋은 소문이 나는 교회입니다. 봉사와 전도로 계속 부흥 성장하는 교회입니다. 건강한 교회의 일꾼들은 온전한 예배 봉사자 되어야 하며, 사랑의 친교 봉사자가 되어야 하며, 충성된 교육 봉사자여야 하며 열정적인 전도 봉사자여야 하며, 하나같이 기도 봉사자들이 되어만 합니다.

우리 교회는 어떤 모습의 교회입니까? 교회의 진단을 위해서 교회 컨설팅이 필요합니다.

1. 건강한가? 질병이 있는가?
2. 건강하게 되는 방법을 전문가의 시각에 의하여 찾아서 조언을 들어야 합니다.
3. 건강한 교회는 계속 더 건강하게 하고 병든 교회는 철저하게 진단을 받고 치료를 받아야 할 것입니다.

진단의 이유들은 무엇입니까?

1. 성장이 정체된 상태, 현재의 모습을 객관적으로 진단해야 합니다.
2. 교회 사역-최적의 프로그램을 구축하여야 합니다.
3. 성전 이전, 건축을 하려는 교회
4. 중장기 수립을 위하여 각종 프로그램 개발의 필요(교회학교, 찬양대, 구역, 자치단체 등)
5. 교회역사-정리, 문헌화하려는 교회
6. 영적 시스템의 개선
7. 평신도 양육 시스템 도입
8. 건강한 리더쉽으로 교회를 성장시키려는 교회를 위하여

진단하고 처방받아야 할 것입니다.

그럼 성장하는 교회들은 어떠한 교회들입니까?

1. 사도성이 강한 교회(교역자의 영적 리더쉽이 강한 교회)
2. 예배가 역동적인 교회
3. 선교 지향적인 교회
4. 하나님의 소원을 최우선 순위로 정한 교회(복음 전도, 봉사 생활, 기도, 헌신)
5. 영광스러운 교회의 비전이 계속 펼쳐지는 교회

건강한 교회, 은혜롭고 좋은 교회가 되려면 어떻게 해야 할까요? 부흥의 비전이 있어야 합니다. 열정적인 헌신이 있어야 합니다. 한 생명의 소중함을 알아야 합니다. 한 생명은 구원받아야 할 생명입니다(마 8:1-14). 누가복음 15장의 잃어버린 양의 비유, 잃어버린 드라크마 비유, 잃어버린 아들의 비유를 깊이 있게 묵상하여야 합니다. 복음의 선포와 복음 전도를 행하는 복음의 제사장의 사명을 감당하여야 합니다. 복음 전도의 열매로 기쁨이 가득한 교회가 되어야 합니다.

교회의 모든 일꾼들은 전도요원이 되어야 합니다. 복음 전도는 죽은 자를 살리는 중요성을 가집니다. 복음 전도는 오늘, 지금 구원을 해야 하는 시급성이 있습니다. 복음 전도는 내가 복음을 전해야 하는 헌신성이 있어야 합니다. 누가 전도를 못합니까? 전도를 안 하는 사람입니다. 누가 전도를 잘합니까? 전도를 열심히 하는 사람입니다. 교회는 구원의 방주입니다. 구원의 큰 기쁨이 있습니다. 교회는 구원의 산실입니다. 생명이 태어남의 기쁨과 감격이 있습니다.

우리 교회가 좋은 교회, 건강한 교회, 은혜로운 교회, 복된 교회가 되기 위해서는 간절하게, 뜨겁게 기도해야 합니다. 기쁨으로, 온전히 봉사해야 합니다. 열심을 다하여 전도해야 합니다. 사랑으로 협력과 조화를 이루어야 합니다. 충성을 다하는 헌신자들이 되어야 합니다.

능력 있는 말씀이 선포되는 교회는 어떠한 교회입니까? 믿음으로 순종하는 봉사와 헌신이 있는 교회, 복음 전도의 열정으로 구원의 열매가 있는 교회, 하나님의 축복을 감사하여 하나님께 온전히 영광을 돌리는 교회, 믿음만큼 능력이 있습니다. 감사만큼 축복이 있습니다. 봉사만큼 기쁨이 있습니다. 기도만큼 응답이 있습니다. 전도만큼 부흥이 있습니다. 돕는 만큼 행복이 있습니다.

주의 몸된 교회를 아름답게 세워 나가시는 복된 삶이 되시기를 축원합니다.

35. 하나님 아버지께 감사하라
(골로새서 3장12-17절)

2023. 10.08
춘천동부교회 주일예배

골로새서 3:12-17

12. 그러므로 너희는 하나님이 택하사 거룩하고 사랑 받는 자처럼 긍휼과 자비와 겸손과 온유와 오래 참음을 옷 입고
13. 누가 누구에게 불만이 있거든 서로 용납하여 피차 용서하되 주께서 너희를 용서하신 것 같이 너희도 그리하고
14. 이 모든 것 위에 사랑을 더하라 이는 온전하게 매는 띠니라
15. 그리스도의 평강이 너희 마음을 주장하게 하라 너희는 평강을 위하여 한 몸으로 부르심을 받았나니 너희는 또한 감사하는 자가 되라
16. 그리스도의 말씀이 너희 속에 풍성히 거하여 모든 지혜로 피차 가르치며 권면하고 시와 찬송과 신령한 노래를 부르며 감사하는 마음으로 하나님을 찬양하고
17. 또 무엇을 하든지 말에나 일에나 다 주 예수의 이름으로 하고 그를 힘입어 하나님 아버지께 감사하라

할렐루야! 하나님 아버지께 감사를 드립니다. 오늘 부족한 종이 춘천동부교회에 와서 여러분과 함께 예배를 드리면서 기도드리며, 말씀을 전하게 되어 어린 아이처럼 너무 기쁩니다. 조금 전에 찬양으로 영광을 돌린 성가대원 여러분에게도 특별히 감사를 드립니다. 다같이 저를 따라 하시기 바랍니다.

"하나님 아버지, 감사합니다"

본문 말씀 골로새서 3장12-17절 말씀을 보면, 마지막 절에 "하나님 아버지께 감사하라"라고 부탁하셨습니다. 오늘 저와 여러분 한 분 한 분에게 주신 분부를 생각하고 은혜를 받으려고 합니다. "하나님 아버지께 감사하라", 왜 감사를 하라는 말씀입니까?

여러분! 지난주 추석 명절에 누구를 만나서 인사를 하며 절을 하며 어떤 선물을 드렸습니까? 또한 누구에게로부터 감사의 인사를 받고 선물을 받았습니까? 그런데 저는 종종 생각을 하면서도 감사를 잊어버리고 할 달, 일 년을 지냅니다. 부모님의 사랑, 은혜를 잊고 삽니다. 선생님의 고마움을 잊고 삽니다. 친구, 이웃의 고마움을 잊고 삽니다. 함께 살면서 온갖 수고를 하며 도우며 살펴주는 아내의 희생도, 그 감사함도 잊어버리며 삽니다. 한 마디로 은혜와 사랑을 잊어버린, 부끄러운, 사람답지 못한 모습입니다.

저는 8살 어린 나이 때에 부모님을 따라 피난을 하였습니다. 6.25 전쟁으로 인해 좋은 집과 고향을 떠나서 깊은 생각이나 판단이 없는 나이에 부모님을 따라 걸어서 하룻길 평양으로, 기차로 서울로, 부산-거제도 장승포로, 피난민 수용소 천막집에서 살았습니다.

부모님은 저를 장승포 초등학교에서 공부하게 하시고 몇 년 후에는 전쟁이 멈추게 되었다며 머나먼 춘천으로 이사 오셔서 두 교회를 개척하셔서 사역하셨는데, 그 어려운 때인데도 저에게는 공부를 꼭 하게 하셨습니다. 춘천 부속 초등학교, 춘천 중학교, 춘천 고등학교를 다니게 하셨습니다. 그다음부터는 제가 좀 알아서 공부하며, 진학하였는데 그전까지는 잘 몰랐으나 후에는 부모님께서 저를 위하여 하신 모든 일들은 한없이 고맙고, 감사한 일이며, 그 수고와 희생, 사랑의 은혜는 어떻게 말로 다할 수가 있겠습니까? 이런 모습이나 이런 일이 저뿐이겠습니까?

여러분! 누구의 덕분으로 살았습니까? 누구의 희생과 사랑으로 살았습니까? 부모님의 덕분입니다. 선생님의 덕분입니다. 모두 하나님 아버지의 사랑, 은혜입니다.

교우 여러분! 여러분에게 전도하여 주신 분이 계십니다. 믿음으로 살도록 신앙생활을 잘하도록 눈물로 기도하며, 섬겨주신 분이 계십니다. 사랑으로 애써주신 분이 계십니다. 말할 수 없는 희생을, 사랑을 베푸신 분이 계십니다.

오늘 읽은 본문 말씀에 보면 다음과 같습니다.

"그러므로 너희는 하나님이 택하사 거룩하고 사랑 받는 자처럼... 그리스도의 말씀이 너희 속에 풍성히 거하게 하라"

"주 예수의 이름으로 하고 그를 힘입어 하나님 아버지께 감사하라"

그런데 교우 여러분! 하나님 아버지께 감사를 하라고 하셨기에, 하나님 아버지께 감사를 하려고 하는데, 하나님 아버지께서 어디에 계십니까? 여러분! 하나님 아버지께서 나를 향하여 말씀하십니다. 우리를 향하여 말씀하십니다.

"이제부터는 너희는 나를 사랑하는 것 같이, 네 부모님에게 감사하라. 너를 위하여 수고하며 희생하며 사랑하여 주는 식구에게 감사하라"

"이와 같이 희생과 수고를 오늘부터는 네가 하며 살아야 한다"

"너는 이제부터는 사랑을 받지 못하며, 허우적거리며 사는 어려운 사람들을 찾아서 주님의 사랑을 몸과 마음을 나하며 복음을 전하는 열정으로 살아야 한다"

교우 여러분! 감사해야 할 분에게 마음을 아프게 하면 안 됩니다. 감사를 드려야 할 분에게 근심을 하게 하면 안 됩니다. 우리는 '감사하라'라는 말을 생각하면서 꼭 기억을 해야 할 것이 있습니다. 감사는 말로만으로 끝나서는 부족합니다. 감사는 먼저 말로 합니다. 더 잘하려면 감사를 받으실 분의 마음을 흐뭇하게 하는 것, 예물이나 물질이나 삶을 드려야 합니다.

성경에 보면, 감사를 잘한 사람들의 이름이 있습니다. 하나님을 기쁘시게 한 사람이 있습니다. 하나님을 기쁘시게 한 교회가 있습니다.

요셉의 감사입니다. 요셉은 형들의 미움을 받아 애굽으로 팔려갔습니다. 그러나 오랜 후에 애굽의 총리가 되었는데 말할 수 없는 기근으로 어려움에 처한 부모님과 형제들을 도와주며 구출하여 줍니다.

룻의 감사입니다. 룻은 나오미의 자부입니다. 룻은 시부 엘리멜렉, 남편 말론, 시동생 기론이 갑자기 죽게 되었는데 홀시어머니 나오미를 끝까지 모셨습니다. 큰 어려움 이후 나오미와 룻이 고향 베들레헴에 와서 살게 되었습니다. 룻은 하나님의 축복으로 다윗 왕가의 혈통을 이루는 자가 되었으며 이 혈통에서 예수님이 나셨습니다.

저는 룻기 1장16-17절을 읽으면서 많은 은혜를 받습니다.

"룻이 이르되 내게 어머니를 떠나며 어머니를 따르지 말고 돌아가라 강권하지 마옵소서 어머니께서 가시는 곳에 나도 가고 어머니께서 머무시는 곳에서 나도 머물겠나이다 어머니의 백성이 나의 백성이 되고 어머니의 하나님이 나의 하나님이 되시리니 어머니께서 죽으시는 곳에서 나도 죽어 거기 묻힐 것이라 만일 내가 죽는 일 외에 어머니를 떠나면 여호와께서 내게 벌을 내리시고 더 내리시기를 원하나이다 하는지라"(룻 1:16-17)

욥의 감사입니다. 세상에서 가장 큰 어려움을 당한 자는 욥입니다. 열 자녀들이 다 죽고 수많은 재산을 다 빼앗기고 욥은 병들어 죽게 될 지경인데 아내마저 하나님을 욕하고 죽으라고 하였지만 욥은 다음과 같이 고백합니다.

"이르되 내가 모태에서 알몸으로 나왔사온즉 또한 알몸이 그리로 돌아가올지라 주신 이도 여호와시요 거두신 이도 여호와시오니 여호와의 이름이 찬송을 받으실지니이다 하고"(욥 1:21)

욥은 말년에 기도와 찬송과 감사를 받으신 하나님께서 놀라운 복으로 채워주셨습니다.

하박국의 감사입니다.

"비록 무화과나무가 무성하지 못하며 포도나무에 열매가 없으며 감람나무에 소출이 없으며 밭에 먹을 것이 없으며 우리에 양이 없으며 외양간에 소가 없을지라도 나는 여호와로 말미암아 즐거워하며 나의 구원의 하나님으로 말미암아 기뻐하리로다 주 여호와는 나의 힘이시라 나의 발을 사슴과 같게 하사 나를 나의 높은 곳으로 다니게 하시리로다"(합 3:17-19)

한 사람만 더 말씀드립니다. 바울의 감사입니다. 바울은 자신에 대하여 나는 빚진 자, 만삭되지 못한 자, 죄인 중에 괴수라고 하였는데 그러나 나는 십자가만을 자랑하며 살리라 복음을 전하는 일만을 하며 살리라 오직 감사하며 살리라고 고백합니다. 성경에 보면 바울은 주님의 복음을 전하며 기도하며, 감사, 찬송, 전도의 생으로만 살았습니다.

저는 너무나 부족한 종인데요, 하나님께서 춘천에 와서 살면서 춘천동부교회를 섬기는 일을 하게 하여 주셨음을 언제나 감사를 드리고 있습니다. 춘천동부교회에 부임하여 23년 동안 사역을 하는 동안 몇 가지 감사한 일을 두서없이 말씀을 드립니다.

우리 춘천동부교회 창립 50주년을 맞이하여 16가지 기념사업을 정하였는데 매우 힘겨운 일이었지만 하나님께서 도와주셔서 모두 실행을 하였습니다. 그중에 몇 가지만 말씀을 드리면, 홍천에 교회를 개척하고 세우는 일입니다. 해외에 선교사를 파송하고 후원하는 일입니다. 장학 사업을 활성화하고 소년소녀 가장의 12 가정을 후원하는 일입니다. 그리고 농촌에 봉사대를 파송하는 일과 어린이 초청잔치, 학생 선교대회, 대학생, 청년 신앙강좌와 주일예배 성가대 연합 수련회와 음악회 등입니다. 매우 어려운 일들이었으나 하나님께서는 우리 교회를 부흥하게 하심으로 많이 가볍게 일하게 하시고 기쁨으로 일하게 하여 주셨습니다. 그런데 이 모든 사업들이 끝나게 되자 새 성전을 다시 잘 짓도록 하셨습니다. 춘천 명동을 새롭게 만드는 하나님의 역사였습니다. 산을 허물어 낮게 하고 길을 만들어 새롭게 하도록 하십니다. 연건평 10배로 확장하도록 하여 3000평으로 설계를 하였습니다. 설계 허가 때문에 너무 힘이 들어서 저는 쓰러져 6개월 동안 교회에 나올 수가 없었지만 장로님들과 제직들 모두 얼마나 수고를 하셨습니까? 얼마나 힘겨웠습니까? 우리 교회는 눈물의 기도와 시간과 돈과 열정의 희생과 헌신으로 지어졌습니다. 우리 춘천동부교회는 노아의 방주를 보게 하는 상징적인 설계로 지었습니다. 그런데 우리 교회는 성전이 전도하고 있습니다.

여러분! 성전 계단을 올라오면서 보는 선한 목자 주님의 조각 예술, 그리고 창조주 하나님의 세계의 미술 작품은 세계적인 우수 작품임을 아시기 바랍니다. 한국의 대표적인 조각가이신 이운식 집사님과 화가이신 김정희 장로님의 작품인데 엄청난 비용을 다 헌납하여 주신 것입니다. 우리 하나님 아버지께서 우리 교회를 사랑하여 주셨습니다. 도와주셨습니다. 축복하여 주셨습니다.

이 아름다운 성전에서 예배를 드리시는 교우 여러분! 하나님 아버지께 감사를 하며 아름다운 일만을 하시기를 바랍니다. 말 그대로 봉사하며 신앙생활하시기를 바랍니다. 섬기는 일을 더 잘하며 신앙생활을 하시길 바랍니다. 생명을 살리는, 구원하는 일을 잘하시기 바랍니다. 감사합니다, 감사합니다를 말로, 몸으로 예물로 실행하며 사시기를 바랍니다.

여러분이 좀 아시는 일입니다. 저는 은퇴를 하였는데 병이 나서 대수술을 하였습니다. 대장 65cm를 잘라내고, 항암주사를 1년 동안 8차례 맞았습니다. 어떻게 건강하게 회복되었느냐고 누가 물으면 이렇게 말합니다. 하나님의 특별하신 섭리와 은혜입니다. 어떤 섭리, 어떤 은혜냐고 물으면 저를 위하여 온 마음을 다하여 도움의 손길을 펴 준 사랑으로 은혜로, 눈물로 기도하여 준 역사로 회복이 잘 되었습니다. 그 후부터 지금까지 10여 년 동안 국내외에서 설교와 강의를 하였습니다. 이렇게 건강하여 일하게 하신 하나님 아버지께 감사를 드립니다. 기도하여 주신 여러분에게 그리고 함께 하며 도와준 가족에게 감사를 드립니다.

사랑하는 교우 여러분! 이제부터, 더욱더 항상 "하나님 아버지 감사합니다"하며 살아가시기를 바랍니다.

다같이 찬송 621장을 부르겠습니다.

1. 찬양할 내 영혼아 찬양하라 내 영혼아
   온 맘과 정성 다하여 주 찬양하라

2. 경배하라 내 영혼아 경배하라 내 영혼아
   온 맘과 정성 다하여 주 경배하라

3. 감사하라 내 영혼아 감사하라 내 영혼아
   온 맘과 정성 다하여 주 감사하라

다같이 기도드리겠습니다.

"사랑과 은혜를 베풀어주신 하나님 아버지께 감사를 드립니다. 구원의 은혜를 주시고 항상 선한 목자가 되셔서 저희를 복되게 인도하여 주신 하나님 아버지께 감사를 드립니다. 오늘 말씀대로 사랑하는 가족과 교우들과 어려운 이웃들에게 더 사랑하며 봉사하며 섬기며 사는 저희들이 되게 하여 주시옵소서. 항상 모든 이에게 감사하며 하나님께 감사하며 살게 하여 주시기를 예수님의 이름으로 기도드리옵나이다 아멘"

1. 기독교 가정에서 출생-6.25 전쟁과 피난

한국 최초 장로교 신학교인 평양 신학교 초대 교장이신 마포삼열 선교사(Samuel maffett, 1864. 10. 24-)께서 1890년 미국 북장로교 선교부 파송으로 한국에 와서 평양 신학교를 설립하여 교육과 복음 전도에 열정을 다 쏟으시면서 평안남도 순천군 복음전도부흥 집회를 인도하실 때에 저의 할머니께서 큰 은혜를 받으시고 할아버지를 비롯하여 온 식구들을 인도하여 기탄리 교회를 출석하며 교회생활(신앙생활)을 열심히 하셨습니다.

이때에 3살 된 어린 아이(이후 저의 아버지)도 함께 교회를 따라서 다녔고 수년 후에는 세례를 받고 16세에 결혼을 하였으며 임 씨 가문에서 헌납하여 세운 사립학교(덕림학교)에서 교사로 일하셨으며, 46

세에는 5 자녀가 있는데도 평양신학교에 입학하여 4년 동안 힘써 공부하시고 졸업을 몇 달 앞두고 1950년 6.25 전쟁이 일어나 온 식구가 피난을 하게 되었습니다.

평양으로, 서울로, 부산으로, 거제도 장승포까지 와서 장승포 피난민 천막 수용소에 살게 되었는데 신앙의 자유, 복음 전도의 열정을 다하시는 부모님을 어린 나이였지만 늘 보면서 자라게 된 저는 지금 하나님의 섭리와 은혜로 생각하며 감사를 드립니다.

아버지께서는 6.25 전쟁 와중에서도 부산에서 거행하는 평양 신학교 졸업식과 목사 안수식에 참여하여 졸업장과 목사 안수를 받으셨고 그 후 2년이 지난 1953년 5월 1일에는 머나먼 춘천으로 온 가족과 함께 이주하여 춘천 성광교회를 개척 초대 목사로 사역을 시작하셨습니다(1953. 5.3).

춘천 성광교회 시무를 시작하여 1년이 아직 안 되는 1954년 2월 27일에는 소양강 건너편에 있는 서면 금산리에 또 교회를 개척하여 금산교회를 설립하셨습니다. 당시 면장이신 한경교(후에는 장로) 씨와 함께 수 차례 만나 의논하고 주일 오전에는 성광교회 예배를 인도하고 오후에는 서면 금산리까지 와서 금산면 회관과 한경교 씨 자택에서 예배와 모임을 갖기로 하고 첫 예배를 27일 오후 3시로 정하고 예배를 드렸습니다.

아버지께서는 두 교회를 맡아 사역을 하셨는데 늘 열심과 기쁨으로 하시는 사역을 보며 많은 것을 배우게 되므로 저에게는 많은 유익이 아닐 수 없는 축복이었습니다.

아버지께서는 40세 중반에 신학교에 입학하시고 46년 동안 오직 교회 개척, 전도, 봉사, 목회 사역에 헌신하셨습니다. 70세에 은퇴를 하신 후에도 자비량으로 3개 교회를 개척 설립하셨습니다. 95세에 하나님의 부르심을 받으시기까지 선교사님들의 헌신과 열정 그리고 신앙의 선배 목사님들과 교우들의 순교적인 삶을 따라 복음 전도와 봉사로 25개 처 교회를 개척 설립하셨는데 임정묵 목사 회고록 "예수께 붙잡혀온 삶"에 수록이 되어 있습니다. 아버님은 "세계 전도봉사 대상"(이사장 한경직 목사)을 받으시기도 하였는데 말 그대로 감히 신을 들기에도 감당할 수 없는 부끄러운 나 자신임을 봅니다.

저는 아버님이 평양신학교에 입학하기에 3년 전에 2남 3녀 중 넷째로 1943년 2월 28일에 태어났습니다. 태어나서 거의 어머님과 함께 자라 가다가 6.25 후부터는 아버님의 목회, 전도, 봉사를 보며 자랐습니다. 아버님의 기도와 말씀과 봉사와 헌신만을 보고 자란 것이 저의 재산이라고 감히 말씀드립니다.

2. 학교생활

6.25 전쟁으로 온 가족이 피난을 가야만 했는데, 저는 초등학교 1학년에 다니던 중이었습니다. 그러나 거제도 장승포까지 피난을 오게 되었고 엄청난 추운 겨울 1.4 후퇴 이후였지만 피난민 천막 수용소에서 살면서도 부모님께서는 저를 장승포 초등학교에 보내서 공부를 하게 하셨습니다. 바다 항구 건너편을 20-30분씩 걸어서 등하교하며 교

실도 없는 학교 마당에서 공부하던 기억이 아직도 선합니다. 2년 후에는 강원도 춘천으로 이주하여 살게 되면서 춘천사범학교, 부속 초등학교, 춘천중학교, 춘천고등학교를 다니게 되었으며 2학년부터는 서울로 전학하여, 서울 숭실고등학교를 졸업한 다음부터는 서울 신학대학 신학과, 장로회 신학대학교 신대원을 졸업하고 서울 영락교회 부목사로 시무할 때에 아세아 연합 신학대학교와 미국 훌러 신학교 공동 목회학 박사원인 대학원에서 공부하고 논문을 쓰도록 영락교회에서 장학금을 후원하여 수업을 다 마치게 되었으며, 학위도 받게 되었음을 감사드립니다. 특히 세계 교회를 돌아보며 배우는 프로그램에서 훈련을 받으며, 성지 순례를 하게 한 영락교회와 담임목사님이신 박조준 목사님께 진심으로 감사드립니다.

3. 학교 강의 사역

서울 신일고등학교(성경)
영락 성서 신학원(요한계시록)
충복노회 성서신학원(구약개론)
강원노회 성서신학원(출애굽기)
복음주의 신학대학, 신대원(목회학, 교회 성장학)
콜럼비아 후사신학교(교회 성장학)
방콕 복음신학교(전도요원 훈련 파송사역)

4. 교회 사역

　1962년 서울 마포교회 교회학교 전도사
　1965년 육군 논산 훈련소 30연대교회 예배인도자
　1967년 충남노회 서산 근흥교회 전도사
　1968년 서울 노회 동암교회 교육 전도사
　1971년 서울 동노회 경동중앙교회 전도사, 목사 안수 후 부목사
　1975년 충북노회 청주 용정교회 목사
　1979년 서울 영락교회 부목사
　1985년 서울 갈보리교회 개척, 부목사
　1986년 강원노회 춘천동부교회 목사

23년간 목회를 하고 65세로 은퇴하며 원로 목사로, 강원노회 공로 목사로, 추대를 받다.

5. 대외봉사사역

　① 청주 강서신협 설립
　② 강원노회장
　③ 강원노회 유지재단 이사장
　④ 춘천 기독교연합 회장
　⑤ 예장 총회 특별 재판국원
　⑥ 예장 총회 사이비 이단 대책 위원장

⑦ 춘천 경로대학 개원
⑧ 춘천 아기학교 개원
⑨ 춘천 직장인 기독교연합회 창립-목요 직장인 예배
⑩ 춘천 맑은 물 살리기 운동-환경 미화원 돕기 후원
⑪ 춘천 소년 소녀 가장 돕기(7가정-40가정)
⑫ 예장 중부 지역 총회 총대협의 회장
⑬ 예장 바른 목회 실천 협의 회장
⑭ 아시아 선교 봉사 회장
⑮ 춘천 기독교 방송국 설립 추진 위원장
⑯ 춘천 경제 정의 실천 연합회 창립 공동 대표
⑰ 민주화 추진 운동 강원도 공동대표

6. 출판

성경교재-출애굽기, 요한계시록
전도요원 훈련 교재-영락교회 전도부
설교집- "네 손에 있는 것이 무엇이냐"-보이스사
"복음을 위한 열정"-보이스사
학위논문-"교회 성장을 위한 전도요원 파송 사역"
　　　　　　(The Sending of key witness For Church growth)
"건강한 교회를 위한 Church Consulting"
공동집필설교집- "목회와 설교 자료", 장로교출판사(10년-10권)

하나님께 감사하라

초판인쇄일 _ 2024년 2월 28일
초판발행일 _ 2024년 2월 28일

펴낸이 _ 임경묵
펴낸곳 _ 도서출판 다바르

주소 _ 인천 서구 건지로 242, A동 401호
　　　(가좌동)
전화 _ 032) 574-8291

지은이 _ 　임신영 목사

기획 및 편집 _ 장원문화인쇄
인쇄 _ 장원문화인쇄

ISBN 979-11-93435-05-2

저작권자의 허락없이 이 책의 일부 또는 전체를 무단 복제, 전재, 발췌하면 저작권법에 의해 처벌을 받습니다